基础会计实训

主编 张红梅

图书在版编目(CIP)数据

基础会计实训 / 张红梅主编. —上海：立信会计出版社，2014. 10

21世纪中职教育规划教材

ISBN 978-7-5429-4395-8

Ⅰ. ①基… Ⅱ. ①张… Ⅲ. 会计学—中等专业学校—教材 Ⅳ. ①F230

中国版本图书馆CIP数据核字(2014)第235632号

策划编辑 余 榕
责任编辑 余 榕
封面设计 周崇文

基础会计实训

出版发行	立信会计出版社		
地 址	上海市中山西路2230号	邮政编码	200235
电 话	(021)64411389	传 真	(021)64411325
网 址	www.lixinaph.com	电子邮箱	lxaph@sh163.net
网上书店	www.shlx.net	电 话	(021)64411071
经 销	各地新华书店		
印 刷	常熟市梅李印刷有限公司		
开 本	787毫米×1092毫米	1/16	
印 张	11.75		
字 数	282千字		
版 次	2014年10月第1版		
印 次	2016年8月第3次		
印 数	6 201—9 300		
书 号	ISBN 978-7-5429-4395-8/F		
定 价	28.00元		

如有印订差错，请与本社联系调换

GENERAL PREFACE 总 序

我国社会主义市场经济的发展,需要大量不同层次的经济管理人才,不仅需要高层次的高级管理人才,如本科和高职高专等人才,也需要大量中职水平的适用性人才。培养结构合理的经济管理人才是社会的需要,也是教育工作者的责任和追求。近几年来,在政府的大力支持下,中等职业教育发展很快,它与高职高专教育相比更具有行业性和实践性,与实际工作联系更加紧密,学生毕业后能尽快地成为第一线的工人或基层管理人员,这也是我国中等职业教育的目的所在。但目前我国中等职业教育的教材滞后,或是本科教材和高职高专教材的"压缩饼干",其主要原因是没有突出行业性和实践性的特点,理论论述所占的篇幅过多,这就需要改进,也需要广大教育工作者或其他有识之士完成这项工作。本规划教材正是本着这样的思想,为适应我国中等职业教育的特点而编写的。

本规划教材的特点在于:理论论述适中,注重操作技能的培养,与当前的有关制度和具体实践相结合,目的在于让使用本规划教材的学生在熟悉必要的理论知识的前提下,系统地掌握实际工作的业务处理技术和方法,成为经济生活中第一线的具有较强操作技能的工作人员。

本规划教材根据目前我国中等职业教育开设的课程进行总的设计,并组织各中等职业学校具有高级职称的教师担任各教材的主编,由富有丰富教学经验的骨干教师参加编写。本规划教材具有较强的适用性。其编写特点是:每章前均有内容提要,起到了提纲挈领的作用,方便读者领会本章的重点、要点和难点;每章后附有思考题和练习题,以使读者掌握本章的主要内容和具体的业务处理方法；在各教材的最后附有练习题答案，还附有模拟试题及其参考答案，以使读者能够把教材的内容真正地融会贯通，增强操作技能。本规划教材适用于中等职业教育的教学使用，也可以作为在职经济工作者进修和自学教材使用。

本规划教材的出版得到立信会计出版社的大力支持，尤其是余榕编辑的鼎力协助才促使本规划教材得以顺利出版，在此表示衷心的感谢。

由于编者的学识有限，加之编写时间仓促，特别是对中等职业教育的精神领会尚不够深刻，本规划教材难免会有不足之处，恳请读者批评指正，以便再次修订时补充提高。

编　者

FOREWORD 前 言

作为会计专业的学生，在学习会计基本理论、会计基本技能和账务处理方法的同时，应对会计核算工作全过程进行仿真操作，通过扮演不同岗位角色，进一步掌握企业各类典型经济业务的业务流程、账务处理程序与方法，从而提高自身的综合分析问题、解决问题及动手操作的实际能力。为了加强会计实践性教学，满足中等职业学校会计实训教学的需要，本书根据财政部颁布的《小企业会计准则（2013 年）》、《企业基础工作规范》和内部会计控制规范，以及财政部和国家税务总局联合颁布的《营业税改征增值税试点方案》等最新税收政策、金融、社会保障等法律、法规编写，系仿真模拟实训教材。

本书分上、下两篇。上篇系单项训练，分凭证模块、账簿模块、财务报告模块三个模块，每个模块具体包括实训目的与要求、业务流程、实训业务资料、实训岗位任务、实训操作要点等。在模块实训中采用任务导向模式，将实际工作中会计的日常工作加以分解，通过一个个业务活动实训方式，先利用业务流程图、仿真的单据、账簿和报表将会计核算的程序和方法给予真实的展示，然后通过岗位实践任务让学生进行仿真操作，从而实现理论与实践的“零距离”的接触，让学生认知凭证、账簿和财务报告，并学会建立账簿、启用账簿、填制原始凭证、审核原始凭证、编制记账凭证、登记账簿（过账）和编制财务报告。下篇系综合训练，按照工业企业给出 1 个月的业务量，要求学生从建账开始到报表编制综合完成会计岗位的相关工作，熟练职业岗位的操作技能，使学生能够在走出校门之前，熟悉会计工作的基本流程，掌握会计工作的基本方法，为学生后续的专业方向、技能学习打好基础，也为学生走出校门时能够胜任财会工作做好充分准备。

本书由张红梅任主编，韦雁玲、郑建学任副主编。本书的参编人员有：张红梅、韦雁玲（广西金融职业技术学院）、郑建学（广西桂林市财贸金融学校）、陈兴华（广西南宁市第三职业学校）、刘继周（广西商业学校）、阎卫（广西玉林财经学校）、麦海（广西机电工业学校）、刘秀萍（南宁市第一职业学校）等。

本书可作为“基础会计”课程的教学内容配套使用，也可作为会计专业实习用书，还可作为财会人员职场训练用书。

由于编者水平有限，本书难免有欠妥之处，敬请使用者批评指正，反馈意见请发送邮件至：403720290@qq.com。

编　者

2014 年 10 月

CONTENTS 目 录

实训前准备

一、实习要求

（一）纪律要求

(1) 由小组长或班长负责记录本组或本班学生考勤，做好实训前的各项准备工作，对于缺勤的学生，要在下次实训前完成缺勤当天的任务后才能开展本次实训课的任务。

(2) 实训时，每一位参与实训的学生都要按要求完成规定的实训任务；在小组合作学习时，服从工作安排，积极完成本小组的实训任务，碰到不懂的问题及时跟指导老师沟通。

（二）考核要求

本实训的考核采取过程考核与结果考核相结合的办法，综合评定学习的实训情况。

1. 过程考核

过程考核占40%，可针对分项活动任务的参与情况、工作的质量、工作效率、工作态度、沟通协作等方面进行考核，一般从小组长评价和组员互评成绩两方面进行评定。

2. 结果考核

结果考核占60%，可针对分项活动任务和综合实训任务完成的质量进行评价，从各项任务的完成质量、会计档案资料整理等方面进行考核，一般由小组之间或指导教师根据个人或小组提交的实训成果进行评定。

二、实训内容及要求

（一）实训内容

本实训课程包括单项实训和综合实训两部分。

单项实训包括凭证实训、账簿实训和财务报告实训三个主要模块；综合实训设置会计主管、会计、出纳等三个角色，模拟从建账开始，根据企业1个月的业务完成审核原始凭证、编制记账凭证、登记账簿到编制财务报告等一系列会计岗位的工作任务。

（二）实训要求

(1) 能够熟练填制和审核原始凭证。

(2) 能正确使用企业会计核算中常用的账户，熟练建立和启用账簿。

(3) 会根据审核后的原始凭证，正确填制和审核记账凭证。

(4) 会登记账簿，完成对账、错账更正及结账工作。

(5) 会编制资产负债表和利润表。

三、实训前知识准备——了解企业会计核算程序

目前，我国常用的会计核算程序主要有记账凭证会计核算程序、科目汇总表会计核算程

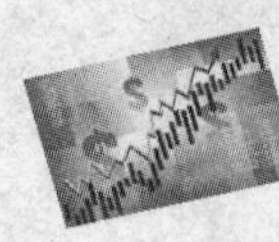

序、汇总记账凭证会计核算程序等。各种核算程序的主要区别在于登记总分类账的依据和方法不同。企业实现电算化以后，不存在会计核算程序选择的问题。常见会计核算程序见图1～图3所示。

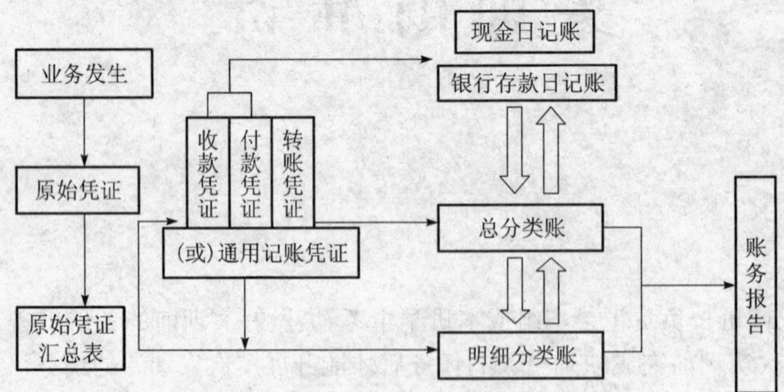

图1 记账凭证会计核算程序

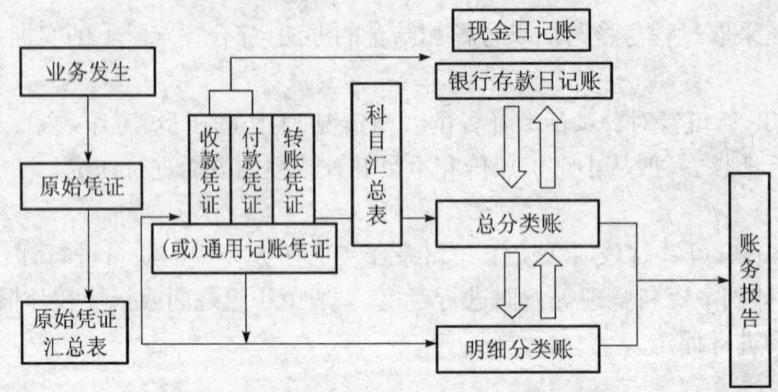

图2 科目汇总表会计核算程序

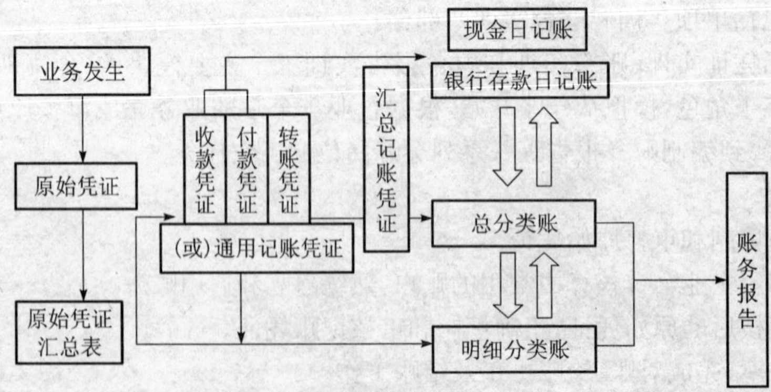

图3 汇总记账凭证会计核算程序

上篇　单项训练

导视图

凭证实训

账簿实训

财务报告实训

模块一

凭证实训

模块导引

填制和审核会计凭证是整个会计核算的起点，是保证会计核算结果真实、可靠、合法的基础。经济业务发生后，会计主体首先要取得或审核原始凭证，其次根据审核无误的原始凭证编制记账凭证。因此，能够熟悉凭证的种类，认知各种原始凭证，并根据原始凭证的内容判断业务事项是会计工作最基本的能力；会根据原始凭证记载的业务内容正确选用记账凭证、正确填写凭证、审核凭证、整理和装订凭证是会计人员重要的技能之一。

学习目标

1. 认知原始凭证。
2. 会填制原始凭证。
3. 会审核原始凭证。
4. 认知记账凭证。
5. 会审核记账凭证。
6. 会整理、装订和保管凭证。

学习任务

1. 认知原始凭证。
2. 填制原始凭证。
3. 审核原始凭证。
4. 认知记账凭证。
5. 审核记账凭证。
6. 整理、装订、保管凭证。

从企业财务处理程序看，企业的会计核算从凭证的编制和审核开始，因此原始凭证、记账凭证的编制和审核是我们学习会计首先要掌握的知识和技能。本模块主要包括原始凭证实训、记账凭证实训及凭证的整理、装订和保管三个任务。

任务一　原始凭证实训

原始凭证实训包括认知原始凭证、填制原始凭证、审核原始凭证等。

一、认知原始凭证

原始凭证是企业在经济业务发生或完成时取得或填制的，用于记录和证明经济业务的发生或完成情况的原始凭据，是具有法律效力的书面证明，是进行会计核算工作的原始资料和重要依据。

业务活动 1-1　认识原始凭证的分类

（一）原始凭证按取得的来源分类

原始凭证按取得的来源不同，分为自制原始凭证和外来原始凭证。

1. 自制原始凭证

自制原始凭证是指在经济业务发生或完成时，由本单位业务经办部门或个人自行填制的原始凭证。常见的自制原始凭证有银行结算凭证、财税凭证、企业业务单据和存货凭证等。

（1）自制银行结算凭证（见图 1-1～图 1-3）。

交通银行
现金支票存根 (桂)
GE/02 23093254
附加信息
出票日期2014年12月01日
收款人：南宁机械厂
金　额：¥1 000.00
用　途：备用金
单位主管　　会计
上海金达证券印制有限公司·2006年印制

图 1-1　现金支票存根

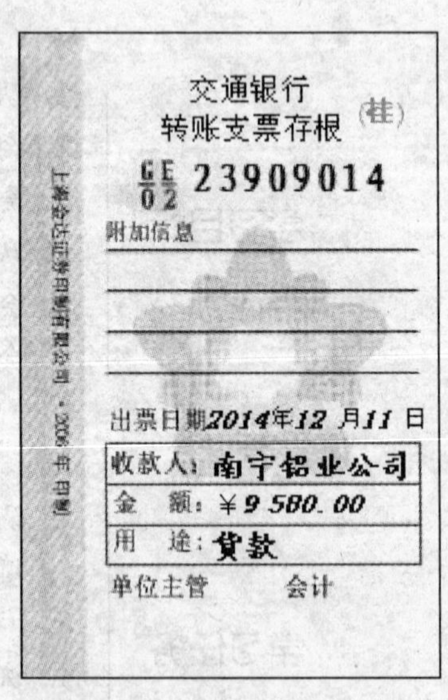

交通银行
转账支票存根 (桂)
GE/02 23909014
附加信息
出票日期2014年12月11日
收款人：南宁铝业公司
金　额：¥9 580.00
用　途：货款
单位主管　　会计
上海金达证券印制有限公司·2006年印制

图 1-2　转账支票存根

（2）自制财税凭证（见图 1-4 和图 1-5）。

（3）自制企业业务单据（见图 1-6 和图 1-7）。

（4）自制存货凭证（见图 1-8～图 1-10）。

银行承兑汇票（存根） 3 GE/02 81463970

出票日期（大写） 贰零壹肆年 壹拾贰月 壹拾贰日

出票人全称	南宁机械厂	收款人	全称	力丰机械有限公司
出票人账号	410872000400078522232		账号	36001003546050005673
付款行全称	交通银行南宁大学分理处		开户银行	中国建设银行上海分行
出票金额	人民币（大写）壹拾柒万零玖佰元整		亿千百十万千百十元角分	¥ 1 7 0 9 0 0 0 0
汇票到期日（大写）	贰零壹伍年零陆月壹拾贰日	付款行	行号	301300789878
承兑协议编号	0022		地址	南宁市大学东路101号

备注： 复核： 经办

此联由出票人存查

上海证券印刷有限公司·2005年印制

图 1-3 银行承兑汇票(存根联)

4500082142 广西增值税专用发票 № 60972924

此联不作报销、扣税凭证使用

开票日期:2014年12月21日

购货单位	名称:上海市龙光贸易公司 纳税人识别号:310189035428543 地址、电话:上海市光华路23号 0216558955 开户行及账号:交通银行上海分行 140200010019200165673		密码区	3-65745<19458<3840481 75/37503848*7>+>-2//5 >*8574567-7<8*873/+<4 13-3001152-/>7142>>8-	加密版本: 01 4500082142 60972924	
货物或应税劳务名称	规格型号	单位	数量	单价	金额	税率	税额
铣床		台	2	30 000.00	60 000.00	17%	10 200.00
台式钻床		台	20	3 500.00	70 000.00	17%	11 900.00
合计					¥130 000.00		¥22 100.00
价税合计（大写）	⊗壹拾伍万贰仟壹佰元整				（小写）¥152 100.00		
销货单位	名称:南宁机械厂 纳税人识别号:450100747961161 地址、电话:广西南宁市大学东路33号 0771-32408888 开户行及账号:交通银行南宁市大学东路101号 62226220101000106			备注	南宁机械厂 450100747961161 发票专用章		

收款人: 复核: 开票人:张炜 销货单位:（章）

第一联：记账联 销货方记账凭证

国税函[2013]562号海南华森实业公司

图 1-4 增值税专用发票(记账联)

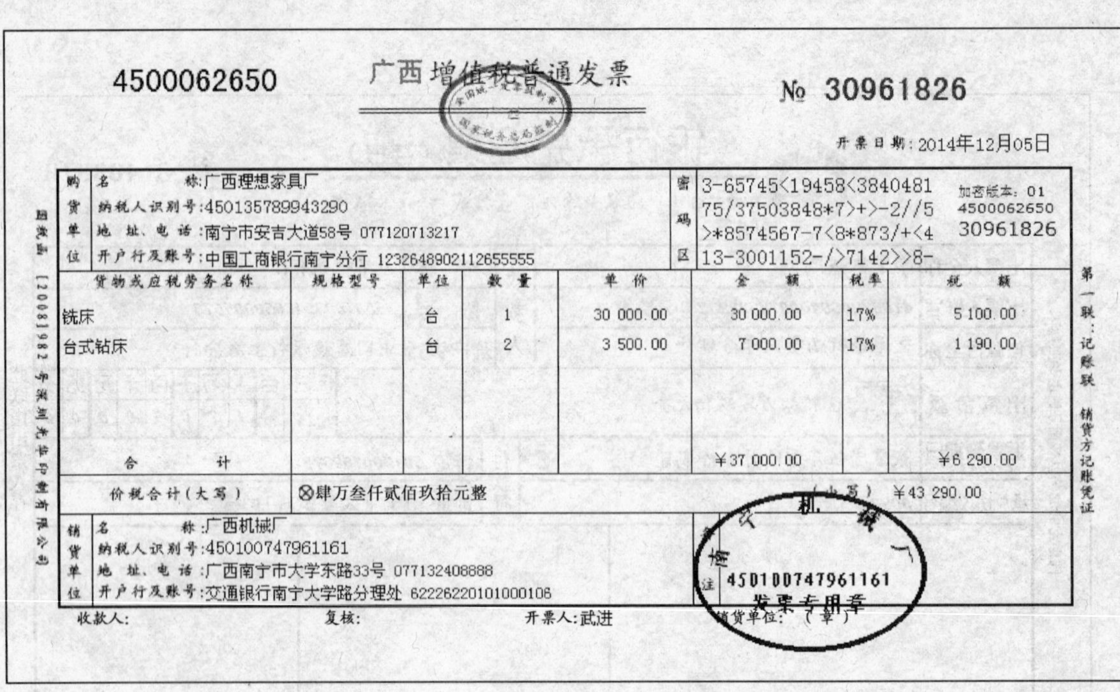

4500062650　　广西增值税普通发票　　№ 30961826

开票日期：2014年12月05日

购货单位	名　　称：广西理想家具厂 纳税人识别号：450135789943290 地 址、电 话：南宁市安吉大道58号 077120713217 开户行及账号：中国工商银行南宁分行 1232648902112655555	密码区	3-65745<19458<3840481 75/37503848*7>+>-2//5 >*8574567-7<8*873/+<4 13-3001152-/>7142>>8-	加密版本：01 4500062650 30961826

货物或应税劳务名称	规格型号	单位	数量	单价	金额	税率	税额
铣床		台	1	30 000.00	30 000.00	17%	5 100.00
台式钻床		台	2	3 500.00	7 000.00	17%	1 190.00
合　计					￥37 000.00		￥6 290.00
价税合计（大写）	⊗肆万叁仟贰佰玖拾元整				（小写）￥43 290.00		

销货单位	名　　称：广西机械厂 纳税人识别号：450100747961161 地 址、电 话：广西南宁市大学东路33号 077132408888 开户行及账号：交通银行南宁大学路分理处 62226220101000108	备注	450100747961161 发票专用章

收款人：　　复核：　　开票人：武进　　销货单位：（章）

第一联：记账联 销货方记账凭证

图 1-5　增值税普通发票（记账联）

销　售　单

购货单位：上海市龙光贸易公司　　地址和电话：上海市光华路23号 0216558955　　单据编号：SD11260078

纳税识别号：310189035428543　　开户行及账号：交通银行上海分行 1402000100192200165673　　制单日期：2014年12月21日

编码	产品名称	规格	单位	单价（元）	数量	金额（元）	备注
01	铣床		台	30 000.00	2	60 000.00	
02	台式钻床		台	3 500.00	20	70 000.00	
合计	人民币（大写）：壹拾叁万元整					￥130 000.00	

总经理：张友达　　销售经理：李莉　　经手人：何钦　　会计：黄 明

第三联：记账联

图 1-6　销售单

固定资产转移单

变动日期 2014年 12月 19日

资产编号	固定资产名称	型号	数量	转出部门	转入部门	备注
12909	机床	AL909	1	资产保管部门	铣床生产车间	

转移原因：因业务量增加，急需扩大生产规模，故调拨新购的机床供其使用。

转入部门	生产车间	部门领导		资产管理员	
转出部门	资产保管部门	部门领导		资产管理员	曾玉柯

资产办公室领导签字：

部门经理：白星　　会计：黄 明　　经办人：齐格梅

财务联

图 1-7　固定资产转移单

入 库 单

2014 年 12 月 10 日　　　　R 第 1401 号

交来单位及部门	铣床生产车间	发票号码或生产单号码		验收仓库	产成品仓库	入库日期	2014年12月10日	
编号	名称及规格	单位	数量		实际价格		计划价格		价格差异
			交库	实收	单价	金额	单价	金额	
01	铣床	台	80	80	20 000.00	160 000.00			
合计						¥160 000.00			

会计联

部门经理：白晓星　　会计：黄明　　仓库：朱燕　　经办人：艾峥

图 1-8　入库单

收 料 单

2014年12月01日　　　　编码：1401

材料编号	材料名称	规格	材质	单位	数量		实际单价	材料金额	运杂费	合计（材料实际成本）
					应收	实收				
A01	钢材	SW10	—	吨	200	200	3 500.00	700 000.00		¥700 000.00
供货单位	柳州钢铁厂		结算方法		转账结算		合同号	Q058	计划单价	材料/计划成本
备注	—								—	—

会计联

主管：白晓星　　质量检验员：王丽　　仓库验收：朱燕　　经办人：李克

图 1-9　收料单

领 料 单

领料部门：机修车间

用　途：修理　　2014 年 12 月 03 日　　L 第 1401 号

材料			单位	数量		成本									
						单价	总价								
编号	名称	规格		请领	实发		百	十	万	千	百	十	元	角	分
C01	火花塞		个	100	100	50.00				5	0	0	0	0	0
合计									¥	5	0	0	0	0	0

会计联

部门经理：白晓星　　会计：黄明　　仓库：朱燕　　经办人：李晓华

图 1-10　领料单

2. 外来原始凭证

外来原始凭证是指本企业在同外单位或个人发生经济业务往来过程中，从外单位或个人手中取得的原始凭证。常见的外来原始凭证主要有各种购货或消费发票、收据，银行结算凭证回单等。

(1) 从银行取得的结算凭证(见图 1-11 和图 1-12)。

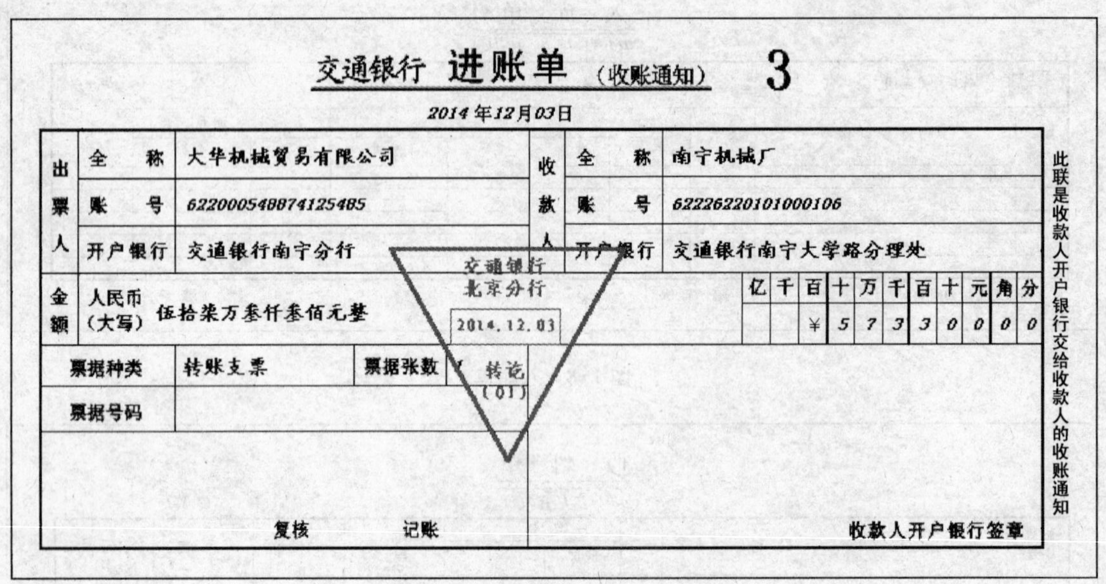

交通银行 进账单 (收账通知) 3

2014年12月03日

出票人	全称	大华机械贸易有限公司	收款人	全称	南宁机械厂
	账号	6220005488874125485		账号	62226220101000106
	开户银行	交通银行南宁分行		开户银行	交通银行南宁大学路分理处
金额	人民币(大写)	伍拾柒万叁仟叁佰元整		亿千百十万千百十元角分	￥57330000
票据种类	转账支票	票据张数			
票据号码					
复核	记账			收款人开户银行签章	

此联是收款人开户银行交给收款人的收账通知

交通银行 北京分行 2014.12.03 转讫 (01)

图 1-11 银行收账通知(进账单)

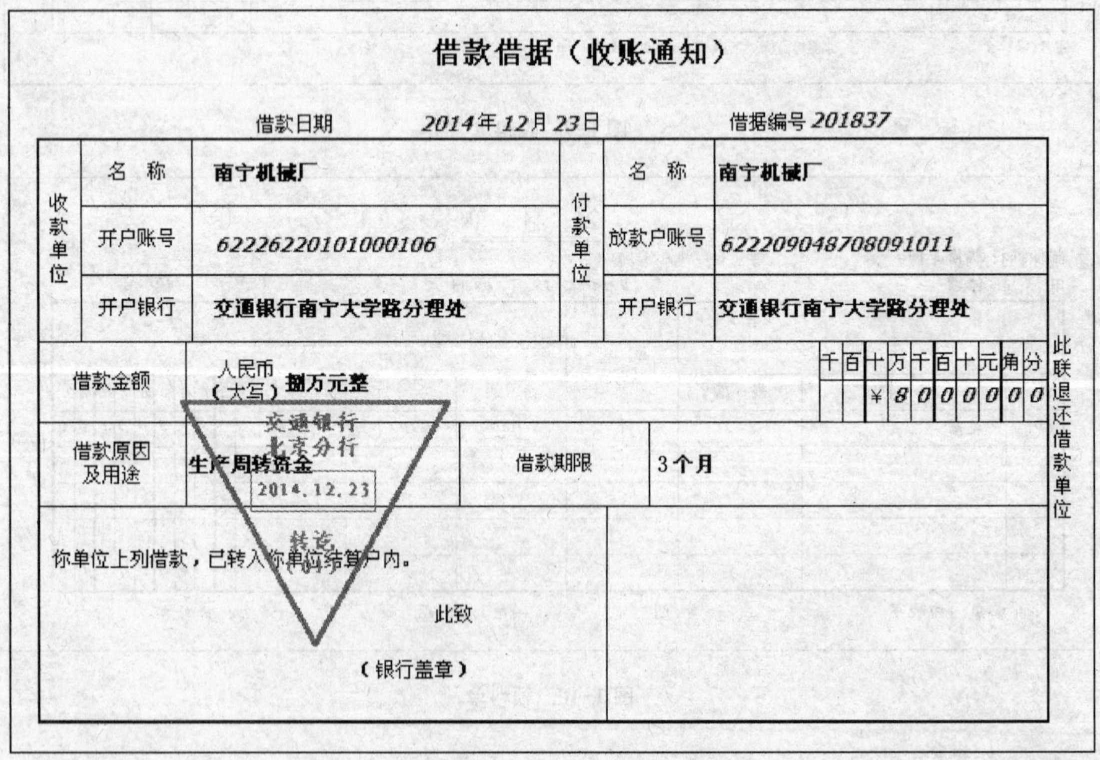

借款借据(收账通知)

借款日期 2014年12月23日 借据编号 201837

收款单位	名称	南宁机械厂	付款单位	名称	南宁机械厂
	开户账号	62226220101000106		放款户账号	622209048708091011
	开户银行	交通银行南宁大学路分理处		开户银行	交通银行南宁大学路分理处
借款金额	人民币(大写)捌万元整			千百十万千百十元角分	￥8000000
借款原因及用途	生产周转资金		借款期限	3个月	

你单位上列借款，已转入你单位结算户内。

此致

(银行盖章)

此联退还借款单位

交通银行 北京分行 2014.12.23 转讫

图 1-12 银行收账通知(借款借据)

(2) 从供应商等往来单位或其他单位取得的原始凭证(见图 1-13～图 1-15)。

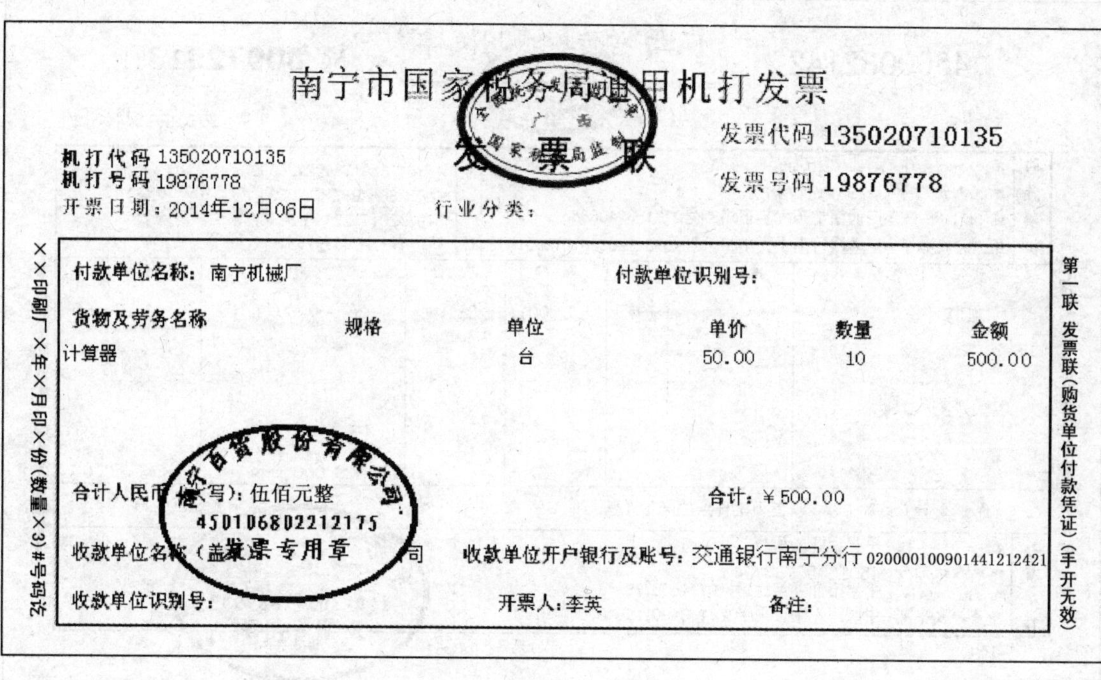

南宁市国家税务局通用机打发票

发 票 联

机打代码 135020710135
机打号码 19876778
开票日期：2014年12月06日　　行业分类：

发票代码 135020710135
发票号码 19876778

付款单位名称：南宁机械厂　　付款单位识别号：

货物及劳务名称	规格	单位	单价	数量	金额
计算器		台	50.00	10	500.00

合计人民币(大写)：伍佰元整　　合计：￥500.00

收款单位名称：（盖章）　　收款单位开户银行及账号：交通银行南宁分行 020000100901441212421

收款单位识别号：　　开票人：李英　　备注：

××印刷厂×年×月印×份（数量×3）#号码讫

第一联 发票联（购货单位付款凭证）（手开无效）

图 1-13　通用机打发票

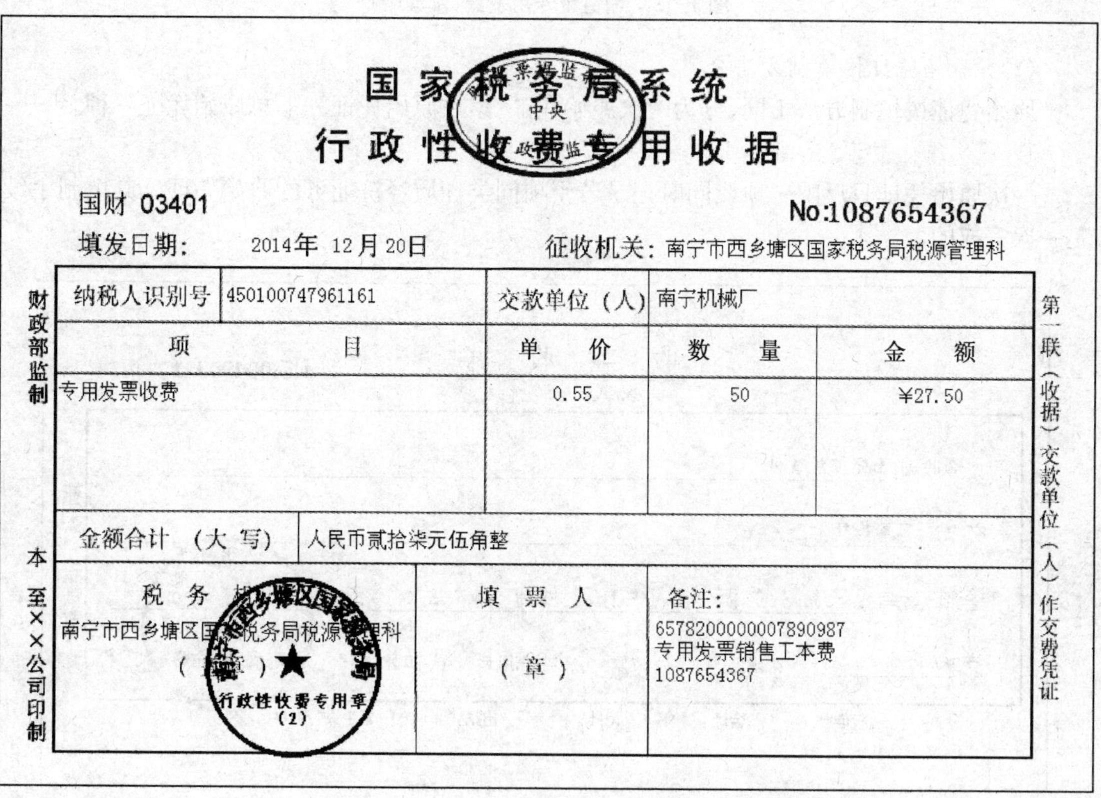

国家税务局系统
行政性收费专用收据

国财 03401　　No:1087654367

填发日期：2014年 12月 20日　　征收机关：南宁市西乡塘区国家税务局税源管理科

纳税人识别号	450100747961161	交款单位（人）	南宁机械厂	
项目		单价	数量	金额
专用发票收费		0.55	50	￥27.50
金额合计（大写）	人民币贰拾柒元伍角整			
税务机关：南宁市西乡塘区国家税务局税源管理科（盖章）		填票人（章）	备注：6578200000007890987 专用发票销售工本费 1087654367	

财政部监制

本 至××公司印制

第一联（收据）交款单位（人）作交费凭证

图 1-14　国家税务局系统行政性收费专用收据

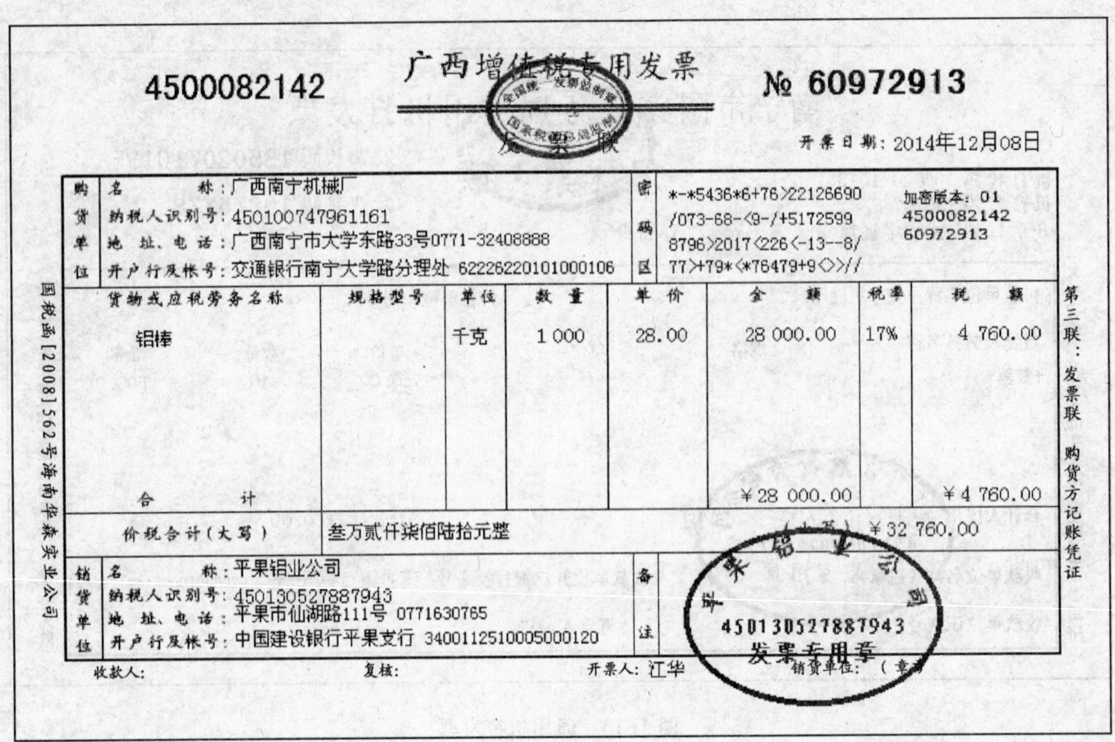

广西增值税专用发票

4500082142　　№ 60972913

发票联

开票日期：2014年12月08日

购货单位	名称：广西南宁机械厂 纳税人识别号：450100747961161 地址、电话：广西南宁市大学东路33号0771-32408888 开户行及帐号：交通银行南宁大学路分理处 6222622010100106			密码区	*-*5436*6+76>2212690 /073-68-<9-/+5172599 8796>2017<226<-13--8/ 77>+79*<*76479+9<>>// 加密版本：01 4500082142 60972913		
货物或应税劳务名称	规格型号	单位	数量	单价	金额	税率	税额
铝棒		千克	1 000	28.00	28 000.00	17%	4 760.00
合计					￥28 000.00		￥4 760.00
价税合计（大写）	叁万贰仟柒佰陆拾元整				（小写）￥32 760.00		
销货单位	名称：平果铝业公司 纳税人识别号：450130527887943 地址、电话：平果市仙湖路111号 0771630765 开户行及帐号：中国建设银行平果支行 3400112510005000120			备注	平果铝业公司 450130527887943 发票专用章		

收款人：　　复核：　　开票人：江华　　销货单位：（章）

国税函[2008]562号海南华森实业公司

第三联：发票联 购货方记账凭证

图 1-15　增值税专用发票(发票联)

（二）原始凭证按填制方法分类

原始凭证按填制方法不同，分为一次原始凭证、累计原始凭证和汇总原始凭证三种。

1. 一次原始凭证(见图 1-16 和图 1-17)

一次原始凭证只反映一项或同时记录若干项同类性质经济业务的原始凭证。其填制手续是一次完成的。

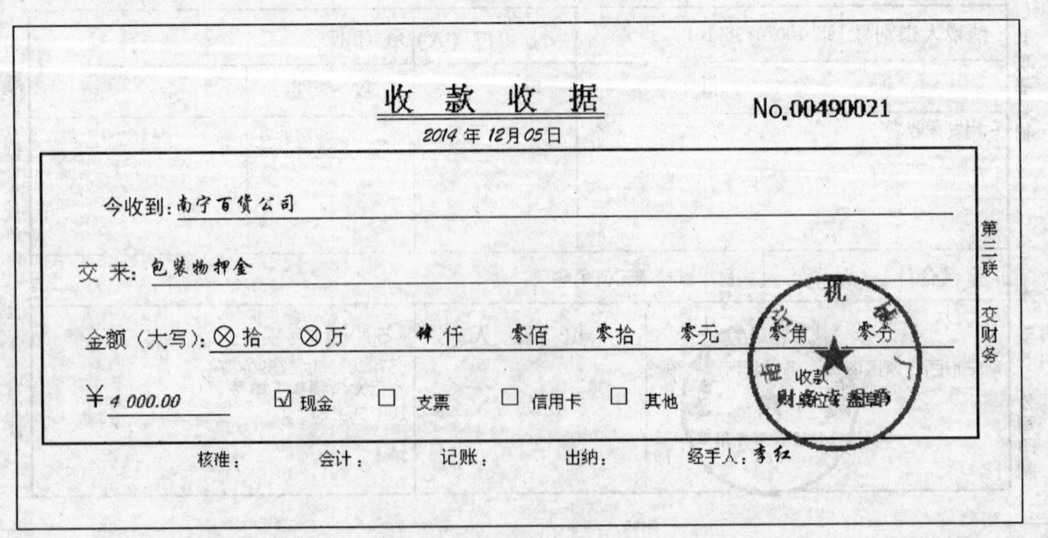

收款收据

No.00490021

2014 年 12月 05日

今收到：南宁百货公司

交来：包装物押金

金额（大写）：⊗拾　⊗万　肆仟　零佰　零拾　零元　零角　零分

￥4 000.00　☑现金　☐支票　☐信用卡　☐其他

收款单位（盖章）

核准：　会计：　记账：　出纳：　经手人：李红

第三联 交财务

图 1-16　收款收据

领 料 单

领料部门：铣床生产车间
用 途：生产铣床　　2014 年 12 月 16 日　　I 第 1405 号

材料			单位	数量		成本		会计联
编号	名称	规格		请领	实发	单价	总价（百十万千百十元角分）	
A01	钢材		吨	20	20	3 500.00	7 0 0 0 0 0 0	
合计							￥ 7 0 0 0 0 0 0	

部门经理：白晓星　　会计：黄明　　仓库：朱燕　　经办人：李晓华

图 1-17 领料单

2. 累计原始凭证(见图 1-18)

累计原始凭证是指在一定时期内(一般以 1 个月为限)连续发生的同类经济业务,其填制手续是随着经济业务事项的发生而分次进行的自制原始凭证。

限 额 领 料 单

领料部门:钻床生产车间　　凭证编号:00000812
用途：生产台式钻床　　2014年12月08日　　发料仓库:材料仓库

材料类别	材料编号	材料名称及规格	计量单位	领用限额	实际领用	单价	金额	备注
原材料	A001	螺丝	个	120	100	0.50	50.00	

供应部门负责人：刘丽娟　　生产计划部门负责人:郭志庆

日期	数量		领料人签章	发料人签章	扣除代用数量	退料			限额结余
	请领	实发				数量	收料人	发料人	
12月01日	50	50	赵学猛	梁立韵		个			70
12月12日	40	40	赵学猛	梁立韵		个			30
12月25日	10	10	赵学猛	梁立韵		个			20

图 1-18 限额领料单

3. 汇总原始凭证(见图 1-19)

汇总原始凭证是指根据一定时期内反映相同经济业务的多张原始凭证,汇总编制而成的自制原始凭证。例如,发料凭证汇总表是企业月末根据多张发料单汇总编制而成的。

发料凭证汇总表

年 月 日　　附单据 张

部门	材料名称	领用数量	单价	金额
	小计			
合计				

财务主管：　　制表人：

图 1-19 发料凭证汇总表

【岗位实践任务】

任务资料:原始凭证见图 1-1～图 1-17。

任务要求:请描述图 1-1～图 1-17 的经济业务。

业务活动 1-2 认知原始凭证的基本内容

原始凭证包括以下基本内容(见图 1-20):①原始凭证的名称及编号。②填制原始凭证的日期。③接受原始凭证的单位名称。④经济业务的内容。⑤经济业务事项的单位、数量、单价和金额。⑥填制单位的签章。⑦有关人员的签名或签章。

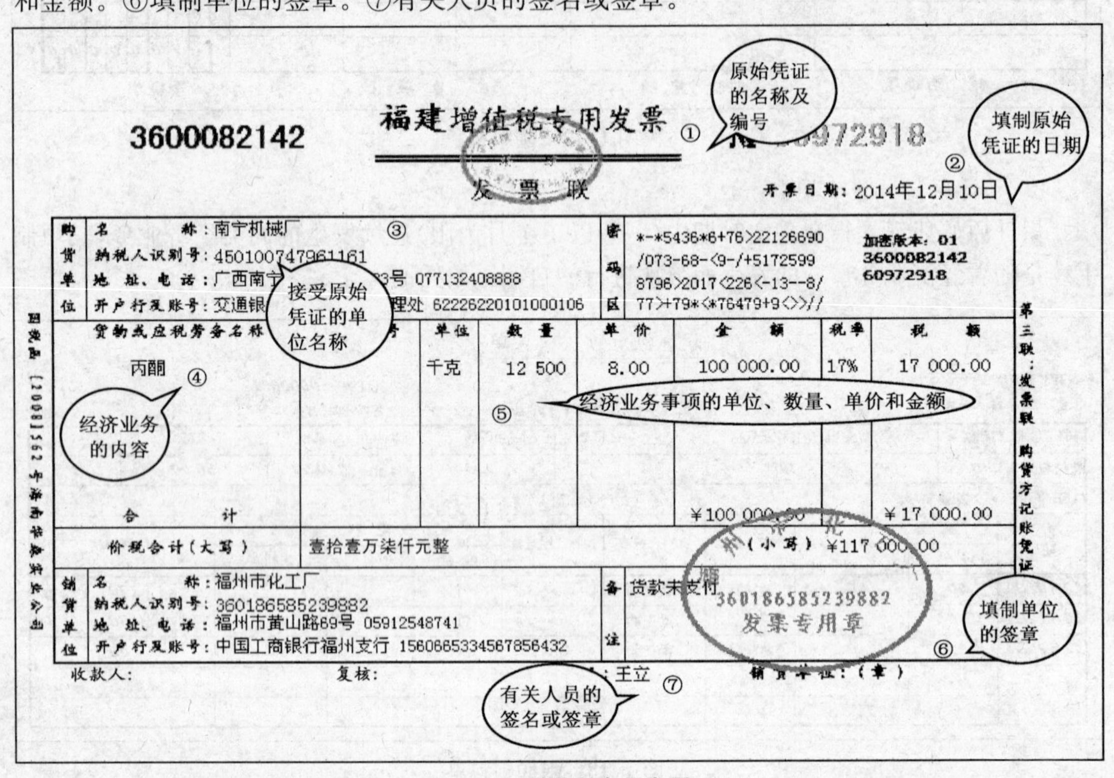

3600082142 福建增值税专用发票 №60972918

发票联

开票日期:2014年12月10日

购货单位	名称:南宁机械厂 纳税人识别号:450100747961161 地址、电话:广西南宁……号 077132408888 开户行及账号:交通银……理处 6222622010100010б	密码区	*-*5436*6+76>22126690 /073-68-<9-/+5172599 8796>2017<226<-13--8/ 77>+79*<*76479+9<>>//	加密版本:01 3600082142 60972918		

货物或应税劳务名称	规格型号	单位	数量	单价	金额	税率	税额
丙酮		千克	12 500	8.00	100 000.00	17%	17 000.00
合计					¥100 000.00		¥17 000.00
价税合计(大写)	壹拾壹万柒仟元整				(小写)¥117 000.00		

销货单位	名称:福州市化工厂 纳税人识别号:360186585239882 地址、电话:福州市黄山路69号 05912548741 开户行及账号:中国工商银行福州支行 1560665334567856432	备注	货款未支付

收款人: 复核: 开票人:王立 销货单位:(章)

第三联:发票联 购货方记账凭证

图 1-20 增值税专用发票

知识链接

原始凭证填制的依据

由于各种经济业务的内容和经营管理的要求不同,原始凭证的名称、格式和内容是多种多样的。原始凭证填制的依据和填制的人员有三种:一是以实际发生或完成的经济业务为依据,由经办业务人员直接填制,如入库单、出库单等;二是以账簿记录为依据、由会计人员加工整理计算填制,如各种费用分配表;三是以若干张反映同类经济业务的原始凭证为依据,定期汇总填制汇总原始凭证,填制人员可能是业务经办人也可能是会计人员。无论哪种原始凭证,作为记录和证明经济业务的发生或完成情况、明确经办单位和人员的经济责任的原始证据,含有的基本内容是一样的。

【岗位实践任务】

任务资料：原始凭证见图1-21和图1-22。

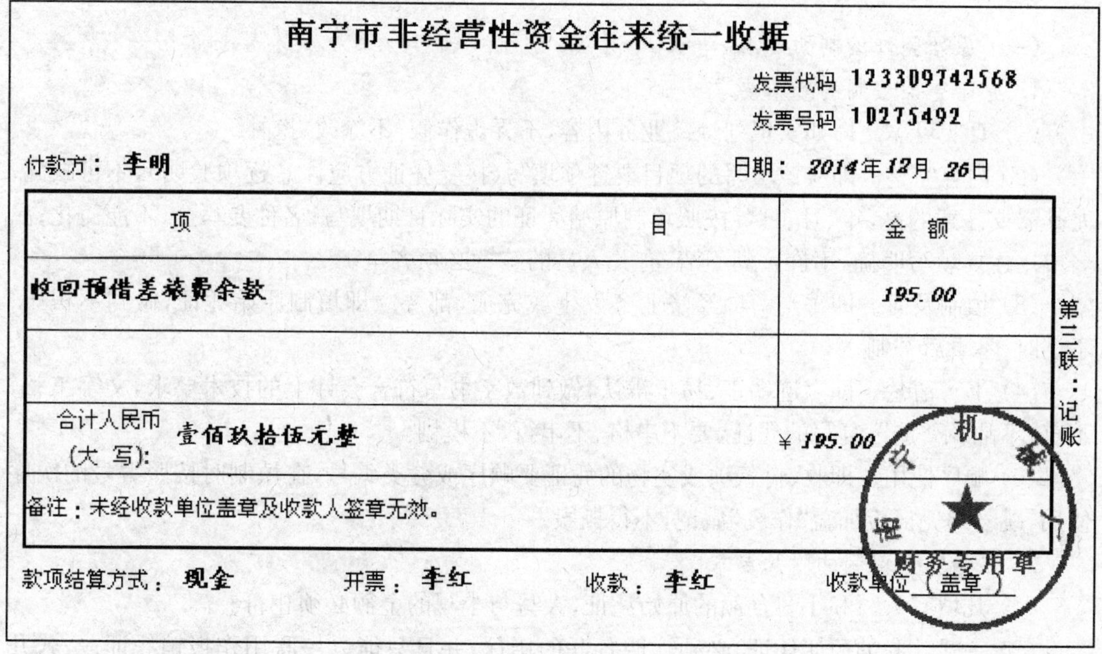

南宁市非经营性资金往来统一收据

发票代码 123309742568

发票号码 10275492

付款方：李明　　日期：2014年12月26日

项　目	金　额
收回预借差旅费余款	195.00
合计人民币（大写）：壹佰玖拾伍元整	￥195.00
备注：未经收款单位盖章及收款人签章无效。	

第三联：记账

款项结算方式：现金　开票：李红　收款：李红　收款单位（盖章）

图1-21　收据

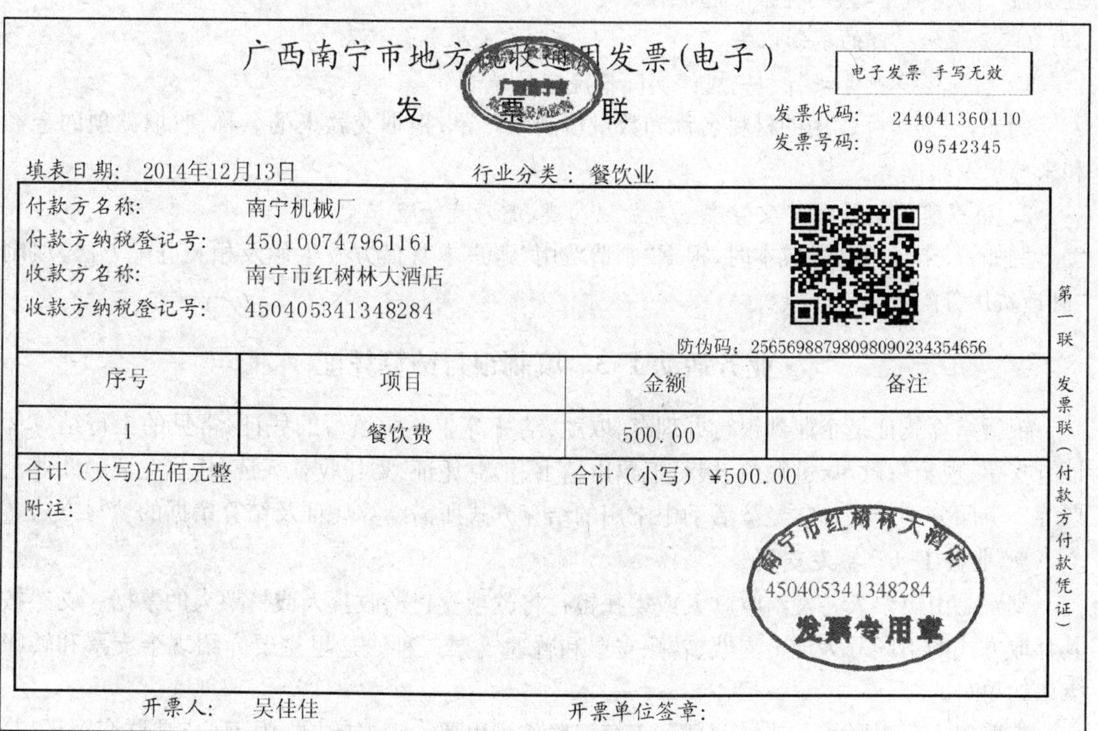

广西南宁市地方税收通用发票（电子）

发　票　联

电子发票 手写无效

发票代码：244041360110

发票号码：09542345

填表日期：2014年12月13日　　行业分类：餐饮业

付款方名称：南宁机械厂

付款方纳税登记号：450100747961161

收款方名称：南宁市红树林大酒店

收款方纳税登记号：450405341348284

防伪码：25656988798098090234354656

序号	项目	金额	备注
1	餐饮费	500.00	

合计（大写）伍佰元整　　合计（小写）￥500.00

附注：

第一联 发票联（付款方付款凭证）

开票人：吴佳佳　　开票单位签章：

图1-22　通用发票

任务要求：根据图 1-21 和图 1-22 所示的原始凭证，指出原始凭证的基本内容。

二、填制原始凭证

（一）原始凭证填制的要求

1. 原始凭证填制的基本要求

（1）真实可靠。即如实填列经济业务内容，不弄虚作假，不涂改、挖补。

（2）内容完整。即应该填写的项目要逐项填写（接受凭证方应注意逐项验明），不可缺漏，尤其需要注意的是，年、月、日要按照填制原始凭证的实际日期填写；名称要写全，不能简化；品名或用途要填写明确，不许含糊不清；有关人员的签章必须齐全。

（3）填制及时。即每当一项经济业务发生或完成，都要立即填制原始凭证，做到不积压、不误时、不事后补制。

（4）书写清楚。即字迹端正、易于辨认，做到数字书写符合会计上的技术要求，文字工整，不草、不乱、不“造”；复写的凭证，要不串格、不串行、不模糊。

（5）顺序使用。即收、付款项或实物的凭证要顺序或分类编号，在填制时按照编号的次序使用，跳号的凭证应加盖“作废”戳记，不得撕毁。

2. 原始凭证填制的附加要求

（1）凡填有大写和小写金额的原始凭证，大写与小写的金额必须相符。

（2）一式几联的原始凭证，必须注明各联的用途，并且只能以一联用作报销凭证；一式几联的发票和收据，必须用双面复写纸套写（凭证本身具备复写功能除外），并连续编号，作废时应加盖“作废”戳记，连同存根一起保存。

（二）原始凭证的填制依据

1. 根据经济业务执行和完成的实际情况直接填制

例如，根据实际领用的材料名称和数量填制领料单；根据交款人的名称、收取款项的金额和来源填制收据等。

2. 根据账簿记录对某项经济业务加以归类、整理而重新填制

例如，月末计算产品成本时，根据“制造费用”账户本月借方发生额及相关分配方法，填制“制造费用分配表”。

业务活动 1-3　填制银行结算凭证

银行结算凭证是企业到银行办理存、取款、结算等业务所填写的凭证，常见的银行结算凭证有支票、现金解款单、进账单、银行汇票申请书、汇兑凭证、委托收款凭证、托收凭证和商业汇票等。下面分别介绍日常经济活动中常用的结算方式所需结算凭证及结算票据的填写方法。

☞ **业务 1-1　签发支票**

支票是由出票人签发给收款人或委托银行将款项支付给收款人或持票人的票据。支票按其存取方式的不同分为现金支票、转账支票和普通支票三种。这里主要介绍现金支票和转账支票的填写。

支票包括存根联和支票联两部分。存根联作为出票人记账的原始凭证；支票联交银行，是银行付款的依据，支票背面有背书格式。以现金支票为例，其正、反面见图 1-23 和图 1-24。

交通银行
现金支票存根（桂）
GE/02 23093254
附加信息
出票日期 2014年12月02日
收款人：南宁机械厂
金　额：¥5 000.00
用　途：备用金
单位主管　会计

交通银行　现金支票（桂）广西　GE/02 23093254
出票日期（大写）贰零壹肆年壹拾贰月零贰日　付款行名称：交通银行南宁大学路分理处
收款人：南宁机械厂　出票人账号：62226220101000106
人民币（大写）伍仟元整　¥500000
本支票付款期限十天
用途 备用金
上列款项请从
我账户内支付
出票人签章　财务专用章　张达友印　复核　记账

上海金达证券印制有限公司·2013年印制

支票存根联　　支票正联

图 1-23　现金支票（正面）

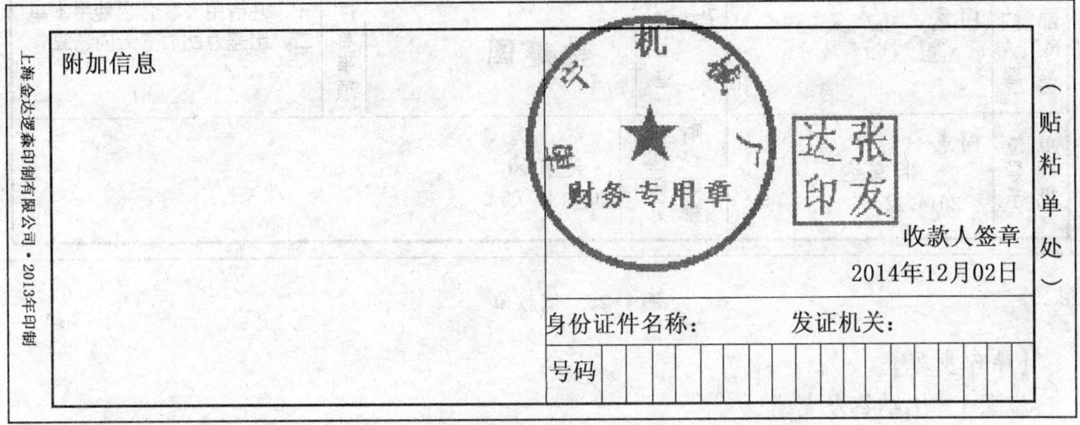
附加信息
财务专用章　张达友印
收款人签章
2014年12月02日
身份证件名称：　发证机关：
号码
（贴粘单处）
上海金达证券印制有限公司·2013年印制

图 1-24　现金支票（背面）

知识链接

支票填写的注意事项

（1）为防止变造票据的出票日期，支票联的出票日期应按规定的大写书写。

（2）签发支票应使用碳素墨水或墨汁填写，目前有的地区可以使用机打支票。

（3）支票的金额、收款人名称，可以由出票人授权补记。

（4）支付的出票日期、收款人名称、金额不得更改，更改的票据无效。

（5）需要使用支付密码的，填写支付密码。

（6）背面填写说明：收款人签章（收款人为单位需要加盖预留银行的印章，收款人为个人则为个人的签名或盖章）；填写提示付款日期，收款人为个人的还需填写提交的身份证的证件名称、发证机关和证件号码。

【活动目标】掌握支票的签发方法。

【业务流程】出纳签发支票→管理预留银行印鉴的相关人员审核后加盖预留银行印鉴

(财务专用章及法人名章)→出纳将支票存根联及支票正联裁分→支票正联给收款人到银行提示付款,支票存根联留存作原始凭证。

【业务资料】2014 年 12 月 5 日,南宁机械厂出纳李红根据借款单(见图 1-25)签发现金支票给销售员林建国,用于出差预借款。

【岗位任务】填写支票。

借 款 单

2014年12月05日　　　　第098723号

借款部门	销售部	姓名	林建国	事由	出差
借款金额(大写)	⊗万 贰 仟 伍 佰 零 拾 零 元 零 角 零 分　　¥ 2 500.00				
部门负责人签署	同意 董艳燕	借款人签章	林建国	注意事项	一、凡借用公款必须使用本单 二、出差返回后三天内结算
单位领导批示	同意 张友达 2014.12.05	财务经理审核意见	吴有为 2014.12.05		

图 1-25　借款单

【操作步骤】

步骤 1　出纳签发支票。

出纳根据借款单签发现金支票,填写内容包括:出票日期(存根联小写书写,支票联大写书写)、收款人名称、付款行名称及出票人账号(一般购买时由开户行加盖印戳,不需要填写)、大小写金额(存根联为小写金额,小写金额前面需要标注币值符号)、用途等内容(见图 1-26)。

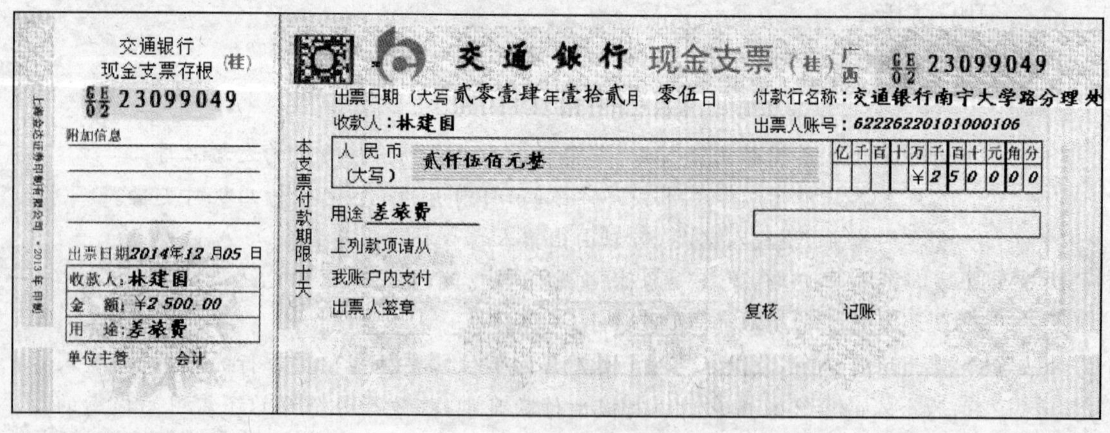

交通银行
现金支票存根 (桂)
GE 02 23099049
附加信息
出票日期2014年12月05日
收款人:林建国
金　额:¥2 500.00
用　途:差旅费
单位主管　会计

交通银行 现金支票 (桂) 广西 GE 02 23099049
本支票付款期限十天
出票日期(大写)贰零壹肆年壹拾贰月 零伍日　付款行名称:交通银行南宁大学路分理处
收款人:林建国　出票人账号:62226220101000106

人民币(大写)	亿	千	百	十	万	千	百	十	元	角	分
贰仟伍佰元整					¥	2	5	0	0	0	0

用途 差旅费
上列款项请从
我账户内支付
出票人签章　　复核　　记账

图 1-26　现金支票(1)

步骤 2　支票审核签章。

出纳将支票递交预留银行印鉴的相关保管人员审核盖章(见图 1-27)。

交通银行
现金支票存根 (桂)
GE 02 23099049
附加信息
出票日期2014年12月05日
收款人：林建国
金额：¥2 500.00
用途：差旅费
单位主管 会计
上海金达证券印制有限公司・2013年印制

交通银行 现金支票 (桂) 广西 GE 02 23099049
出票日期（大写）贰零壹肆年壹拾贰月零伍日 付款行名称：交通银行南宁大学路分理处
收款人：林建国 出票人账号：62226220101000106
本支票付款期限十天
人民币（大写）贰仟伍佰元整

亿	千	百	十	万	千	百	十	元	角	分
				¥	2	5	0	0	0	0

用途 差旅费
上列款项请从
我账户内支付
出票人签章
财务专用章
张达印友
复核 记账

图 1-27 现金支票(2)

步骤 3 裁分支票存根联及支票联。

出纳将支票存根联及支票联裁分，将支票存根联作为原始凭证，支票联交给收款人（见图 1-28 和图 1-29）。

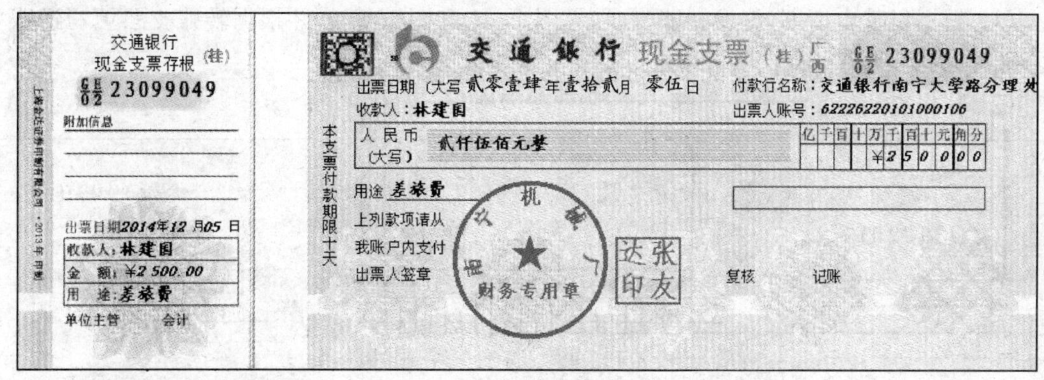
交通银行
现金支票存根 (桂)
GE 02 23099049
附加信息
出票日期2014年12月05日
收款人：林建国
金额：¥2 500.00
用途：差旅费
单位主管 会计
上海金达证券印制有限公司・2013年印制

交通银行 现金支票 (桂) 广西 GE 02 23099049
出票日期（大写）贰零壹肆年壹拾贰月零伍日 付款行名称：交通银行南宁大学路分理处
收款人：林建国 出票人账号：62226220101000106
本支票付款期限十天
人民币（大写）贰仟伍佰元整

亿	千	百	十	万	千	百	十	元	角	分
				¥	2	5	0	0	0	0

用途 差旅费
上列款项请从
我账户内支付
出票人签章
财务专用章
张达印友
复核 记账

图 1-28 支票存根联　　　　图 1-29 支票联(给收款人)

知识链接

支票的相关规定

(1) 支票的印鉴和密码是银行审核的依据，出票人不得签发与其预留银行签章或密码不符的支票。

(2) 支票提示付款时必须在支票背面背书，如为个人需要签名或签章并注明取款人身份证号。

(3) 支票的出票人签发支票的金额不得超过付款人在付款行处实有的存款金额，禁止签发空头支票。

(4) 支票上印有“现金支票”字样的为现金支票，现金支票只能用于支取现金；支票上印有“转账支票”字样的为转账支票，转账支票只能用于转账，不能支取现金；支票上印有“支票”字样的为普通支票，普通支票可以用于支取现金，也可以用于转账，普通支票左上角划有两条平行线的是划线支票，只能用于转账，不得支取现金。

【岗位实践任务】

任务资料:付款申请书见图 1-30。

付 款 申 请 书

2014年 12月 11日

用途及情况	金额											收款单位(人):南宁明辉广告公司	
支付广告费	亿	千	百	十	万	千	百	十	元	角	分	账 号: 110236521465551987	
					¥	9	5	8	0	0	0	开户行:中国银行南宁城北支行	
金额(大写)合计	人民币玖仟伍佰捌拾元整											电汇:☐ 信汇:☐ 汇票:☐ 转账:☑	
总经理	张友达	财务部门	经理	吴有为				业务部门				经理	李晓文
			会计	黄明								经办人	汤灵玉

图 1-30 付款申请书

任务要求:

(1) 根据付款申请书,签发转账支票(见图 1-31 和图 1-32),并根据转账支票填写进账单(见图 1-33)。

(2) 写出支票签发的操作步骤。

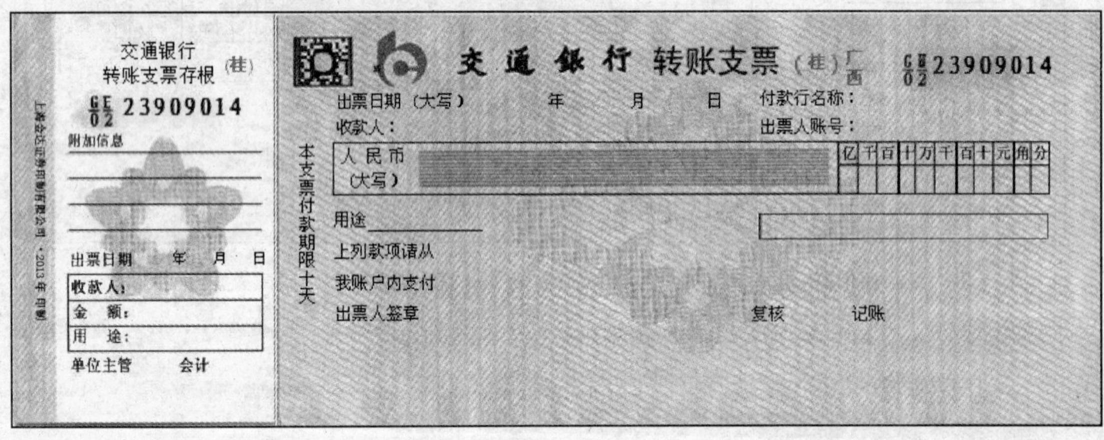

交通银行
转账支票存根 (桂)
GE 02 23909014
附加信息
出票日期 年 月 日
收款人:
金 额:
用 途:
单位主管 会计

上海金达证券印制有限公司·2013年印制

交 通 银 行 转账支票 (桂) 广西 GE 02 23909014
出票日期(大写) 年 月 日 付款行名称:
收款人: 出票人账号:
人民币(大写) | 亿 千 百 十 万 千 百 十 元 角 分
用途
上列款项请从
我账户内支付
出票人签章 复核 记账
本支票付款期限十天

图 1-31 转账支票(正面)

上海金达证券印制有限公司·2013年印制

附加信息

收款人签章
年 月 日

(贴粘单处)

身份证件名称: 发证机关:

号码

图 1-32 转账支票(背面)

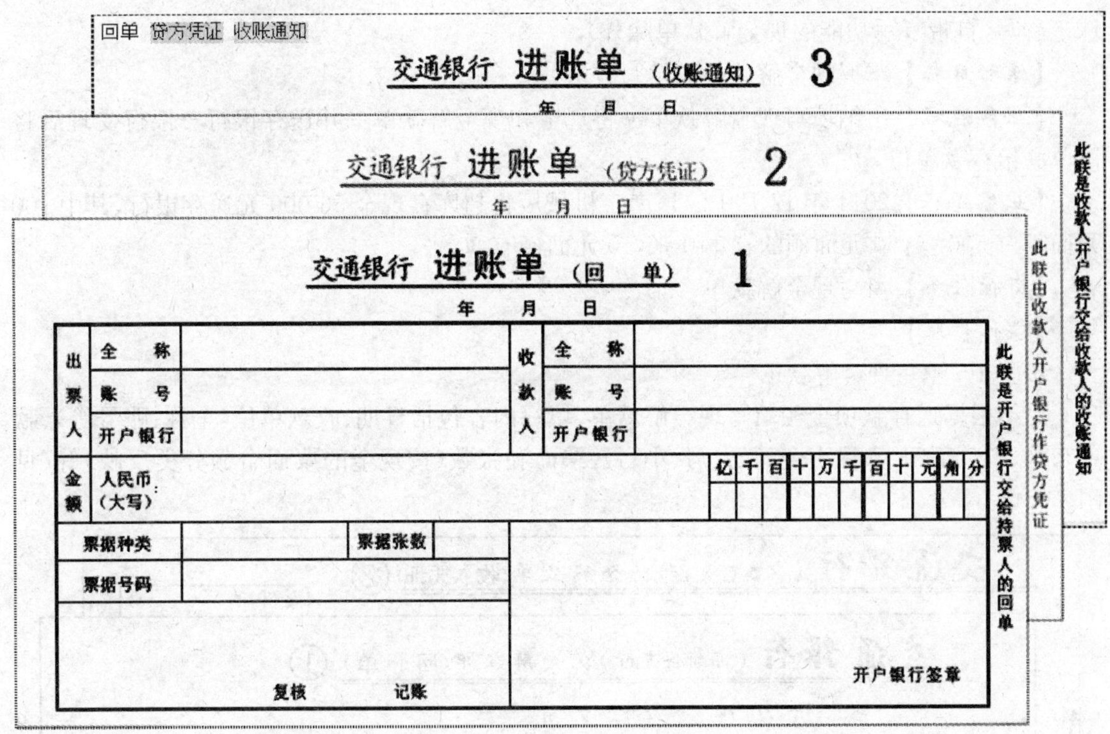

回单 贷方凭证 收账通知

交通银行 进账单 （收账通知） 3

年 月 日

交通银行 进账单 （贷方凭证） 2

年 月 日

交通银行 进账单 （回 单） 1

年 月 日

出票人	全称		收款人	全称	
	账号			账号	
	开户银行			开户银行	
金额	人民币（大写）				亿 千 百 十 万 千 百 十 元 角 分
票据种类		票据张数			
票据号码					
复核 记账			开户银行签章		

此联是开户银行交给持票人的回单

此联由收款人开户银行作贷方凭证

此联是收款人开户银行交给收款人的收账通知

图 1-33 进账单(一式三联)

注意事项：

(1) 转账支票的填写要求同现金支票。

(2) 进账单为一式三联，第一联为“回单”，是开户银行交给持(出)票人的回单；第二联为“贷方凭证”，是收款人开户银行记账的依据；第三联为“收账通知”，是收款单位的记账依据。进账单的收账通知联须有银行业务公章方能作为银行已入账的原始凭证。进账单的填写要求为：①填写进账单必须完整、准确。②进账单可用钢笔或圆珠笔、复写纸套写。③进账单可以由出票人填写，也可以由持票人填写。④进账单是根据票据填写的，所填的内容应与票据资料相符。

知识链接

支票业务的相关处理

(1) 出票单位出纳以支票存根为原始凭证，反映银行存款增加。

(2) 收款单位出纳收到进账单“入账通知联”，则以“入账通知联”为原始凭证反映银行存款增加。

☞ 业务 1-2 填写现金解款单

现金解款单又称现金存款单，是支票存款户的存款人到银行送存现金所需填制的凭证，如图 1-34 所示。现金解款单为一式两联：第一联为回单联，此联由银行盖章给存款单位作为存款的入账通知；第二联为收入凭证联，是银行的记账凭证。现金解款单的填写须用复写纸和圆珠笔套写(自带复写功能的现金解款单除外)。

【活动目标】掌握现金解款单的填写方法。

【业务流程】出纳填写现金解款单→将现金和现金解款单一并送存银行→银行受理后将回单联给存款单位。

【业务资料】2014 年 12 月 12 日,南宁机械厂将超库存现金 56 000 元送存银行,其中 100 元面额有 500 张,50 元面额的有 110 张,10 元面额有 50 张。

【岗位任务】填写现金解款单。

【操作步骤】

步骤 1　填写现金解款单。

出纳根据送存款项金额填写现金解款单,填写内容包括日期、收款单位(全称、账号等)、款项来源、解款部门、人民币金额(大写、小写)、票面和张数(按现金的票面金额分类反映)等(见图 1-34)。

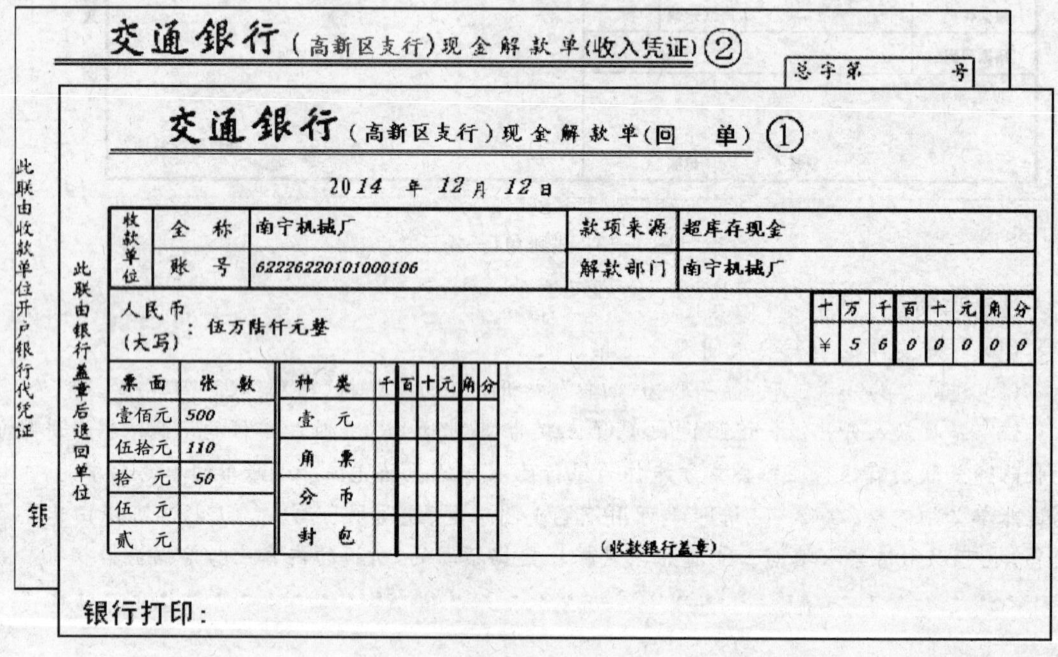

交通银行(高新区支行)现金解款单(收入凭证)②

总字第　　号

此联由收款单位开户银行代凭证

交通银行(高新区支行)现金解款单(回　单)①

2014 年 12 月 12 日

此联由银行盖章后退回单位

收款单位	全　称	南宁机械厂	款项来源	超库存现金
	账　号	62226220101000106	解款部门	南宁机械厂

人民币(大写):伍万陆仟元整

十	万	千	百	十	元	角	分
¥	5	6	0	0	0	0	0

票面	张数	种类	千	百	十	元	角	分
壹佰元	500	壹　元						
伍拾元	110	角　票						
拾　元	50	分　币						
伍　元		封　包						
贰　元								

(收款银行盖章)

银行打印:

图 1-34　现金解款单(一式两联)

步骤 2　出纳将现金及现金解款单交存银行,取得回单(见图 1-35)。

知识链接

送存现金的相关处理

出纳接到现金解款单的“回单联”,以其作原始凭证,反映银行存款的增加。

【岗位实践任务】

任务资料:2014 年 10 月 25 日,南宁机械厂将销售款 7 000 元(70 张 100 元面额),送存银行。

交通银行（高新区支行）现金解款单（回　单）①

2014 年 12 月 12 日

此联由银行盖章后退回单位

收款单位	全　称	南宁机械厂	款项来源	超库存现金
	账　号	62226220101000106	解款部门	南宁机械厂

人民币（大写）：伍万陆仟元整

十	万	千	百	十	元	角	分
¥	5	6	0	0	0	0	0

票面	张数	种类	千	百	十	元	角	分
壹佰元	500	壹　元						
伍拾元	110	角　票						
拾　元	50	分　币						
伍　元		封　包						
贰　元								

交通银行 南宁大学路分理处 2014.12.12 办讫 (01)（收款银行盖章）

银行打印：

图 1-35　现金解款单(回单联)

任务要求：根据需要送存的现金填写现金解款单(见图 1-36)。

回单 收入凭证

交通银行（高新区支行）现金解款单（收入凭证）②　总字第　　号

此联由收款单位开户银行代凭证

交通银行（高新区支行）现金解款单（回　单）①

20　　年　　月　　日

此联由银行盖章后退回单位

收款单位	全　称		款项来源	
	账　号		解款部门	

人民币（大写）：

十	万	千	百	十	元	角	分

票面	张数	种类	千	百	十	元	角	分
壹佰元		壹　元						
伍拾元		角　票						
拾　元		分　币						
伍　元		封　包						
贰　元								

（收款银行盖章）

银行打印：

图 1-36　现金解款单

☞ 业务 1-3 填写银行汇票申请书

企业和个人向银行申请银行汇票，向银行提交“银行汇票申请书”一式三联，第一联存根，由申请人留存；第二联是出票行的借方凭证；第三联是出票行作为汇出汇款的贷方凭证。

【活动目标】掌握银行汇票申请书的填写方法。

【业务流程】出纳填写银行汇票申请书→印鉴保管人员在第二联加盖预留银行印鉴（如现金申请，则不需加盖预留印鉴）→出纳到银行办理汇票申请→取回银行盖章后的回单联。

【业务资料】2014 年 12 月 15 日，南宁机械厂出纳根据付款申请书（见图 1-37），申请签发银行汇票。请填写银行汇票申请书。

付 款 申 请 书

2014年 12月 15日

用途及情况	金额											收款单位(人)	上海光大公司
支付货款	亿	千	百	十	万	千	百	十	元	角	分	账 号	23215320334776528880
				¥	2	0	0	0	0	0	0	开户行	中国工商银行光明支行
金额（大写）合计	人民币贰万元整											电汇：☐ 信汇：☐ 汇票：☑ 转账：☐	
总经理	张友达	财务部门	经理	吴有为	业务部门	经 理	同意 陈康明						
			会计	黄明		经办人	汤灵玉						

图 1-37 付款申请书

【岗位任务】填写银行汇票申请书。

【操作步骤】

步骤 1 出纳填写汇票申请书。填写内容包括：申请日期；申请人、账号或住址、用途；收款人、账号或住址、代理付款行；汇票金额（大小写）等，见图 1-38。

交通银行汇票申请书（存 根） 1

申请日期 2014年 12月 15日

申请人	南宁机械厂	收款人	上海光大公司
账号或住址	62226220101000106	账号或住址	23215320334776528880
用途	货款	代理付款行	中国工商银行光明支行
汇票金额	人民币（大写）贰万元整	千 百 十 万 千 百 十 元 角 分 ¥ 2 0 0 0 0 0 0	
备注：		科目 对方科目 财务主管 复核 经办	

（左侧边注：鑫华印（2013）8.5 17.5×20 交A7；右侧边注：此联申请人留存）

图 1-38 银行汇票申请书

步骤 2 在银行汇票申请书第二联加盖预留银行印鉴，见图 1-39。

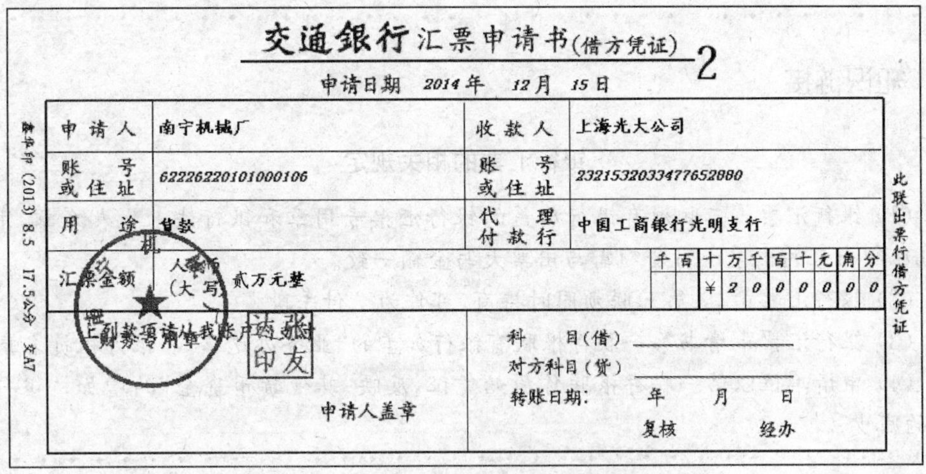

交通银行汇票申请书(借方凭证) 2

申请日期 2014年 12月 15日

申请人	南宁机械厂	收款人	上海光大公司
账号或住址	62226220101000106	账号或住址	2321532033477652880
用途	货款	代理付款行	中国工商银行光明支行
汇票金额	人民币(大写)贰万元整	千百十万千百十元角分	¥2000000
上列款项请从我账户内支付 申请人盖章		科目(借) 对方科目(贷) 转账日期: 年 月 日 复核 经办	

此联出票行借方凭证

图 1-39 银行汇票申请书(第二联)

步骤 3 到开户银行申请签发银行汇票,取得银行盖章后的银行汇票申请书的第一联(见图 1-40)和银行汇票的第二、第三联(见图 1-41)。

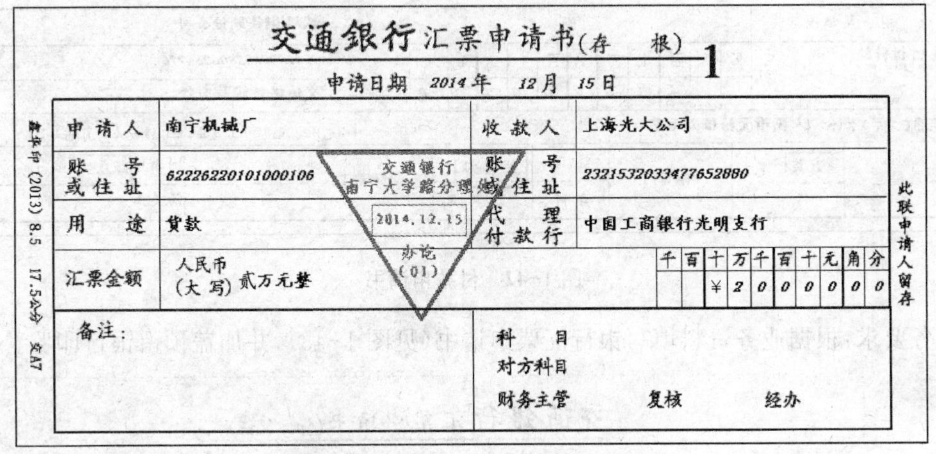

交通银行汇票申请书(存 根) 1

申请日期 2014年 12月 15日

申请人	南宁机械厂	收款人	上海光大公司
账号或住址	62226220101000106	账号或住址	2321532033477652880
用途	货款	代理付款行	中国工商银行光明支行
汇票金额	人民币(大写)贰万元整	千百十万千百十元角分	¥2000000
备注:		科目 对方科目 财务主管 复核 经办	

交通银行南宁大学路分理处 2014.12.15 办讫(01)

此联申请人留存

图 1-40 银行汇票申请书(第一联)

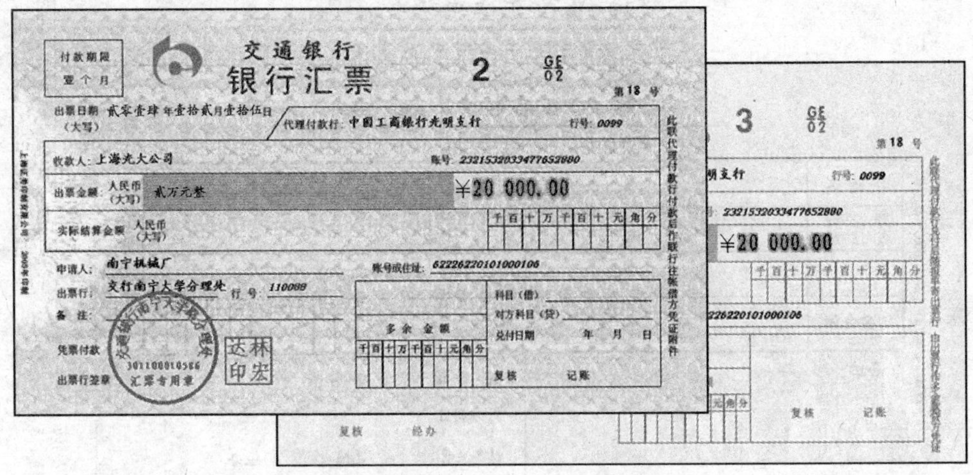

交通银行 银行汇票 2 GE 02 第18号

付款期限 壹个月

出票日期(大写) 贰零壹肆年壹拾贰月壹拾伍日 代理付款行:中国工商银行光明支行 行号:0099

收款人:上海光大公司 账号:2321532033477652880

出票金额 人民币(大写) 贰万元整 ¥20 000.00

实际结算金额 人民币(大写)

申请人:南宁机械厂 账号或住址:62226220101000106

出票行:交行南宁大学分理处 行号:110088

备注:

凭票付款

出票行签章

多余金额

科目(借) 对方科目(贷) 兑付日期 年 月 日 复核 记账

此联代理付款行付款后作联行往账借方凭证附件

3 GE 02 第18号 ¥20 000.00 复核 记账 复核 经办

图 1-41 银行汇票(第二、第三联)

 知识链接

银行汇票的相关规定

(1) 银行汇票第二联须有银行加盖的银行汇票专用章和银行法人代表名章，用压数机压印出来的出票小写金额需与出票大写金额一致。

(2) 银行汇票第二、第三联须同时持有，可作为支付手段。

(3) 银行汇票申请书第一联存根联有银行加盖的“业务办讫章”和银行柜员名章。

(4) 申请单位以第一联存根联作原始凭证，反映“其他货币资金”的增加，“银行存款”的减少。

【岗位实践任务】

任务资料：2014 年 12 月 23 日，南宁机械厂根据付款申请书(见图 1-42)，申请银行汇票。

付 款 申 请 书

2014年12月23日

用途及情况	金额											收款单位(人):武汉钢铁股份公司
支付材料款	亿	千	百	十	万	千	百	十	元	角	分	账号 4511532052880334776
			¥	1	5	0	0	0	0	0	0	开户行 交通银行武昌支行
金额(大写)合计：人民币壹拾伍万元整												电汇:☐ 信汇:☐ 汇票:☑ 转账:☐ 其他:☐
总经理 张友达	财务部门		经理 吴有为			会计 黄明		业务部门		经理 同意 陈康明		经办人 汤灵玉

图 1-42 付款申请书

任务要求：根据业务资料填写银行汇票申请书(见图 1-43)，并加盖预留银行印鉴。

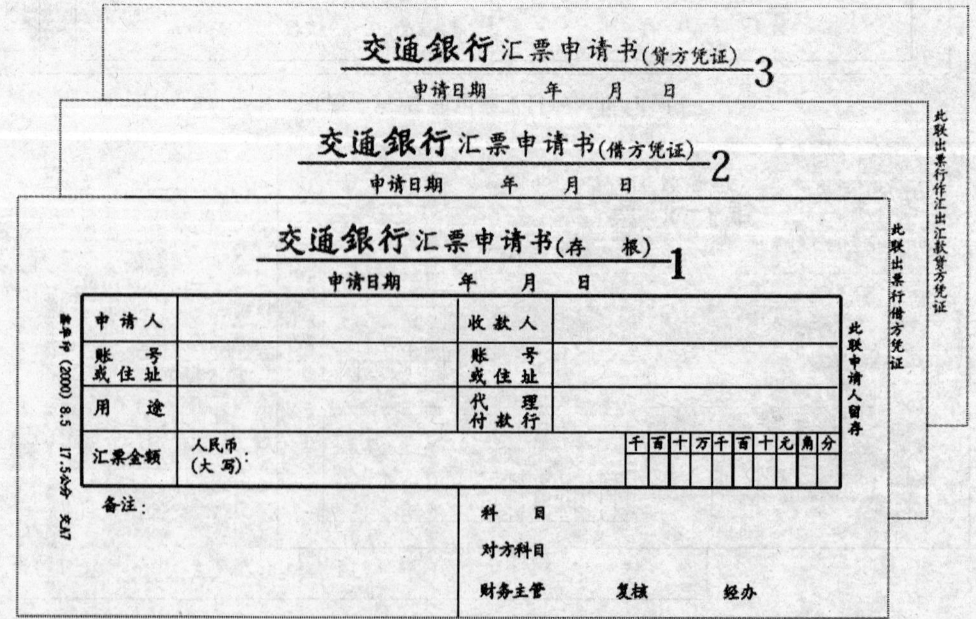

交通银行汇票申请书(贷方凭证) 3

申请日期 年 月 日

此联出票行作汇出汇款贷方凭证

交通银行汇票申请书(借方凭证) 2

申请日期 年 月 日

此联出票行借方凭证

交通银行汇票申请书(存 根) 1

申请日期 年 月 日

申请人		收款人	
账号或住址		账号或住址	
用途		代理付款行	
汇票金额	人民币(大写)：	千 百 十 万 千 百 十 元 角 分	
备注：		科目 对方科目 财务主管 复核 经办	

此联申请人留存

鄂华印 (2000) 8.5 17.5x9 元A7

图 1-43 银行汇票申请书

☞ 业务 1-4　填写商业汇票

商业汇票按承兑人的不同分为银行承兑汇票和商业承兑汇票，期限一般最长不超过 6 个月。

商业承兑汇票由付款人承兑，汇票为一式三联：第一联为卡片联，由承兑人留存；第二联是汇票联，是持票人委托银行代为收款的凭证，其正面登记的内容在卡片联登记内容的基础上增加了承兑信息，反面登记的是汇票的背书情况；第三联是存根联，由出票人保存，作为存查的依据。

银行承兑汇票由承兑申请人的开户银行承兑，也是一式三联，第一联为卡片联；第二联为汇票联；第三联为存根联。

两种商业汇票的签发方法基本相同，以下以银行承兑汇票为例说明。

知识链接

商业汇票的相关规定

(1) 商业汇票填制时必须利用复写纸套写(有复写功能的除外)，采用碳素墨水或墨汁填写。

(2) 出票日期、汇票到期日都必须大写书写，出票人签章必须与预留银行的印鉴相符。

(3) 商业承兑汇票由收款人或付款人签发由付款人承兑；银行承兑汇票由承兑申请人签发后向银行申请承兑。

【活动目标】掌握商业汇票的签发方法。

【业务流程】出纳填写商业汇票→交由预留印鉴保管人员加盖预留银行印鉴→汇票交由承兑人承兑→第一联卡片联，由承兑人存查，作原始凭证；第二联汇票联取回后给收款人；第三联存根联由出票人存查。

注：如为银行承兑汇票，承兑申请人需要向银行申请承兑，并与银行签订承兑协议。

【业务资料】2014 年 12 月 20 日，南宁机械厂根据付款申请书(见图 1-44)签发银行承兑汇票支付设备款项。汇票期限为 6 个月(付款行行号：301300789878，地址：天河区体育东路六运五街 78 号)。

付 款 申 请 书

2014年12月20日

用途及情况	金额											收款单位(人)	力丰机械有限公司
支付设备款	亿	千	百	十	万	千	百	十	元	角	分	账号	36001003546050005673
			¥	1	7	0	9	0	0	0	0	开户行	中国建设银行上海分行
金额(大写)合计：	人民币壹拾柒万零玖佰元整											电汇：☐ 信汇：☐ 汇票：☑ 转账：☐ 其他：☐	

总经理	张友达	财务部门	经理	吴有为	业务部门	经理	同意 陈康明
			会计	黄明		经办人	汤灵玉

图 1-44　付款申请书

【岗位任务】签发银行承兑汇票。

【操作步骤】

步骤 1　签发银行承兑汇票，填写内容包括出票日期(大写)、出票人和收款人的信息(全称、账号、开户银行名称等）、大小写金额、汇票到期日（大写）等内容（见图 1-45）。

卡片 正联 存根

银行承兑汇票（卡片） 1 GE/02 81463970

出票日期（大写） 贰零壹肆年 壹拾贰月 零贰拾日

出票人全称	南宁机械厂	收款人	全　称	力丰机械有限公司
出票人账号	62226220101000106		账　号	36001003546050005673
付款行全称	交通银行南宁大学路分理处		开户银行	中国建设银行上海分行
出票金额	人民币（大写）壹拾柒万零玖佰元整		亿千百十万千百十元角分	￥17090000
汇票到期日（大写）	贰零壹伍年零陆月零贰拾日	付款行	行号	301300789878
承兑协议编号	20141211		地址	天河区体育东路六运五街78号
本汇票请你行承兑，此项汇票款我单位按承兑协议于到期前足额交存你行，到期请予支付。 出票人签章		备注：	复核：	经办：

此联承兑行留存备查 到期支付票款时作借方凭证附件

上海证券印刷有限公司•2013年印制

图 1-45 银行承兑汇票（第一联）

步骤 2 加盖预留银行印章。

出纳出票后，交由预留银行印鉴保管人员在第一、第二联出票人签章处签章（见图 1-46）。

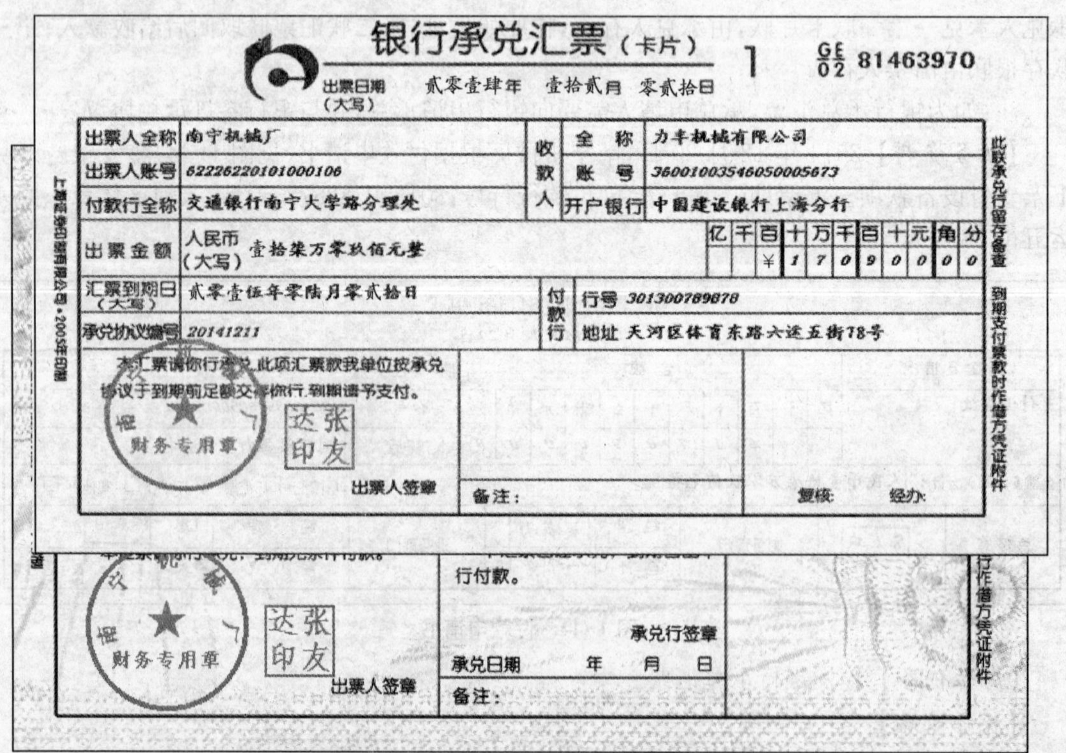

银行承兑汇票（卡片） 1 GE/02 81463970

出票日期（大写） 贰零壹肆年 壹拾贰月 零贰拾日

出票人全称	南宁机械厂	收款人	全　称	力丰机械有限公司
出票人账号	62226220101000106		账　号	36001003546050005673
付款行全称	交通银行南宁大学路分理处		开户银行	中国建设银行上海分行
出票金额	人民币（大写）壹拾柒万零玖佰元整		亿千百十万千百十元角分	￥17090000
汇票到期日（大写）	贰零壹伍年零陆月零贰拾日	付款行	行号	301300789878
承兑协议编号	20141211		地址	天河区体育东路六运五街78号
本汇票请你行承兑，此项汇票款我单位按承兑协议于到期前足额交存你行，到期请予支付。 财务专用章　张达友印 出票人签章		备注：	复核：	经办：

此联承兑行留存备查 到期支付票款时作借方凭证附件

上海证券印刷有限公司•2013年印制

行付款。

财务专用章　张达友印

出票人签章

承兑行签章

承兑日期 年 月 日

备注：

行作借方凭证附件

图 1-46 出票人签章后的银行承兑汇票（第一、第二联）

步骤 3 交由承兑人承兑。

银行承兑汇票签发后,承兑人在汇票第二联的汇票承兑人签章处盖章承兑(见图 1-47)。第一联由汇票承兑人留存;第二联汇票联给收款人;第三联由出票人留存。

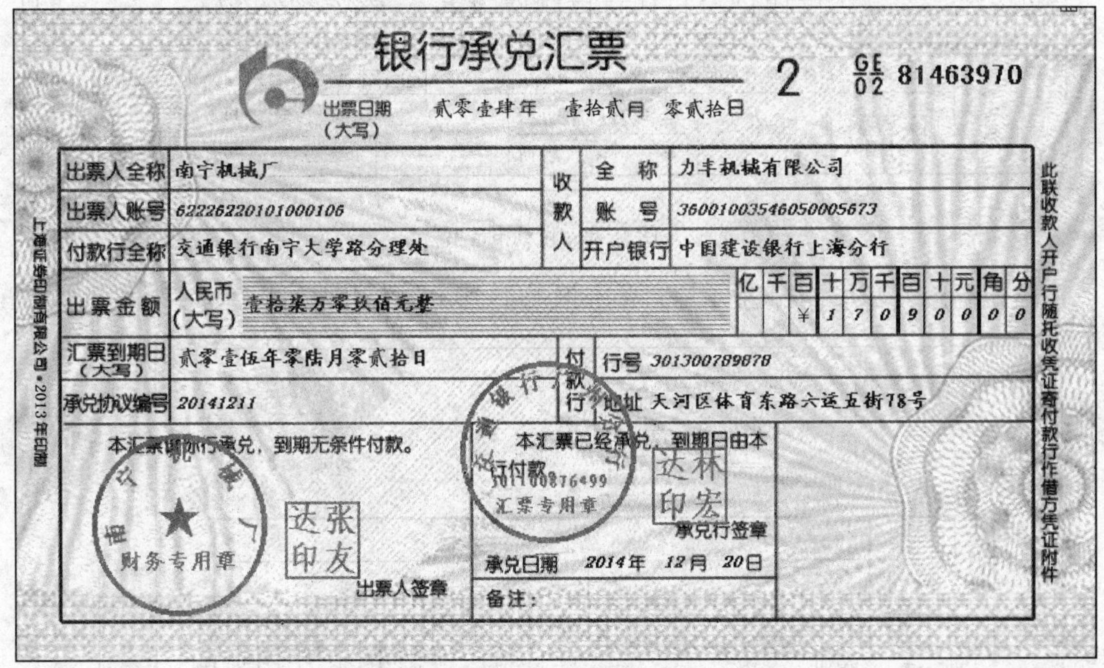

银行承兑汇票 2 GE 02 81463970

出票日期(大写) 贰零壹肆年 壹拾贰月 零贰拾日

出票人全称	南宁机械厂	收款人	全 称	力丰机械有限公司
出票人账号	62226220101000106		账 号	36001003546050005673
付款行全称	交通银行南宁大学路分理处		开户银行	中国建设银行上海分行
出票金额	人民币(大写) 壹拾柒万零玖佰元整		亿千百十万千百十元角分	¥ 1 7 0 9 0 0 0 0
汇票到期日(大写)	贰零壹伍年零陆月零贰拾日	付款行	行号 301300789878	
承兑协议编号	20141211		地址 天河区体育东路六运五街78号	

本汇票请你行承兑,到期无条件付款。

出票人签章

本汇票已经承兑,到期日由本行付款。

承兑行签章

承兑日期 2014年 12月 20日

备注:

此联收款人开户行随托收凭证寄付款行作借方凭证附件

上海证券印制有限公司·2013年印制

图 1-47 银行承兑后的银行承兑汇票(汇票联)

知识链接

商业汇票的相关处理

(1) 签发商业汇票时,注意出票日期及汇票到期日都必须大写书写,汇票到期日是根据出票日期及票据期限确定的。

(2) 银行承兑汇票承兑后,银行留存第一联(卡片联),到期支付时作为附件;出票人以第三联(存根联)作为原始凭证,反映“应付票据”的增加,收款人或持票人收到已承兑银行承兑汇票,反映“应收票据”的增加。

(3) 商业承兑汇票承兑后,第一联(卡片联)由承兑人存查作为原始凭证,反映“应付票据”的增加,收款人或持票人收到已承兑的商业承兑汇票,反映“应收票据”的增加,第三联(存根联)由出票人存查。

【岗位实践任务】

任务资料:2014 年 12 月 23 日,南宁机械厂根据付款申请书(见图 1-48)签发商业承兑汇票,期限为 2 个月,支付柳州钢铁股份公司(开户行:交通银行柳州市分行;账号:9558872390137252471;地址:柳州柳北区跃进路 32 号)材料款,交易合同号码为 093118。

付 款 申 请 书

2014年12月23日

用途及情况	金额											收款单位(人):	柳州钢铁股份公司
支付材料款	亿	千	百	十	万	千	百	十	元	角	分	账号	9558872390137252471
			¥	1	4	6	2	5	0	0	0	开户行	交通银行柳州市分行
金额(大写)合计	人民币壹拾肆万陆仟贰佰伍拾元整											电汇:☐ 信汇:☐ 汇票:☑ 转账:☐ 其他:☐	
总经理	张友达		财务部门		经理	吴有为		业务部门		经理	同意 陈康明		
					会计	黄明				经办人	汤灵玉		

图 1-48 付款申请书

任务要求:签发并承兑商业承兑汇票(见图 1-49 所示,注意用复写纸套写)。

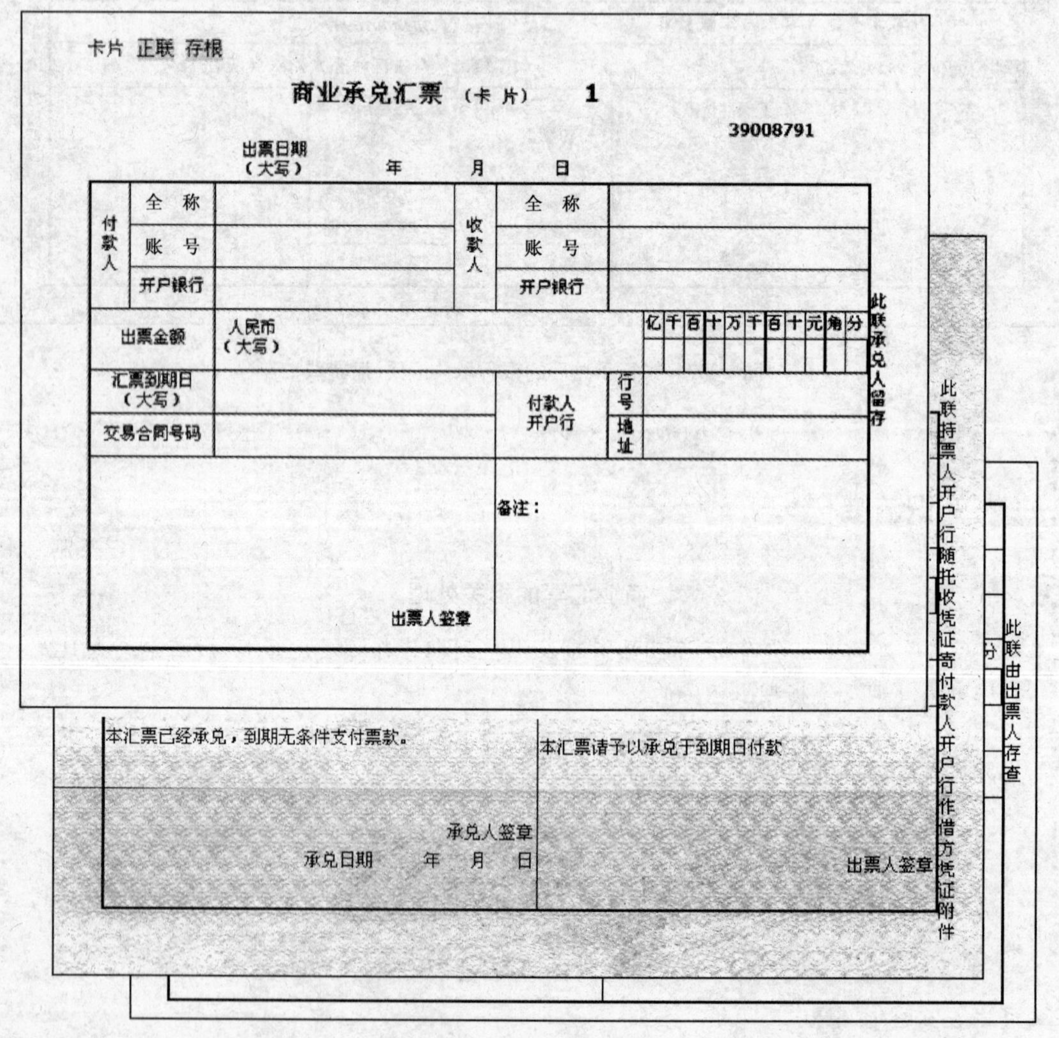

卡片 正联 存根

商业承兑汇票 (卡 片) 1

39008791

出票日期(大写) 年 月 日

付款人	全 称		收款人	全 称	
	账 号			账 号	
	开户银行			开户银行	
出票金额	人民币(大写)				亿 千 百 十 万 千 百 十 元 角 分
汇票到期日(大写)			付款人开户行	行号	
交易合同号码				地址	
出票人签章			备注:		

此联承兑人留存

此联持票人开户行随托收凭证寄付款人开户行作借方凭证附件

此联由出票人存查

本汇票已经承兑,到期无条件支付票款。

承兑人签章

承兑日期 年 月 日

本汇票请予以承兑于到期日付款

出票人签章

图 1-49 商业承兑汇票

☞ 业务 1-5 填写汇兑凭证

汇兑凭证分信汇凭证和电汇凭证两种。

信汇凭证为一式四联：第一联为回单；第二联为汇出行作借方凭证；第三联为汇入行的贷方凭证；第四联为给收款人的收账通知。

电汇凭证为一式三联：第一联为回单；第二联为汇出行作借方凭证；第三联为汇出行汇出汇款的依据。

两种凭证的填写方法相同。

【活动目标】掌握汇兑凭证的填制方法。

【业务流程】出纳填写汇兑凭证→交由印鉴保管人员在第二联加盖预留银行印鉴→出纳将汇兑凭证交银行办理汇款业务(如个人汇款需要提交身份证件)→取得汇款回单。

银行办理汇款后，在第一联加盖转讫章或业务办讫章后给汇款人，汇款人将第一联作为汇款的原始凭证；第二联汇款银行作为借方凭证。

【业务资料】2014 年 12 月 25 日，南宁市机械厂根据付款申请书(见图 1-50)填写电汇凭证，以电汇结算方式支付货款。

付款申请书

2014 年 12 月 25 日

<table>
<tr><td>用途及情况</td><td colspan="11">金额</td><td>收款单位(人)</td><td>上海榕运商行</td></tr>
<tr><td rowspan="2">支付给上海榕运商行货款</td><td>亿</td><td>千</td><td>百</td><td>十</td><td>万</td><td>千</td><td>百</td><td>十</td><td>元</td><td>角</td><td>分</td><td>账号</td><td>4367420010523682475</td></tr>
<tr><td></td><td></td><td></td><td>¥</td><td>8</td><td>0</td><td>0</td><td>0</td><td>0</td><td>0</td><td>0</td><td>开户行</td><td>中国建设银行上海陕西南路分理处</td></tr>
<tr><td>金额(大写)合计</td><td colspan="11">人民币捌万元整</td><td colspan="2">电汇:☑ 信汇:☐ 汇票:☐ 转账:☐ 其他:☐</td></tr>
<tr><td rowspan="2">总经理</td><td rowspan="2" colspan="2">张友达</td><td rowspan="2" colspan="3">财务部门</td><td colspan="2">经理</td><td colspan="2">吴有为</td><td rowspan="2" colspan="2">业务部门</td><td>经理</td><td>同意 陈康明</td></tr>
<tr><td colspan="2">会计</td><td colspan="2">黄明</td><td>经办人</td><td>汤灵玉</td></tr>
</table>

图 1-50 付款申请书

【岗位任务】填写电汇凭证。

【操作步骤】

步骤 1 出纳填写电汇凭证，填写内容包括委托日期、汇款人和收款人的相关信息(全称、账号和开户银行)、汇出地点和汇入地点、汇出行名称、汇入行名称、大小写金额等(见图 1-51)。

知识链接

汇兑业务的相关规定

(1) 汇兑凭证是多联式凭证，需用复写纸和圆珠笔填写。

(2) 如不允许转汇，需在汇兑凭证大写金额前注明“不得转汇”字样；如为现金汇款，需要在凭证大写金额前注明“现金”字样。

步骤 2 交由印鉴保管人员在汇兑凭证第二联加盖预留银行印鉴(见图 1-51 第二联)。审核各项内容无误，在第二联汇兑凭证上加盖预留银行印鉴，如现金汇款则不需要盖章。

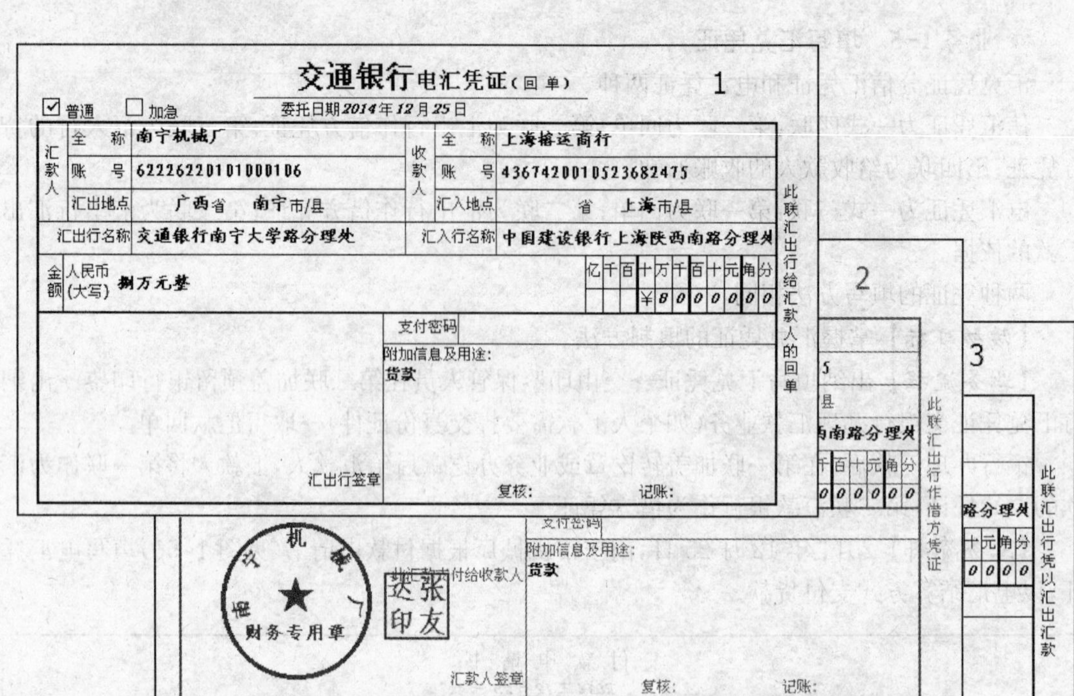

交通银行电汇凭证（回 单） 1

☑普通 □加急 委托日期2014年12月25日

汇款人	全称	南宁机械厂	收款人	全称	上海榕远商行
	账号	6222622010100001D6		账号	4367420010523682475
	汇出地点	广西省 南宁市/县		汇入地点	省 上海市/县
汇出行名称		交通银行南宁大学路分理处	汇入行名称		中国建设银行上海陕西南路分理处
金额	人民币（大写）	捌万元整	亿千百十万千百十元角分		¥8000000

支付密码

附加信息及用途：货款

汇出行签章　　复核：　　记账：

此联汇出行给汇款人的回单

2　此联汇出行作借方凭证

3　此联汇出行凭以汇出汇款

支付密码

附加信息及用途：货款

南宁机械厂 财务专用章　张友印　此联汇出行付给收款人

汇款人签章　复核：　记账：

图 1-51　电汇凭证(一式三联)

步骤 3　到银行办理汇款，取得回单作为汇款原始凭证(见图 1-52)。

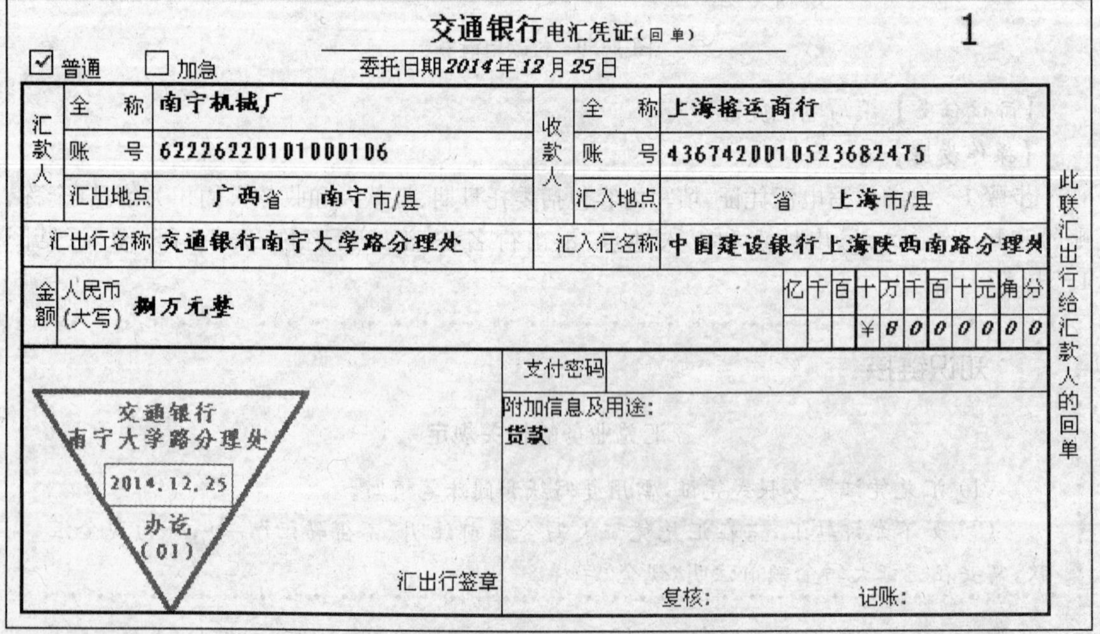

交通银行电汇凭证（回 单） 1

☑普通 □加急 委托日期2014年12月25日

汇款人	全称	南宁机械厂	收款人	全称	上海榕远商行
	账号	6222622010100001D6		账号	4367420010523682475
	汇出地点	广西省 南宁市/县		汇入地点	省 上海市/县
汇出行名称		交通银行南宁大学路分理处	汇入行名称		中国建设银行上海陕西南路分理处
金额	人民币（大写）	捌万元整	亿千百十万千百十元角分		¥8000000

支付密码

附加信息及用途：货款

交通银行 南宁大学路分理处 2014.12.25 办讫 (01)

汇出行签章　　复核：　　记账：

此联汇出行给汇款人的回单

图 1-52　电汇凭证(回单联)

知识链接

汇兑业务的相关账务处理

(1) 汇款单位收到汇兑凭证回单联，以回单联作原始凭证，反映“银行存款”的减少。

(2) 收款单位收到汇兑凭证“收账通知联”或“银行贷记凭证”，以其为原始凭证，反映“银行存款”的增加。

【岗位实践任务】

任务资料：付款申请书见图 1-53。

付 款 申 请 书

2014年12月27日

用途及情况	金额											收款单位(人)	江苏华兴集团有限公司
支付给江苏华兴集团有限公司货款	亿	千	百	十	万	千	百	十	元	角	分	账号	6222127316333421358O3
			¥	1	5	7	9	5	0	0	0	开户行	交通银行南京江宁支行
金额(大写)合计：	人民币壹拾伍万柒仟玖佰伍拾元整											电汇：☑ 信汇：☐ 汇票：☐ 转账：☐ 其他：☐	

总经理	张友达	财务部门	经理	吴有为	业务部门	经理	同意 陈康明
			会计	黄明		经办人	汤灵玉

图 1-53 付款申请书

任务要求：填写电汇凭证（见图 1-54），办理汇兑业务，取得汇款回单。

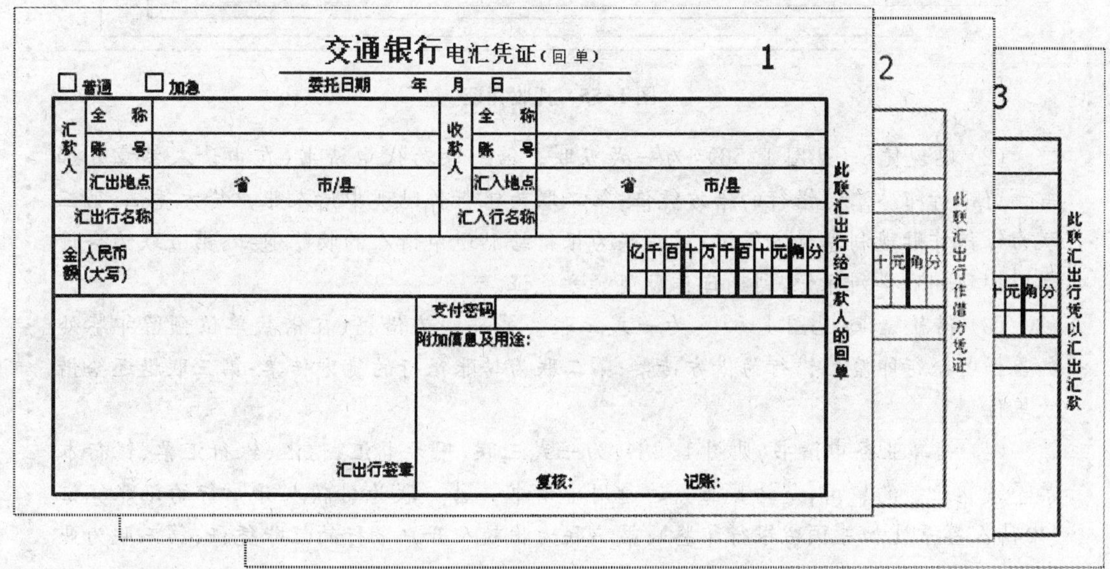

交通银行电汇凭证（回单） 1

☐普通 ☐加急 委托日期 年 月 日

汇款人	全称		收款人	全称	
	账号			账号	
	汇出地点	省 市/县		汇入地点	省 市/县
汇出行名称			汇入行名称		
金额	人民币（大写）		亿 千 百 十 万 千 百 十 元 角 分		
	汇出行签章		支付密码 附加信息及用途： 复核： 记账：		

此联汇出行给汇款人的回单

2 此联汇出行作借方凭证

3 此联汇出凭以汇出汇款

图 1-54 电汇凭证

知识链接

其他银行结算凭证的基本认知

其他银行结算凭证(如委托收款、托收承付、贴现凭证、借款凭证、结算业务申请书等)的填写与信汇凭证的填写要求基本相同。需要关注的是:票据日期须大写书写,无条件支付委托、收款委托及承兑等需要加盖预留银行印鉴,各种银行结算凭证的收账通知和付款通知须有银行签章方有效。在此不一一介绍,只介绍其联次用途和格式。

(1) 委托收款凭证、托收凭证(见图 1-55):均为一式五联。第一联为受理回单;第二联为贷方凭证(收款人签章处加盖预留银行印鉴);第三联为借方凭证;第四联为收账通知(电划为发电报);第五联为付款通知。

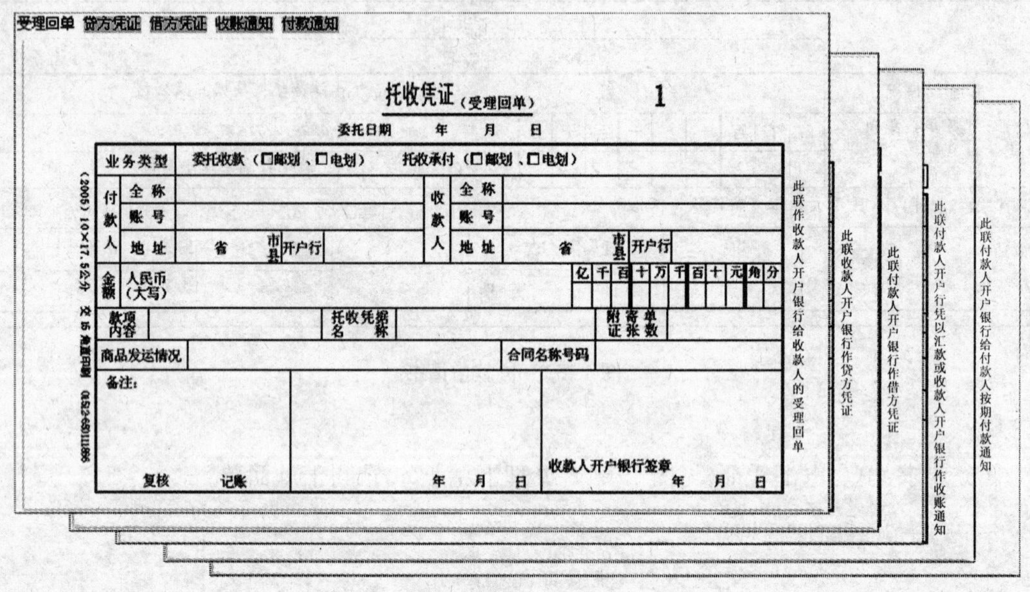

受理回单 贷方凭证 借方凭证 收账通知 付款通知

托收凭证(受理回单) 1

委托日期 年 月 日

业务类型		委托收款(□邮划、□电划) 托收承付(□邮划、□电划)			
付款人	全称		收款人	全称	
	账号			账号	
	地址	省 市县 开户行		地址	省 市县 开户行
金额	人民币(大写)				亿 千 百 十 万 千 百 十 元 角 分
款项内容		托收凭据名称		附寄单证张数	
商品发运情况			合同名称号码		
备注: 复核 记账		年 月 日		收款人开户银行签章 年 月 日	

(2005) 10×17.5公分 交 15 角蓝印刷 (0523-6501)1866

此联作收款人开户银行给收款人的受理回单

此联收款人开户银行作贷方凭证

此联付款人开户银行作借方凭证

此联付款人开户行凭以汇款或收款人开户银行作收账通知

此联付款人开户银行给付款人按期付款通知

图 1-55 托收凭证

(2) 贴现凭证(见图 1-56):为一式五联。第一联为代申请书(在申请人签章处加盖预留银行印鉴),是银行的借方凭证;第二联为银行作贴现申请人账户贷方凭证;第三联为银行作贴现利息贷方凭证;第四联为银行给贴现申请人的收账通知;第五联为会计部门按到期日排列保管,到期日作贴现贷方凭证。

(3) 借款凭证(见图 1-57):为一式三联。第一联为借据(在借款单位预留印鉴处加盖预留银行印鉴),银行为借方传票;第二联为转账银行的贷方传票;第三联退还给借款单位。

(4) 结算业务申请书(见图 1-58):为一式三联,用于电汇、信汇、银行汇票、银行本票等结算业务的申请,是结算业务的通用申请书。第一联为付款人开户行的记账凭证(申请人签章处加盖预留银行印鉴);第二联为收款人开户银行的记账凭证;第三联为业务回单,企业作为原始凭证反映银行存款减少。

（续上）

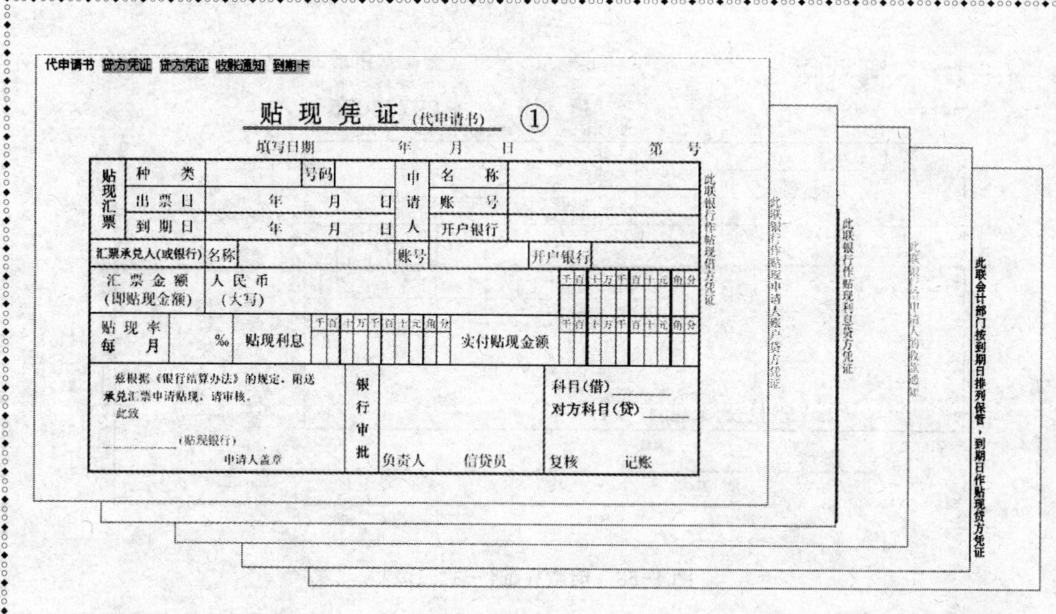

代申请书 贷方凭证 贷方凭证 收账通知 到期卡

贴现凭证（代申请书） ①

填写日期 年 月 日 第 号

贴现汇票	种 类		号码		申请人	名 称	
	出票日	年 月 日				账 号	
	到期日	年 月 日				开户银行	
汇票承兑人（或银行）	名称		账号		开户银行		
汇票金额（即贴现金额）	人民币（大写）					千百十万千百十元角分	
贴现率 每 月	%	贴现利息	千百十万千百十元角分	实付贴现金额		千百十万千百十元角分	
兹根据《银行结算办法》的规定，附送承兑汇票申请贴现，请审核。 此致 （贴现银行） 申请人盖章		银行审批	负责人 信贷员		科目（借） 对方科目（贷） 复核 记账		

此联银行作贴现借方凭证

此联银行作贴现申请人账户贷方凭证

此联银行作贴现利息贷方凭证

此联银行给申请人的收账通知

此联会计部门按到期日排列保管，到期日作贴现贷方凭证

图 1-56 贴现凭证

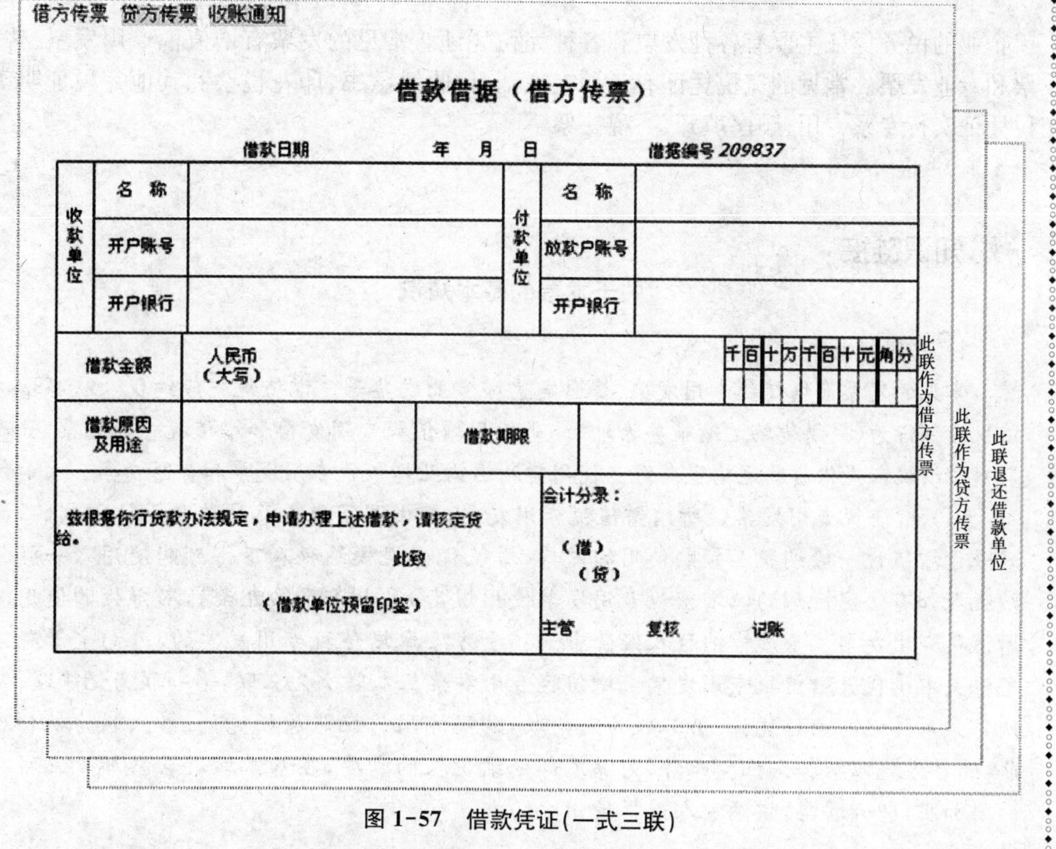

借方传票 贷方传票 收账通知

借款借据（借方传票）

借款日期 年 月 日 借据编号 209837

收款单位	名 称		付款单位	名 称	
	开户账号			放款户账号	
	开户银行			开户银行	
借款金额	人民币（大写）				千百十万千百十元角分
借款原因及用途		借款期限			
兹根据你行贷款办法规定，申请办理上述借款，请核定贷给。 此致 （借款单位预留印鉴）			会计分录： （借） （贷） 主管 复核 记账		

此联作为借方传票

此联作为贷方传票

此联退还借款单位

图 1-57 借款凭证（一式三联）

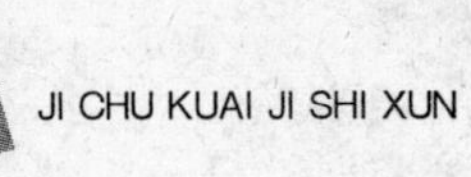

（续上）

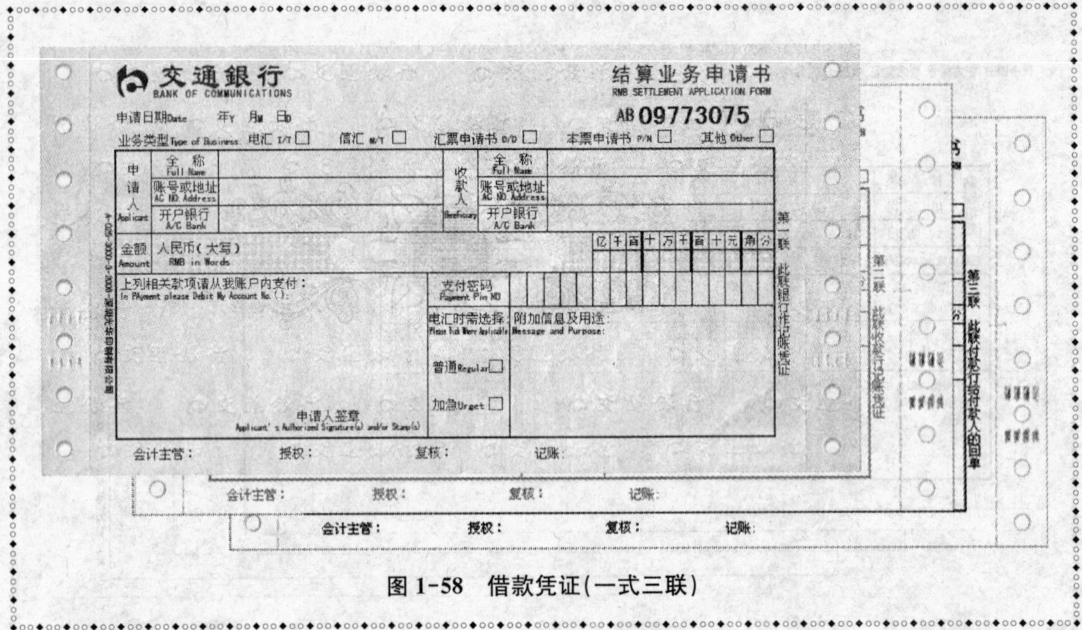

交通银行 BANK OF COMMUNICATIONS

结算业务申请书 RMB SETTLEMENT APPLICATION FORM

AB 09773075

申请日期 Date　年 Y　月 M　日 D

业务类型 Type of Business：电汇 T/T □　信汇 M/T □　汇票申请书 D/D □　本票申请书 P/N □　其他 Other □

申请人 Applicant	全称 Full Name		收款人 Beneficiary	全称 Full Name	
	账号或地址 AC NO. Address			账号或地址 AC NO. Address	
	开户银行 A/C Bank			开户银行 A/C Bank	
金额 Amount	人民币（大写） RMB in Words				亿 千 百 十 万 千 百 十 元 角 分
上列相关款项请从我账户内支付： In Payment please Debit My Account No.（）： 申请人签章 Applicant's Authorized Signature(s) and/or Stamp(s)			支付密码 Payment Pin NO		
			电汇时需选择 Please Tick Where Applicable 普通 Regular □ 加急 Urget □	附加信息及用途： Message and Purpose：	

第一联 此联银行作记账凭证

第二联 此联收款行记账凭证

第三联 此联付款行给付款人的回单

会计主管：　授权：　复核：　记账：

图 1-58　借款凭证（一式三联）

业务活动 1-4　填写税务凭证

企业的税务凭证主要有各种发票和各种完税凭证。常见的发票有增值税专用发票、普通发票和专业发票。常见的完税凭证有各种完税证、税收缴款书、印花税票和其他完税证明等，完税凭证实行专票专用、顺序填开、一税一票。

知识链接

关于发票的基本知识

1. 发票的种类

常见的发票有增值税专用发票、普通发票和专业发票等。增值税一般纳税人从事增值税应税行为（提供货物运输服务除外）统一使用增值税专用发票和增值税普通发票，如果一般纳税人提供货物运输服务统一使用货物运输业增值税专用发票和普通发票。

（1）增值税专用发票。所谓增值税专用发票，是由国家税务总局监制设计印制的，只限于增值税一般纳税人领购使用的发票，增值税小规模纳税人不得领购使用。一般纳税人如有法定情形的（《增值税专用发票使用规定》第七条至第九条），不得领购使用增值税专用发票。小规模纳税人经营中如接受方索取增值税专用发票的，可向主管税务机关申请代开增值税专用发票。增值税专用发票基本联次为三联：第一联为记账联，销售方用作记账原始凭证；第二联为发票联，购买方用作记账原始凭证；第三联为抵扣联，购货方凭以抵扣认证。此外，为满足部分纳税人的需要，在基本联次后添加了三联的附加联，即六联票，供纳税人选择使用。

（续上）

(2) 普通发票。普通发票主要由营业税纳税人(没有营改增部分)和增值税小规模纳税人使用,增值税一般纳税人在不能开具增值税专用发票的情况下也可使用普通发票。普通发票由增值税普通发票、行业发票和专用发票组成。增值税普通发票基本联次为两联:第一联为记账联,销售方用作记账凭证;第二联为发票联,购买方用作记账凭证。行业发票适用于某个行业的经营业务,如商业零售统一发票、商业批发统一发票、客运发票(火车票、汽车票、出租车票)、餐饮发票等。目前,行业发票多为通用机打发票,也有部分使用通用手工发票。

(3) 专业发票。专业发票是指国有金融、保险企业的存、贷、结算业务收费凭证、保险凭证;国有邮政、电信企业的邮票、邮单、话务、电报收据;国有铁路、国有航空企业和交通部门、国有公路、水上运输企业的客票、货票等。

2. 增值税税率

一般纳税人现行增值税税率有三档:17%标准税率、13%低税率和零税率(出口货物),营改增后新增11%和6%两档低税率。有形动产租赁服务适用17%税率,交通运输业服务适用11%税率,其他部分现代服务业服务适用6%税率。

小规模纳税人增值税征收率为3%。

☞ 业务 1-6　填写增值税专用发票

增值税专用发票一式三联(见图 1-59 所示)。其需要填写的内容有开票日期、购货单位信息(包括名称、纳税人识别号、地址、电话、开户行及账号等)、货物或应税劳务名称、规格型号、单位、数量、单价、金额(不含税)、税率、税额、价税合计金额、销货单位信息、开票人姓名等。

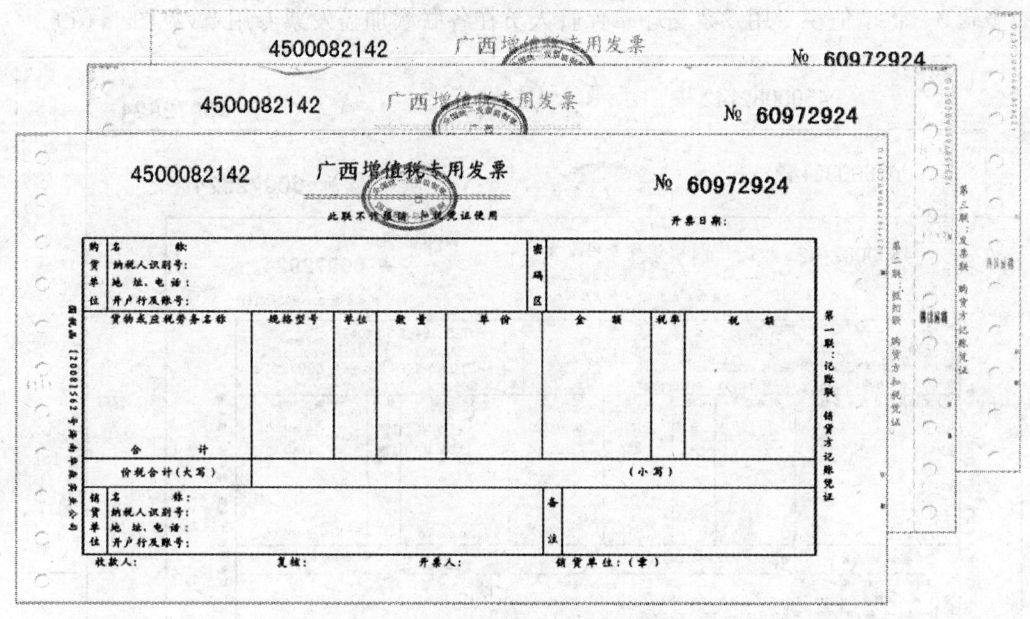
4500082142　广西增值税专用发票　№ 60972924

此联不作报销、扣税凭证使用　开票日期:

购货单位	名称: 纳税人识别号: 地址、电话: 开户行及账号:					密码区		
货物或应税劳务名称	规格型号	单位	数量	单价	金额	税率	税额	
合计								
价税合计(大写)					(小写)			
销货单位	名称: 纳税人识别号: 地址、电话: 开户行及账号:					备注		

收款人:　复核:　开票人:　销货单位:(章)

第一联:记账联　销货方记账凭证

第二联:抵扣联　购货方扣税凭证

第三联:发票联　购货方记账凭证

图 1-59　增值税专用发票(一式三联)

税率、税额、价税合计金额、销货单位信息、开票人姓名和密码区在税控开票时,开票单位一般在系统里设置好，开票时，从税控盘中取得，不需要操作人员输入，不用人工填写。发票打印后，在各联次盖章处盖销货企业的发票专用章。

【活动目标】掌握增值税专用发票的填写方法。

【业务流程】业务部门提交销售单等业务单据、合同→开票员开增值税专用发票→加盖发票专用章→抵扣联和发票联给购货方；记账联给会计。

【业务资料】销售商品，销售单见图 1-60。

销 售 单

购货单位：上海市龙光贸易公司　　地址和电话：上海市光华路23号　0216558955　　单据编号：S011260078

纳税识别号：310189035428543　　开户行及账号：交通银行上海分行　14020001001920016567 3　　制单日期：2014. 12. 21

编码	产品名称	规格	单位	单价	数量	金额	备注
01	铣床		台	30 000.00	2	60 000.00	
02	台式钻床		台	3 500.00	20	70 000.00	
合计	人民币（大写）：壹拾叁万元整					¥130 000.00	

第三联：记账联

总经理：张友达　　销售经理：李莉　　经手人：何钦　　会计：黄　明

图 1-60　销售单（记账联）

【岗位任务】填写增值税专用发票。

【操作步骤】

步骤 1　审核销售单、合同等相关单据。

步骤 2　开票员进入税控系统，输入发票内容及相关信息，开具并打印增值税专用发票。

步骤 3　将增值税专用发票交印章保管人员在各联次加盖发票专用章（见图 1-61）。

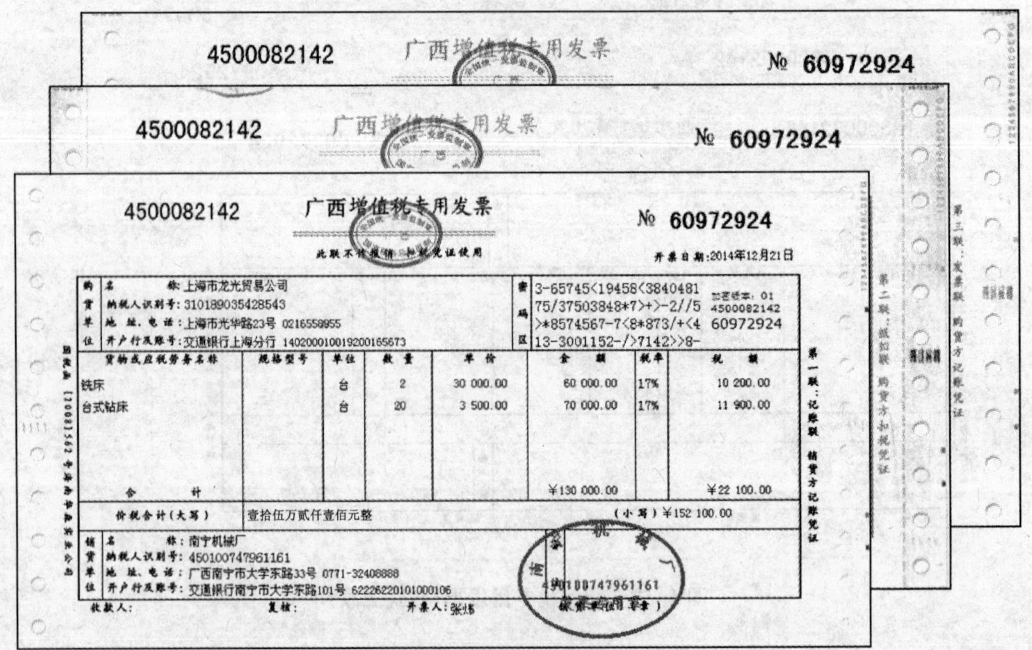

4500082142　　广西增值税专用发票　　№ 60972924

此联不作报销、扣税凭证使用　　开票日期：2014年12月21日

购货单位：
名　　称：上海市龙光贸易公司
纳税人识别号：310189035428543
地址、电话：上海市光华路23号 0216558955
开户行及账号：交通银行上海分行 14020001001920016567 3

密码区：
3-65745<19458<3840481　加密版本：01
75/37503848*7>+>-2//5　4500082142
>*8574567-7<8*873/+<4　60972924
13-3001152-/>7142>>8-

货物或应税劳务名称	规格型号	单位	数量	单价	金额	税率	税额
铣床		台	2	30 000.00	60 000.00	17%	10 200.00
台式钻床		台	20	3 500.00	70 000.00	17%	11 900.00
合　　计					¥130 000.00		¥22 100.00
价税合计（大写）	壹拾伍万贰仟壹佰元整				（小写）¥152 100.00		

销货单位：
名　　称：南宁机械厂
纳税人识别号：450100747961161
地址、电话：广西南宁市大学东路33号 0771-32408888
开户行及账号：交通银行南宁市大学东路101号 6222622010100010 6

收款人：　　复核：　　开票人：张炜　　销货单位（章）

第一联：记账联　销货方记账凭证

图 1-61　增值税专用发票（一式三联）

步骤 4　将盖章后的增值税专用发票第二联(抵扣联)和第三联(发票联)给客户,第一联(记账联)给会计凭以记账。

知识链接

开具发票的注意事项

1. 销售折扣、折让发票的开具

(1) 折扣需要在销售发票中体现。在发票填开界面,选择要折扣的商品,点击工具条中的"折扣"按钮,然后在折扣行中填入折扣率或折扣金额,经确认后即成(见图 1-62,给予该商品 2%的折扣优惠)。

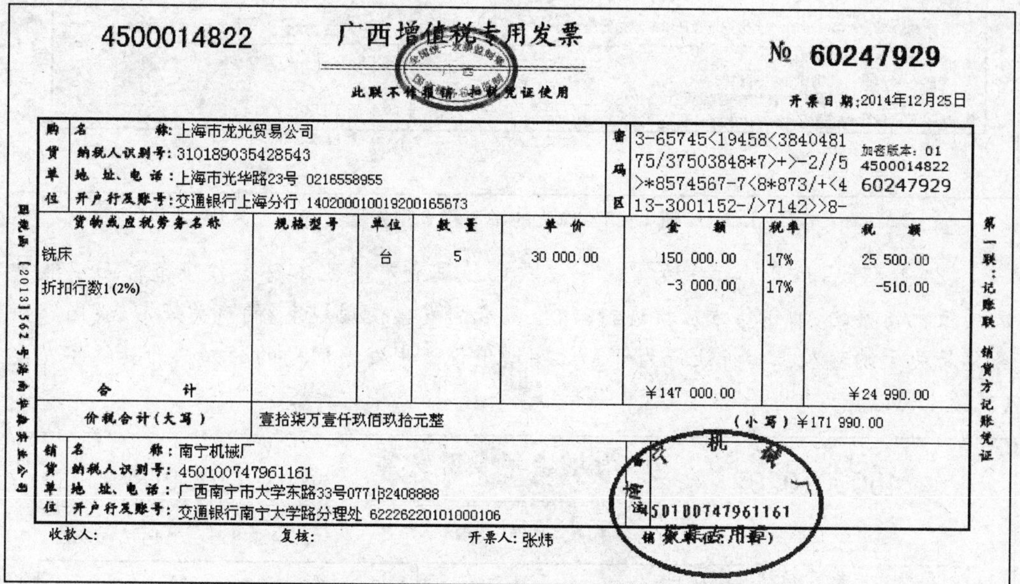

4500014822　　广西增值税专用发票　　№ 60247929

此联不作报销、扣税凭证使用

开票日期:2014年12月25日

购货单位	名称:上海市龙光贸易公司 纳税人识别号:310189035428543 地址、电话:上海市光华路23号 0216558955 开户行及账号:交通银行上海分行 140200010019200165673				密码区	3-65745<19458<3840481 75/37503848*7>+>-2//5 >*8574567-7<8*873/+<4 13-3001152-/>7142>>8-	加密版本:01 4500014822 60247929	
货物或应税劳务名称	规格型号	单位	数量	单价	金额	税率	税额	
铣床		台	5	30 000.00	150 000.00	17%	25 500.00	
折扣行数1(2%)					-3 000.00	17%	-510.00	
合计					¥147 000.00		¥24 990.00	
价税合计(大写)	壹拾柒万壹仟玖佰玖拾元整				(小写)¥171 990.00			
销货单位	名称:南宁机械厂 纳税人识别号:450100747961161 地址、电话:广西南宁市大学东路33号07713240888 开户行及账号:交通银行南宁大学路分理处 62226220101000106				备注			

收款人:　　复核:　　开票人:张炜　　销货单位(章)

第一联:记账联 销货方记账凭证

图 1-62　有折扣的增值税专用发票(记账联)

(2) 销售折扣、折让发票的开具。根据《国家税务总局关于纳税人折扣折让行为开具红字增值税专用发票问题的通知》(国税函〔2006〕1279 号)规定,纳税人销售货物并向购买方开具增值税专用发票后,由于购货方在一定时期内累计购买货物达到一定数量,或者由于市场价格下降等原因,销货方给予购货方相应的价格优惠或补偿等折扣、折让行为,销货方可按现行《增值税专用发票使用规定》的有关规定开具红字增值税专用发票。

2. 销售退回发票的处理

(1) 销售退回,作废发票。当月销售退回,如发票尚未认证,可要求购货方退回发票,并将一式三联发票作废处理(见图 1-63)。

（续上）

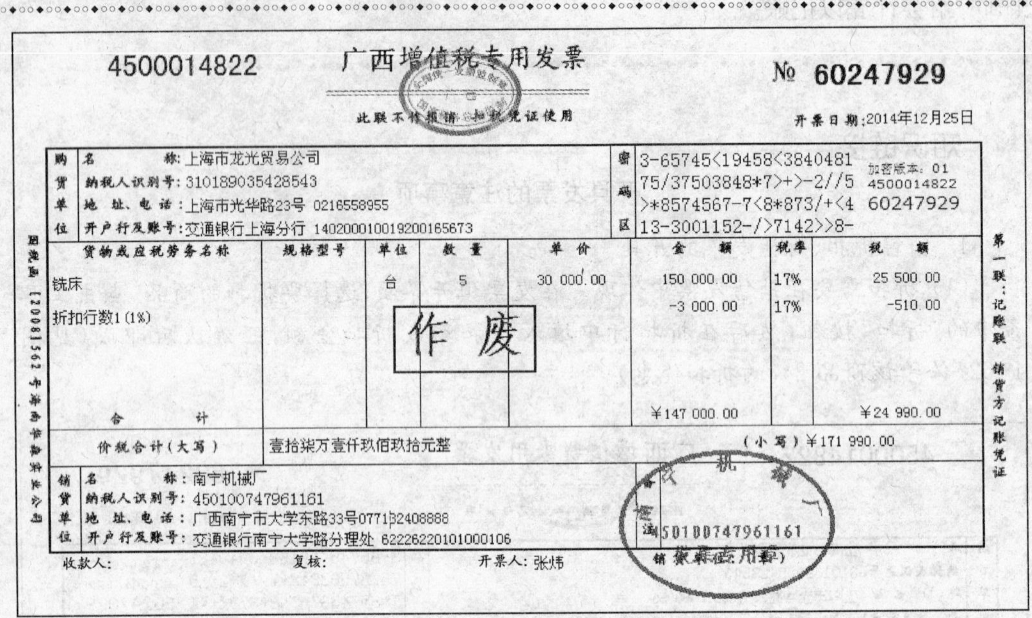

4500014822 广西增值税专用发票 № 60247929

此联不作报销、扣税凭证使用

开票日期：2014年12月25日

购货单位	名称：上海市龙光贸易公司 纳税人识别号：310189035428543 地址、电话：上海市光华路23号 0216558955 开户行及账号：交通银行上海分行 14020001001920016573	密码区	3-65745<19458<3840481 75/37503848*7>+>-2//5 >*8574567-7<8*873/+<4 13-3001152-/>7142>>8-	加密版本：01 4500014822 60247929

货物或应税劳务名称	规格型号	单位	数量	单价	金额	税率	税额
铣床		台	5	30 000.00	150 000.00	17%	25 500.00
折扣行数1(1%)					-3 000.00	17%	-510.00
合计					¥147 000.00		¥24 990.00
价税合计（大写）	壹拾柒万壹仟玖佰玖拾元整				（小写）¥171 990.00		

作废

销货单位	名称：南宁机械厂 纳税人识别号：450100747961161 地址、电话：广西南宁市大学东路33号077132408888 开户行及账号：交通银行南宁大学路分理处 62226220101000106	备注	南宁机械厂 450100747961161 发票专用章

收款人： 复核： 开票人：张伟 销货单位（章）

国税函[2008]562号海南华森实业公司

第一联：记账联 销货方记账凭证

图 1-63 作废的增值税专用发票

(2) 销售退回，开具红字发票。如发票已认证或有其他不符合作废条件而不能作废增值税发票的，则销售方应按现行《增值税专用发票使用规定》的有关规定和《国家税务总局关于纳税人折扣折让行为开具红字增值税专用发票问题的通知》，开具红字发票（见图 1-64）。

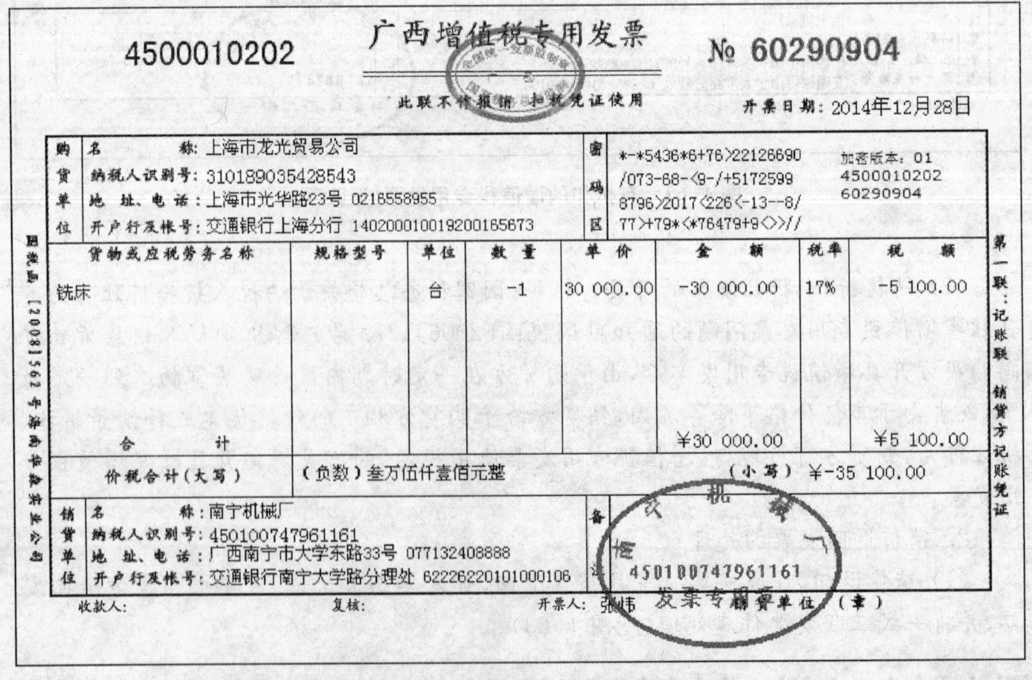

4500010202 广西增值税专用发票 № 60290904

此联不作报销、扣税凭证使用

开票日期：2014年12月28日

购货单位	名称：上海市龙光贸易公司 纳税人识别号：310189035428543 地址、电话：上海市光华路23号 0216558955 开户行及帐号：交通银行上海分行 14020001001920016573	密码区	*-*5436*6+76>22126690 /073-68-<9-/+5172599 8796>2017<226<-13--8/ 77>+79*<*76479+9<>>//	加密版本：01 4500010202 60290904

货物或应税劳务名称	规格型号	单位	数量	单价	金额	税率	税额
铣床		台	-1	30 000.00	-30 000.00	17%	-5 100.00
合计					¥30 000.00		¥5 100.00
价税合计（大写）	（负数）叁万伍仟壹佰元整				（小写）¥-35 100.00		

销货单位	名称：南宁机械厂 纳税人识别号：450100747961161 地址、电话：广西南宁市大学东路33号 077132408888 开户行及帐号：交通银行南宁大学路分理处 62226220101000106	备注	南宁机械厂 450100747961161 发票专用章

收款人： 复核： 开票人：张伟 销货单位（章）

国税函[2008]562号海南华森实业公司

第一联：记账联 销货方记账凭证

图 1-64 红字增值税专用发票

（续上）

3. 开具增值税专用发票的注意事项

开票单位填开增值税专用发票时，必须内容真实，字迹清楚，项目填写齐全；不得跳号、漏号或简略填开发票；不得提前或推后时间填开发票；发票必须套写填开，不得分开联次单张填写；按发票版面限额填开，不得超面额填开。开票单位要加盖发票专用章或财务专用章，填开人员要签写姓名；手写发票必须整本启用，不得拆开使用发票；不得转借、转让、代开发票；填写有误的发票，不得再涂改使用，应完整保存各联，并在各联发票上注明"误填作废"字样；纳税人开具红字普通发票时，应在小写金额前加写"一"号，大写金额前加写"负数"字。

4. 开具增值税普通发票

增值税普通发票的开具方法与增值税专用发票开具的方法相同，开具时注意适用税率。

5. 其他发票的开具

无论是机打发票还是手工发票，开具时注意完整填写发票要素。填写的基本内容包括：开票日期、付款人信息、交易或收费项目名称、单价或收费标准、大小写金额及合计、收款人、开票人签章、收款单位盖章或发票专用章等内容。

【岗位实践任务】

任务资料：2014 年 12 月 26 日，南宁机械厂销售角钢材料给黎明实业有限公司（小规模纳税人），销售部门开来的销售单见图 1-65。

销 售 单

购货单位：黎明实业有限公司　地址和电话：广州越秀区沿江西路爱群大厦首层 02082638:　单据编号：12891289

纳税识别号：440100887621357　开户行及账号：中国银行广州分行 0091490809100165456 78　制单日期：2014.12.26

编码	产品名称	规格	单位	单价	数量	金额	备注
f01	角钢		吨	4 000.00	18	72 000.00	
合计	人民币（大写）：柒万贰仟元整					￥72 000.00	

第三联：记账联

总经理：张友达　销售经理：李莉　经手人：李莹　会计：黄明

图 1-65 销售单

任务要求：根据销售部门开具的销售单开具增值税普通发票（见图 1-66）。

☞ 业务 1-7 了解完税凭证

税收票证是税务机关、扣缴义务人依照法律、法规，代征代售人按照委托协议，征收税款、基金、费、滞纳金、罚没款等各项收入的过程中，开具的收款、退款和缴库凭证。税收票证包括税收缴款书、税收收入退还书、税收完税证明、出口货物专用税收票证、印花税专用税收票证以及国家税务总局规定的其他税收票证，有纸质形式和数据电文形式两种，由纳税人纳税后从税务机关取得。

【活动目标】 了解纳税申报。

【业务流程】 纳税单位会计人员网上报税→申报成功后办理划款→从银行取得"电子缴税付款凭证"→凭"纳税申报表"到税务部门取得完税凭证。

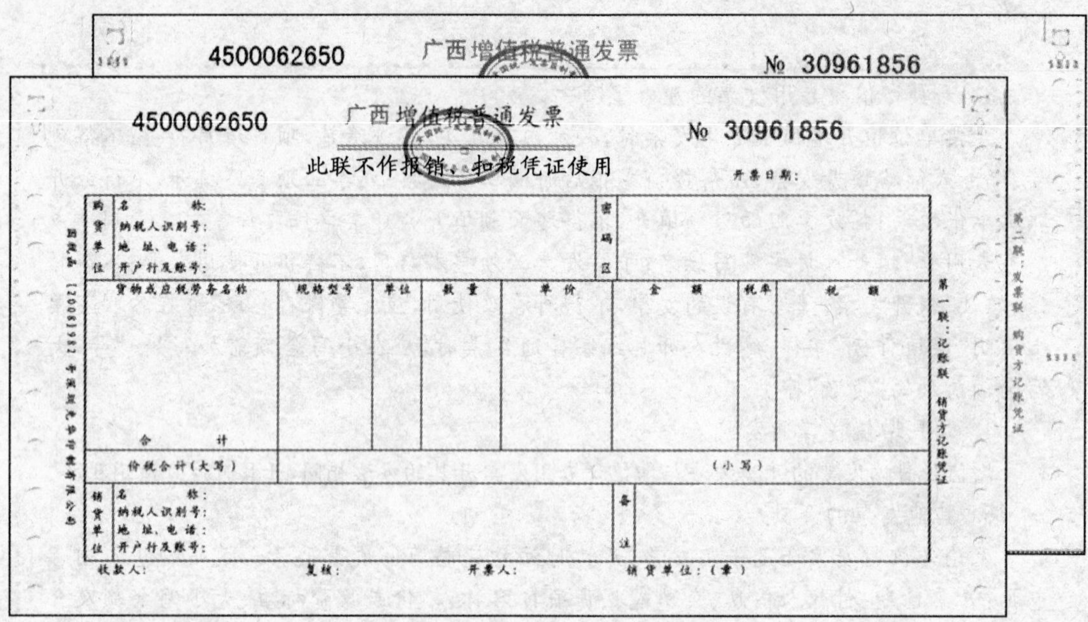

4500062650 广西增值税普通发票 № 30961856

此联不作报销、扣税凭证使用 开票日期：

购货单位	名称： 纳税人识别号： 地址、电话： 开户行及账号：	密码区					
货物或应税劳务名称	规格型号	单位	数量	单价	金额	税率	税额
合计							
价税合计（大写）					（小写）		
销货单位	名称： 纳税人识别号： 地址、电话： 开户行及账号：	备注					

收款人： 复核： 开票人： 销货单位：（章）

第一联：记账联 销货方记账凭证

第二联：发票联 购货方记账凭证

图 1-66 增值税普通发票(一式两联)

【岗位任务】申报交纳增值税。

【操作步骤】

步骤 1 网上报税，填写“增值税纳税申报表附列资料”[有总表、附表(一)~附表(四)，见图 1-67]。

增值税纳税申报表附列资料（一）

（本期销售情况明细）

纳税人识别号：450100747961161 填表日期：2014-12-05 金额单位：元（列至角分）

纳税人名称：广西南宁机械厂 所属时期：2014-11-01 至 2014-12-28

项目及栏次				开具税控增值税专用发票 销售额	开具税控增值税专用发票 销项（应纳）税额	开具其他发票 销售额	开具其他发票 销项（应纳）税额	未开具发票 销售额	未开具发票 销项（应纳）税额	纳税检查调整 销售额	纳税检查调整 销项（应纳）税额	合计 销售额	合计 销项（应纳）税额	合计 价税合计	应税服务扣除项目本期实际扣除金额	扣除后 含税（免税）销售额	扣除后 销项（应纳）税额
				1	2	3	4	5	6	7	8	9=1+3+5+7	10=2+4+6+8	11=9+10	12	13=11-12	14=13÷（100%+税率或征收率）×税率或征收率
一、一般计税方法征税	全部征税项目	17%税率的货物及加工修理修配劳务	1	0.00	0.00	0.00	0.00	0.00	0.00	0.00	0.00	0.00	0.00	--	--	--	--
		17%税率的有形动产租赁服务	2	0.00	0.00	0.00	0.00	0.00	0.00	0.00	0.00	0.00	0.00	0.00	0.00	0.00	0.00
		13%税率	3	0.00	0.00	0.00	0.00	0.00	0.00	0.00	0.00	0.00	0.00	--	--	--	--
		11%税率	4	0.00	0.00	0.00	0.00	0.00	0.00	0.00	0.00	0.00	0.00	0.00	0.00	0.00	0.00
		6%税率	5	0.00	0.00	0.00	0.00	0.00	0.00	0.00	0.00	0.00	0.00	0.00	0.00	0.00	0.00
	其中：即征即退项目	即征即退货物及加工修理修配劳务	6	--	--	--	--	--	--	--	--	0.00	0.00	--	--	--	--
		即征即退应税服务	7	--	--	--	--	--	--	--	--	0.00	0.00	0.00	0.00	0.00	0.00
二	全部征	6%征收率	8	0.00	0.00	0.00	0.00	0.00	0.00	--	--	0.00	0.00	--	--	--	--
		5%征收率	9	0.00	0.00	0.00	0.00	0.00	0.00	--	--	0.00	0.00	--	--	--	--
		4%征收率	10	0.00	0.00	0.00	0.00	0.00	0.00	--	--	0.00	0.00	--	--	--	--

图 1-67 增值税纳税申报表附列资料(一) 部分内容

步骤 2 申报成功(见图 1-68)后办理划款缴税。

	申报表种类	报表名称	所属时期起	所属时期止	申报日期	申报状态	备注
1	增值税(一般纳税人)	增值税纳税申报表附列资料（表四）	2014-01-01	2014-01-31	2014-02-07 1...	申报成功	申报成功，开票成功，本次申报生...
2	增值税(一般纳税人)	固定资产进项税额抵扣情况表	2014-01-01	2014-01-31	2014-02-07 1...	申报成功	申报成功，开票成功，本次申报生...
3	增值税(一般纳税人)	增值税纳税申报表附列资料（表二）	2014-01-01	2014-01-31	2014-02-07 1...	申报成功	申报成功，开票成功，本次申报生...
4	增值税(一般纳税人)	增值税纳税申报表附列资料（表一）	2014-01-01	2014-01-31	2014-02-07 1...	申报成功	申报成功，开票成功，本次申报生...
5	增值税(一般纳税人)	增值税纳税申报表	2014-01-01	2014-01-31	2014-02-07 1...	申报成功	申报成功，开票成功，本次申报生...
6	增值税(一般纳税人)	增值税纳税申报表附列资料（表三）	2014-01-01	2014-01-31	2014-02-07 1...	申报成功	申报成功，开票成功，本次申报生...

图 1-68 纳税申报成功显示

步骤 3 到银行打印电子缴税回单(见图 1-69)，银行加盖业务公章后，将第一联给纳税单位，第二联作为银行凭证，第三联给税务机关。

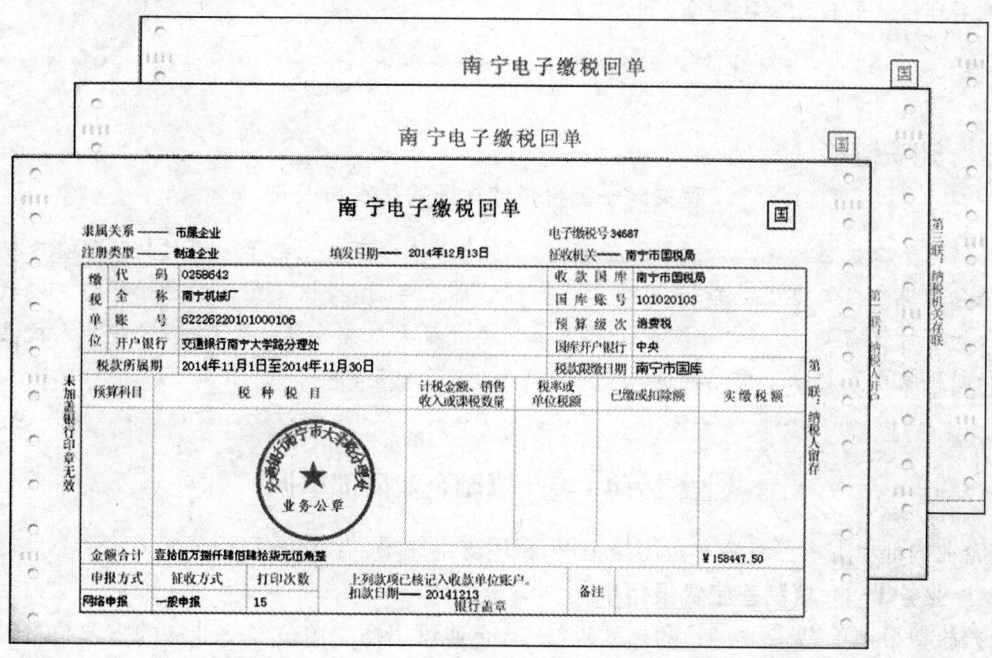

南宁电子缴税回单 国

隶属关系—— 市属企业　　　　电子缴税号 34687

注册类型—— 制造企业　　填发日期—— 2014年12月13日　　征收机关—— 南宁市国税局

缴税单位				
代码	0258642		收款国库	南宁市国税局
全称	南宁机械厂		国库账号	101020103
账号	62226220101000106		预算级次	消费税
开户银行	交通银行南宁大学路分理处		国库开户银行	中央
税款所属期	2014年11月1日至2014年11月30日		税款限缴日期	南宁市国库

预算科目	税种税目	计税金额、销售收入或课税数量	税率或单位税额	已缴或扣除额	实缴税额
金额合计	壹拾伍万捌仟肆佰肆拾柒元伍角整				¥158447.50

申报方式	征收方式	打印次数	上列款项已核记入收款单位账户。扣款日期—— 20141213 银行盖章	备注
网络申报	一般申报	15		

未加盖银行印章无效　　第一联：纳税人留存

图 1-69　税收缴款书

步骤 4　打印纳税申报表，加盖单位公章后到税务部门打印税收通用完税证（见图 1-70）。

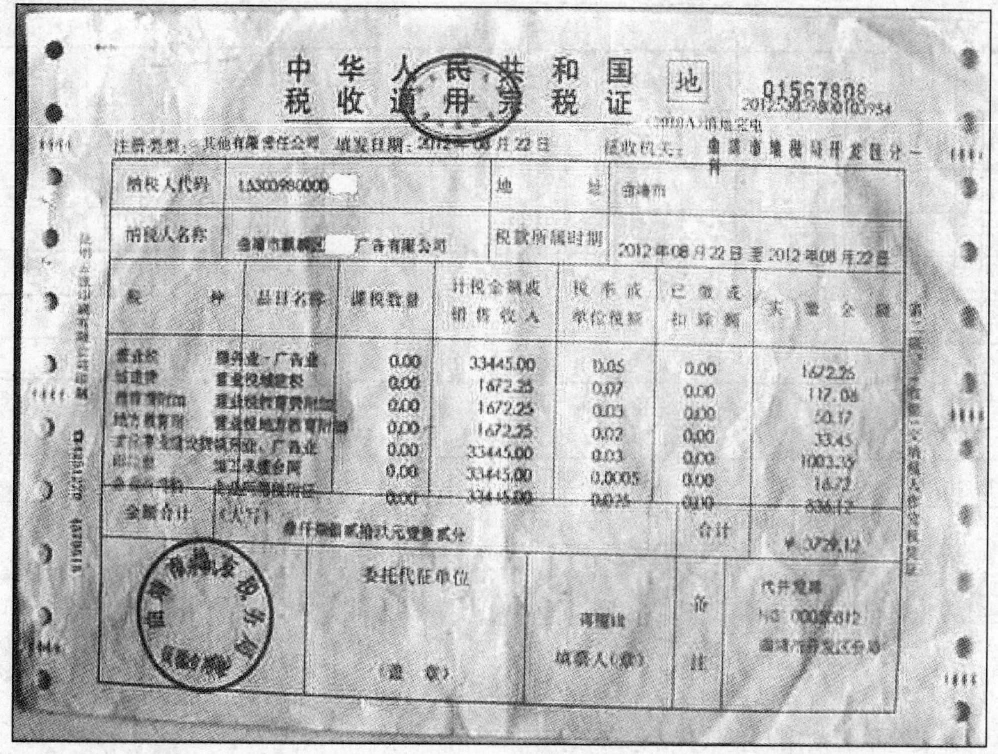

中华人民共和国
税收通用完税证　地　01567808

注册类型：其他有限责任公司　填发日期：2012年08月22日

纳税人代码	1530098000[illegible]	地址	[illegible]市
纳税人名称	[illegible]广告有限公司	税款所属时期	2012年08月22日至2012年08月22日

税种	品目名称	课税数量	计税金额或销售收入	税率或单位税额	已缴或扣除额	实缴金额
营业税	服务业-广告业	0.00	33445.00	0.05	0.00	1672.25
城建税	营业税城建税	0.00	1672.25	0.07	0.00	117.06
[illegible]	营业税教育费附加	0.00	1672.25	0.03	0.00	50.17
[illegible]	营业税地方教育附加	0.00	1672.25	0.02	0.00	33.45
[illegible]	[illegible]广告业	0.00	33445.00	0.03	0.00	1003.35
[illegible]	[illegible]合同	0.00	33445.00	0.0005	0.00	16.72
[illegible]	[illegible]	0.00	33445.00	0.025	0.00	836.12
金额合计	（大写）[illegible]				合计	¥ 3729.12

（盖章）	委托代征单位	填票人（章）	备注

图 1-70　完税凭证

国税已经实现“财税库银横向联网”的，纳税主体可以直接以“电子缴税付款凭证”作为缴税凭据，不用到税务局打印完税凭证。

知识链接

有关电子缴税付款凭证的基本知识

电子缴税付款凭证必须加盖银行转(收)讫章方为有效。电子缴税付款凭证也是纳税人在税务机关办理退库、开具代扣代缴凭证等业务时，提供复印件的原始凭证。纳税人如有特殊需要，可持电子缴税付款凭证到主管税务机关办税服务厅索取“中华人民共和国税收电子转账专用完税证”。

业务活动1-5　填制企业内部单据

企业内部单据主要有企业费用报销单、费用支出凭单、借款单、费用分配表等。

☞ 业务1-8　填制差旅费报销单

差旅费报销单(见图1-71)的格式不统一，企业可根据本单位经济业务的需要自行设计。差旅费报销单的填写标准如下：

差 旅 费 报 销 单

姓名：

职别：　　　　　　年　　月　　日　　　　金额单位：元

起		止		合计天数	出差伙食补助			未买卧铺票补助			会议伙食补助			车船费、旅馆费、交通费等						合计金额
月	日	月	日		天数	标准	金额	票价	百分比(%)	金额	天数	标准	金额	火车费	车船费	机票	旅馆费	市内交通费	杂费	
合计人民币(大写)					万		仟		佰		拾		元		角		分		¥	
出差事由																				

附件　　张

翰林纸品

审核：　　　　主管人员：　　　　出差人(盖章或签名)：

图1-71　差旅费报销单

(1) 各项目应据实填写，必须在报销单中列出详细的行程。报销单中没有列出行程的车费、住宿费不准报销。

(2) 如报销他人补助款项的，必须有该人员确认签名。

(3) 报销单必须用蓝色或黑色墨水笔填写，不准有涂改的痕迹。

(4) 部门经理负责本部门人员报销凭证的真实性审核工作。即各部门经理在审核的单据上要注明“已核”或“属实”字样，并同时签名和填写日期。

(5) 财务部负责审核报销凭证的合法性和金额的精确性。即指财务部审核人员对报销凭证的合法性和精确性进行审核，并签署详细的审核意见。

(6) 签字时须用蓝色或黑色墨水笔，其他颜色墨水书写无效。

【活动目标】掌握差旅费报销单的填写方法。

【业务流程】会计人员根据原始凭证填写差旅费报销单→粘贴好原始凭证→报销人员签名→会计人员审核签章→由相关审批人审批签名或签章→报销单给出纳结清款项。

【业务资料】2014 年 12 月 7 日，采购员张明报销差旅费。根据其原始发票，车票为两张，一张为 11 月 30 日南宁到广州，一张为 12 月 3 日广州到南宁，票价均为 185 元，住宿费发票为 1 900 元，市内交通费为 160 元，伙食费为 220 元(伙食报销上限 50 元/天)，通讯补助为 30 元/天。原借款为 3 000 元，余款退回，同时出纳开出收回余款的收据一张。

【岗位任务】填写差旅费报销单。

【操作步骤】

步骤 1　会计根据出差人员提交的原始单据填写差旅费报销单(见图 1-72)。

差旅费报销单

2014年 12月 07日

所属部门				采购部	姓名 张明	出差天数	自 11月 30日至 12月 04日共 5天	
出差事由				采购	借旅支费	日期 2014年11月28日	金额 ¥3 000. 00	
						结算金额:¥2 800. 00		
出发		到达		起止地点	交通费	住宿费	伙食费	其他
月	日	月	日					
11	30	12	01	南宁—广州	185. 00	1 900. 00	220. 00	150. 00
12	03	12	04	广州—南宁	185. 00			
				市内交通费	160. 00			
				小计	530. 00	1 900. 00	220. 00	150. 00
合计				⊗拾 ⊗万 贰仟 捌佰 零拾 零元 零角 零分 ¥2 800. 00				

总经理：张宏达　财务经理：吴有为　部门经理：王明月　会计：黄明　出纳：李红　报销人：张明

图 1-72　差旅费报销单

差旅费报销单的填写内容主要有：报销日期、报销单位、报销人姓名、职务、出差事由、出差天数、往返日期、往返时间、起程及到达地名、交通费金额、住宿费金额、伙食补助、借款金额、报销金额、退款或补款数额、其他费用等项目。

步骤 2　粘贴好报销单据。

步骤 3　审批人审批。报销人将报销单交给审批人审批后，将报销单给出纳结清款项。

步骤 4　出纳结清借款(多还少补)。出纳审核原借款借据结清余款，开具收回余款的收据(见图 1-73)。

收 款 收 据

No.00490021

2014年 12月07日

今 收 到：张 明

现金收讫

交 来：出差借款余款

金额（大写）⊗拾 ⊗万 ⊗仟 贰佰 零拾 零元 零角 零分

¥ 200.00 ☑ 现金 ☐ 支票 ☐ 信用卡 ☐ 其他

收款单位（盖章）财务专用章

第三联 交财务

核准：吴有为 会计：黄 明 记账： 出纳：李 红 经手人：张 明

图 1-73 收款收据

知识链接

（1）差旅费报销单一般由会计人员根据差旅人员提交的车票、住宿费发票等外来原始凭证编制。

（2）原始报销单据比较多，一般需要专用粘贴单进行粘贴(见图 1-74)。

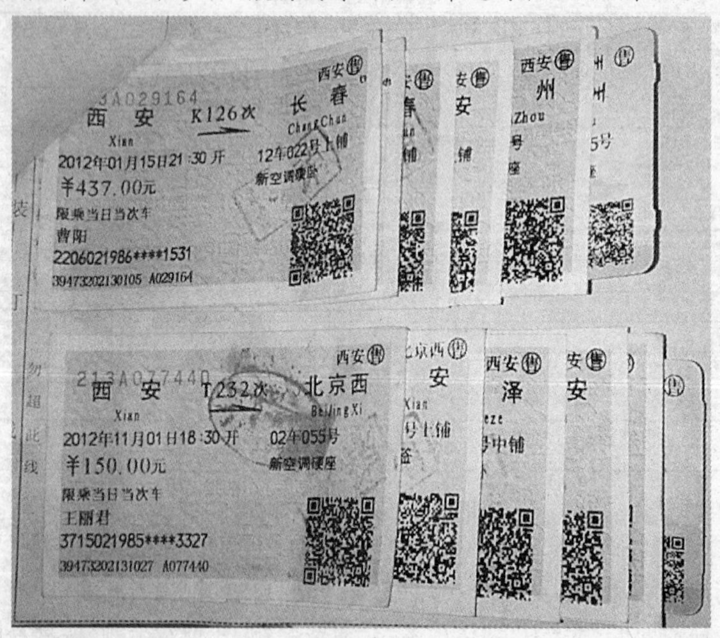

图 1-74 粘贴原始单据

（3）收款收据一般由出纳人员收款后开出，不得收回原借款收据。

【岗位实践任务】

任务资料：2014 年 12 月 15 日，业务员林英报销差旅费，根据企业报销规定，出差期间每天伙食补助为 30 元，长途乘车补助每天为 15 元，原借款 2 000 元，相关报销单据见图1-75～图 1-78。

Y008632123 售

南宁	T6次	北京
Nangning	→	Beijing

2014年12月05日10:35开 07车 06号

¥455.00元 软座快速卧

限乘当日当次车

图 1-75 火车票

Y008632178 京B 售

北京	T5次	南宁
Beijing	→	Nangning

2014年12月12日15:48开 12车112号

¥460.00元 硬座

限乘当日当次车

图 1-76 火车票

北京市客运出租车统一发票

TAXI RECEIPT

发票联

发票代码：242011501109

发票号码：41453472

发票查询电话：（010）82429889

服务监督电话：（010）82636544

手写无效

车号：	京A7895
证号：	09812766
日期：	2014年12月06日
上车：	10:35
下车：	10:53
单价：	3.00
里程：	11.00
等候：	00.04.00
金额：	35.00
卡号：	
原额：	
余额：	

批号：098684762187

图 1-77 出租车票

北京市客运出租车统一发票

TAXI RECEIPT

发票联

发票代码：239013210911

发票号码：22324405

发票查询电话：（0411）67540110

服务监督电话：（0411）67539878

手写无效

车号：	京A0983
证号：	78672314
日期：	2014年12月12日
上车：	21:05
下车：	21:28
单价：	3.00
里程：	10.00
等候：	00.07.00
金额：	35.00
卡号：	
原额：	
余额：	

批号：098684734526

图 1-78 出租车票

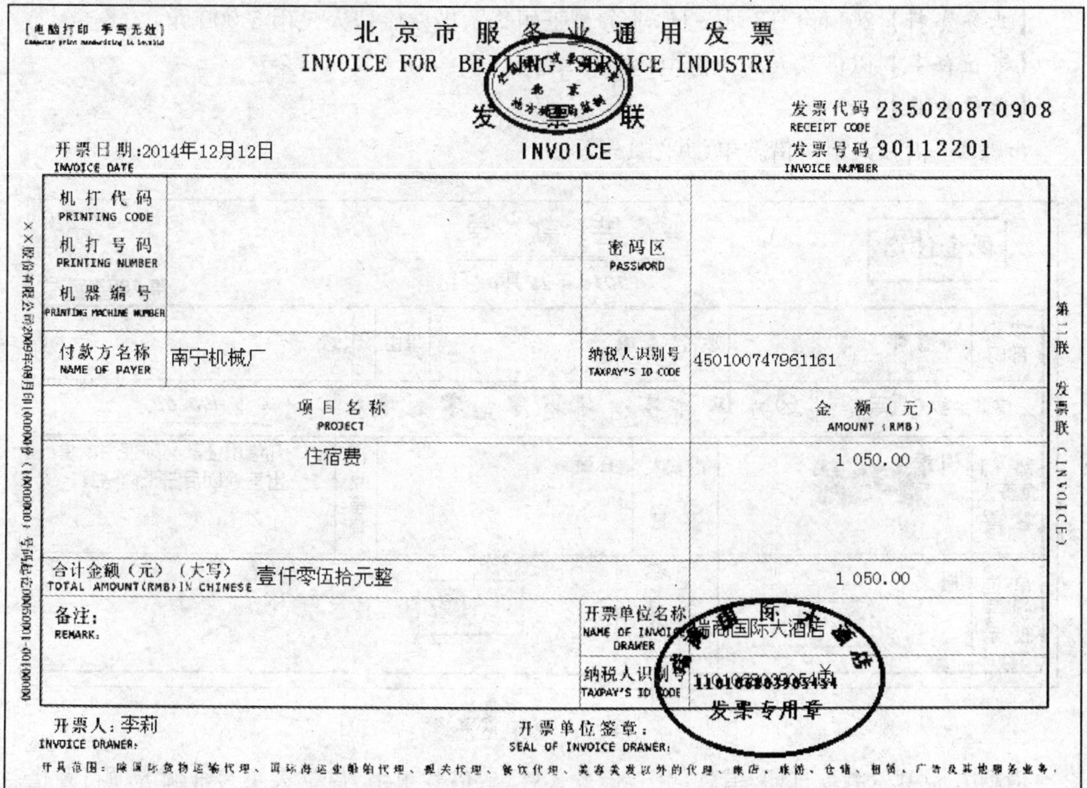

[电脑打印 手写无效]
Computer print handwriting is invalid

北京市服务业通用发票
INVOICE FOR BEIJING SERVICE INDUSTRY

发票联
INVOICE

发票代码 235020870908
RECEIPT CODE

开票日期：2014年12月12日
INVOICE DATE

发票号码 90112201
INVOICE NUMBER

机打代码 PRINTING CODE 机打号码 PRINTING NUMBER 机器编号 PRINTING MACHINE NUMBER		密码区 PASSWORD	
付款方名称 NAME OF PAYER	南宁机械厂	纳税人识别号 TAXPAY'S ID CODE	450100747961161
项目名称 PROJECT		金额（元）AMOUNT（RMB）	
住宿费			1 050.00
合计金额（元）（大写）TOTAL AMOUNT(RMB) IN CHINESE	壹仟零伍拾元整		1 050.00
备注：REMARK:		开票单位名称 NAME OF INVOICE DRAWER	瑞商国际大酒店
		纳税人识别号 TAXPAY'S ID CODE	110108803905434

发票专用章

开票人：李莉
INVOICE DRAWER:

开票单位签章：
SEAL OF INVOICE DRAWER:

第二联 发票联（INVOICE）

图 1-79 服务业通用发票

任务要求:根据以上单证及差旅报销规定填写差旅费报销单(见图1-80)。

差旅费报销单

年　月　日

所属部门				姓名		出差天数	自　月　日至　月　日共　天		
出差事由						借旅支费	日期	金额¥	
							结算金额:¥		
出发		到达		起止地点	交通费	住宿费	伙食费	其他	
月	日	月	日						
合计				拾　万　仟　佰　拾　元　角　分 ¥					

总经理:　财务经理:　部门经理:　会计:　出纳:　报销人:

图 1-80　火车票

☞ 业务 1-9　填制借款单

职工因需要向单位借款时,必须填写正式的借款单。不同单位借款单的格式会有所不同。

【活动目标】掌握借款单的填写方法。

【业务流程】借款人填写借款单→领导审核签字同意→出纳员付款。

【业务资料】2014 年 12 月 7 日,业务员王丽华预借差旅费人民币 5 000 元。

【岗位任务】以借款人的身份填写借款单。

【操作步骤】

步骤 1　借款人填写借款单(见图 1-81)。

现金付讫

借　款　单

2014年12月07日　　第098730号

借款部门	销售部	姓名	王丽	事由	出差
借款金额(大写)	⊗万 伍 仟 零 佰 零 拾 零 元 零 角 零 分　¥ 5 000.00				
部门负责人签署	同意 董艳燕	借款人签章	王丽	注意事项	一、凡借用公款必须使用本单 二、出差返回后三天内结算
单位领导批示	同意 张友达	财务经理审核意见	吴有为		

图 1-81　借款单

借款人需填写借款日期、借款部门、借款人姓名、借款事由、借款大小写金额等项目。借款单中各项内容要填写完整、清楚,小写金额要写到分位。借款人填写借款单后,将借款单交由相关人员审批方能借款。

步骤2 借款人交领导审批签字。

步骤3 出纳付款。领导审批签字后，出纳根据借款单付款，并加盖“现金付讫章”。

知识链接

支出现金的相关处理

(1) 现金付讫章是一种支付方式印章，支付方式印章还有转账付讫章、银行付讫章等，出纳根据支付方式来决定使用哪种印章，加盖印章可以让相关财务人员(主要是会计)清楚支付方式，以便记账。

(2) 在日常经营活动中，对不能取得原始凭证的费用报销项目，应由经手人填制费用支出单(见图 1-82)，经有关领导核准后向财务部门报销。费用支出单中的摘要及用途、金额、不能取得单据的原因等项目要填写清楚。

费 用 支 出 单

年 月 日

摘要及用途											
金额			人民币（大写）：								
不能取得单据的原因											
核准		会计		出纳		主管		验收		经手	

图 1-82 费用支出单

【岗位实践任务】

任务资料：2014 年 12 月 17 日，南宁机械厂业务员赵华预借差旅费人民币 2 000 元。相关审批人员为：总经理——张友达，财务主管——吴有为，部门负责人——李英华。

任务要求：以业务员的身份填写借款单(见图 1-83)。

借 款 单

年 月 日 第 号

借款部门		姓名		事由	
借款金额（大写）	万 仟 佰 拾 元 角 分 ¥				
部门负责人签署		借款人签章		注意事项	一、凡借用公款必须使用本单 二、出差返回后三天内结算
单位领导批示		财务经理审核意见			

图 1-83 借款单

业务活动 1-6　填写存货凭证

企业常见的存货收发凭证有收料单、发料单、领料单、限额领料单、入库单、出库单等。下面着重介绍收料单和领料单。

☞ 业务 1-10　填写收料单

收料单是一次性的自制原始凭证，是购货方对供应商送料或送检时提供的货品所进行描述（名称、数量、来源）的单据，以便于购货方后期对货物分拣、入库、上架管理。收料单既是交接完成的证明，也是报税的依据。收料单通常是一单一料、一式三联：一联留仓库，据以登记材料卡片和材料明细账；一联送财务部门，作材料收入凭证；一联交业务部门，留存备查。

【活动目标】掌握收料单的填写方法。

【业务流程】仓库收料→仓库管理员填写收料单→相关人员签字。

【业务资料】2014 年 12 月 12 日，仓库收到本月 1 日购买的丙酮（材料编号：A06；规格：sw10；单位：千克；验收数量：2 000 千克；实收数量 2 000 千克；材料单价：8.5 元/千克；供货单位：上海化工厂；合同编号 QQ50）。

【岗位任务】填写收料单。

【操作步骤】

步骤 1　仓管员收货后填写收料单，见图 1-84 所示。填写内容包括收料日期、编号、入库材料相关信息（材料编号、材料名称、规格、材质、单位、数量、单价、金额等）。

注意：收料单一式三联，必须复写纸套写；收料单中各项内容要填写完整、清楚，金额数字不得随笔连写，空白金额行应加斜线注销；有关经办人员要认真签章，做到经济责任明确，各负其责

收料单

2014年12月12日　　　　编号：10

材料编号	材料名称	规格	材质	单位	数量 应收	数量 实收	实际单价	材料金额	运杂费	合计（材料实际成本）	
A06	丙酮	SW10	—	千克	2 000	2 000	8.50	17 000.00		¥17 000.00	会计联
供货单位	上海化工厂	结算方法					合同号	Q050	计划单价	材料/计划成本	
备注	—								—	—	

主管：白晓星　　质量检验员：王英　　仓库验收：朱燕　　经办人：李克

图 1-84　收料单(会计联)

步骤 2　相关人员签名或盖章。

步骤 3　将收料单各联次给相应的部门或人员。

知识链接

产品入库单的填写

(1) 入库单是对采购实物入库数量的确认，也是对采购人员和供应商的一种监控，

（续上）

防止采购人员与供应商串通舞弊，虚报采购量、实物短少的风险。它是企业内部管理和控制的重要凭证。

(2) 入库单为一式三联，一联交库部门留存备查；一联交给仓库，据以登记库房账簿；一联交财会部门，据以记账。

(3) 入库单的填写内容包括：仓库的名称，入库的日期，材料编号、名称、交货单位等。在实际工作中，每个单位的入库单的格式不完全一样。

☞ 业务 1-11 填写领料单

领料单一般是一料一单，即一种原材料填写一张单据，一般为一式四联：第一联为存根联，留领料部门备查；第二联为记账联，留会计部门作为出库材料核算依据；第三联为保管联，留仓库作为记材料明细账依据；第四联为业务联，留供应部门作为物资供应统计依据。领料单由领料经办人员填制，车间负责人、领料人、仓库管理员和发料人均需在领料单上签字，无签章或签章不全的均无效，不能作为记账的依据。

【活动目标】掌握收料单的填写方法。

【业务流程】领料部门填写→相关人员签字→仓库发料→仓管人员签字。

【操作资料】2014 年 12 月 3 日，南宁机械厂运输部领用火花塞 100 个用于修理汽车，火花塞单价为 50 元。请填写领料单(请领与实发数量一致；领料人：于军)。

【岗位任务】填写收料单。

【操作步骤】

步骤 1 领料部门填写领料单(见图 1-85)。

领 料 单

领料部门：运输部

用　　途：修理汽车　　　2014 年 12 月 03 日　　　06 第　153 号

材料			单位	数量		成本									
						单价	总价								
编号	名称	规格		请领	实发		百	十	万	千	百	十	元	角	分
01	火花塞		个	100	100	50.00				5	0	0	0	0	0
合计									¥	5	0	0	0	0	0

会计联

部门经理：　　会计：　　仓库：　　经办人：于军

图 1-85 领料单

领料单一式四联，必须复写套写；领料单中各项内容要填写完整、清楚，金额数字不得随笔连写，空白金额行应加斜线注销；有关经办人员要认真签字或盖章，负责人批准后到仓库领料，做到经济责任明确，各负其责。

步骤 2 仓库保管人员根据审核后按领料单发料后，在领料单上签字。

步骤 3 将领料单各联次给相关人员。

知识链接

其他存货发出凭证的填写

(1) 产品出库单的填写方法与领料单基本相同。

(2) 限额领料单是一种在规定限额之内，多次使用的累计发料凭证。它是由生产计划部门根据下达的生产任务和材料消耗定额按各种材料分别开出，一式两联，一联交仓库据以发料，一联交领料部门据以领料。

【岗位实践任务】

活动场景：南宁机械厂财务科。

出场角色：财务科出纳员——李红；会计——黄明；会计主管——吴有为。

任务资料：

(1) 2014 年 12 月 1 日，南宁机械厂（开户银行：交通银行南宁大学路分理处；银行存款结算户账号：6222622010100010６）签发转账支票（见图 1-86）并填写进账单（见图 1-87），用于支付在百货大楼（开户银行：交通银行南宁朝阳分理处；账号：6222622010200010７）购买的办公用品 3 500 元。

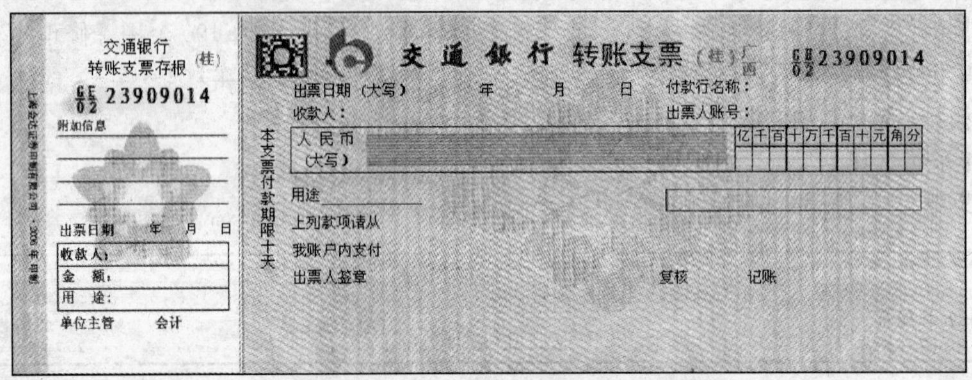

交通银行 转账支票存根（桂）
GE 02 23909014
附加信息
出票日期 年 月 日
收款人：
金 额：
用 途：
单位主管 会计

交通银行 转账支票（桂）广西 GE 02 23909014
出票日期（大写） 年 月 日 付款行名称：
收款人： 出票人账号：

人民币（大写）	亿	千	百	十	万	千	百	十	元	角	分

本支票付款期限十天
用途
上列款项请从
我账户内支付
出票人签章 复核 记账

图 1-86 转账支票

交通银行 进账单（回 单） 1

年 月 日

<table>
<tr><td rowspan="3">出票人</td><td>全 称</td><td></td><td rowspan="3">收款人</td><td>全 称</td><td colspan="11"></td><td rowspan="7">此联是开户银行交给持票人的回单</td></tr>
<tr><td>账 号</td><td></td><td>账 号</td><td colspan="11"></td></tr>
<tr><td>开户银行</td><td></td><td>开户银行</td><td colspan="11"></td></tr>
<tr><td rowspan="2">金额</td><td colspan="4" rowspan="2">人民币（大写）</td><td>亿</td><td>千</td><td>百</td><td>十</td><td>万</td><td>千</td><td>百</td><td>十</td><td>元</td><td>角</td><td>分</td></tr>
<tr><td></td><td></td><td></td><td></td><td></td><td></td><td></td><td></td><td></td><td></td><td></td></tr>
<tr><td>票据种类</td><td></td><td>票据张数</td><td></td><td colspan="12" rowspan="2"></td></tr>
<tr><td>票据号码</td><td colspan="3"></td></tr>
<tr><td colspan="4">复核 记账</td><td colspan="13">开户银行签章</td></tr>
</table>

图 1-87 进账单

(2) 2014 年 12 月 4 日，南宁机械厂签发现金支票(见图 1-88)，要求支取备用金 2 000 元。

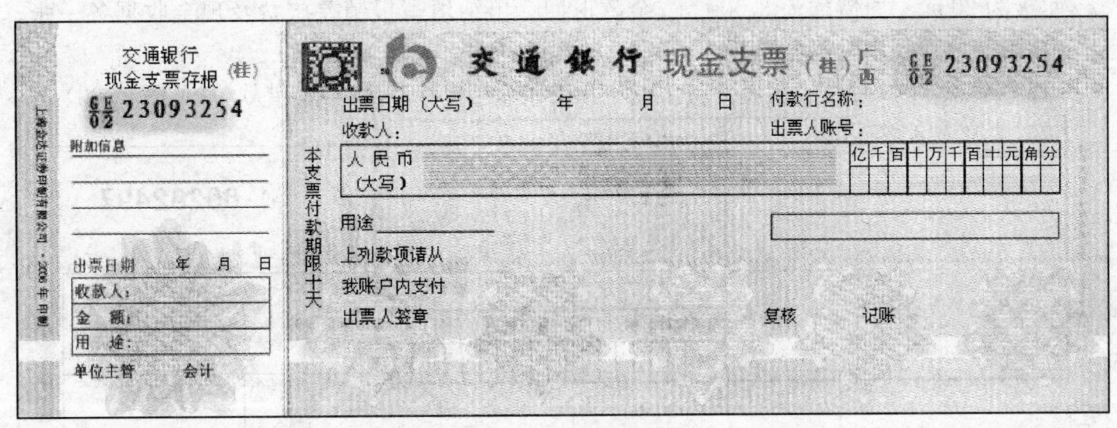

交通银行
现金支票存根（桂）
GE 02 23093254
附加信息
出票日期 年 月 日
收款人：
金 额：
用 途：
单位主管 会计

交通银行 现金支票（桂）广西 GE 02 23093254
出票日期（大写） 年 月 日 付款行名称：
收款人： 出票人账号：
本支票付款期限十天
人民币（大写） 亿 千 百 十 万 千 百 十 元 角 分
用途
上列款项请从
我账户内支付
出票人签章 复核 记账

图 1-88 现金支票

(3) 2014 年 12 月 8 日，南宁机械厂向银行缴存超库存现金，金额为 6 000 元整。现金解款单见图 1-89。

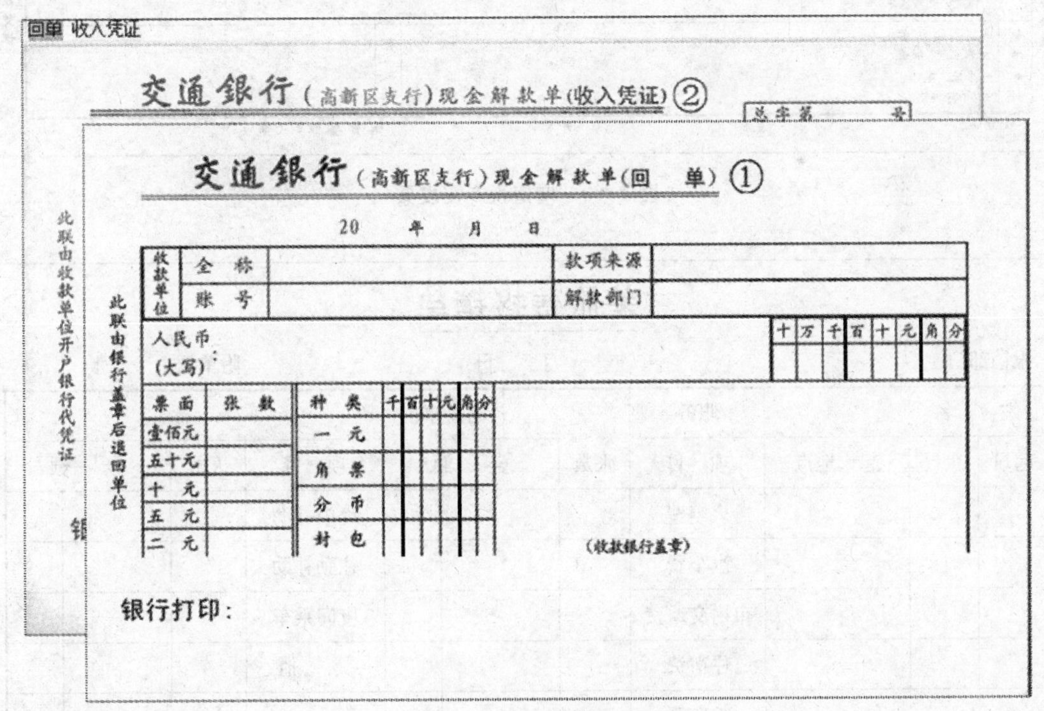

回单 收入凭证

交通银行（高新区支行）现金解款单(收入凭证) ② 总字第 号

交通银行（高新区支行）现金解款单(回 单) ①

20 年 月 日

收款单位	全 称		款项来源	
	账 号		解款部门	

人民币（大写）： 十 万 千 百 十 元 角 分

票 面	张 数	种 类	千	百	十	元	角	分
壹佰元		一 元						
五十元		角 票						
十 元		分 币						
五 元		封 包						
二 元								

（收款银行盖章）

此联由银行盖章后退回单位

此联由收款单位开户银行代凭证

银行打印：

图 1-89 现金解款单

(4) 2014 年 12 月 9 日，南宁机械厂销售铣床 2 台，每台售价为 30 000 元，购货单位为南宁机械总汇(开户银行：交通银行南宁朝阳支行；账号：6222622010200318)，货款为 60 000 元，税金为 10 200 元，开出增值税专用发票(见图 1-90)。

(5) 2014 年 12 月 10 日，采购员张明报销差旅费，原始单据如下：车票两张，一张为 12 月 1 日南宁到长沙，另一张为 12 月 18 日长沙到南宁，票价均为 180 元；住宿费发票为 1 300 元；

市内车费为 300 元；途中补助 4 天，每天补助费为 30 元；夜间乘车补助每天 15 元；食宿补助 15 天，每天为 20 元。原借款为 3 000 元，余款退回。出纳填写报销差旅费及现金收据各一张。差旅费报销单和收款收据见图 1-91 和图 1-92。

(6) 2014 年 12 月 15 日，业务员王丽华预借差旅费 5 000 元，填写借款单(见图 1-93)。

4500042821 **广西增值税专用发票** № 60292497

此联不作报销、扣税凭证使用

开票日期：

购货单位	名称： 纳税人识别号： 地址、电话： 开户行及账号：				密码区			
货物或应税劳务名称		规格型号	单位	数量	单价	金额	税率	税额
合计								
价税合计（大写）						（小写）		
销货单位	名称： 纳税人识别号： 地址、电话： 开户行及账号：				备注			

收款人： 复核： 开票人： 销货单位：（章）

国税函[2013]1562号海南华森实业公司

第一联：记账联 销货方记账凭证

图 1-90 增值税专用发票

差旅费报销单

报销部门： 年 月 日 附单据 张

姓名			职务			出差事由		
起日	止日	起讫地点	项目	张数	金额	项目	天数	金额
			火车费			途中补助		
			汽车费			住勤补助		
			市内交通费			夜间乘车		
			住宿费			其他		
			邮电费					
			小计			小计		
合计			(大写) 仟 佰 拾 元 角 分 ¥					
批准		报销人		财务审核		部门审核		

图 1-91 差旅费报销单

收 款 收 据　　No.0000001

年　月　日

交款单位：________________

人民币(大写)：________________(小写)¥________

附注：

____

第一联　收据

盖章（收款单位）　　签字（收款人）

图 1-92　收款收据

借 款 单

年　月　日　　第　　号

借款部门		姓名		事由	
借款金额（大写）	万　仟　佰　拾　元　角　分　¥				
部门负责人签署		借款人签章		注意事项	一、凡借用公款必须使用本单 二、出差返回后三天内结算
单位领导批示		财务经理审核意见			

图 1-93　借款单

(7) 2014 年 12 月 16 日，生产车间生产领用 1 000 千克丙酮(材料编号：A06，规格：sw10，单位：千克)，单价为 200 元。领料单见图 1-94。

领 料 单

领料部门：

用　途：　　年　月　日　　第　　号

材料			单位	数量		成本								
						单价	总价							
编号	名称	规格		请领	实发		百	十	万	千	百	十	元	角	分
合计															

业务联

部门经理：　　会计：　　仓库：　　经办人：

图 1-94　领料单

任务要求：根据业务资料填制原始凭证。

三、审核原始凭证

对原始凭证进行审核，是保证会计信息质量的一项重要措施。《会计法》明确规定，会计机构、会计人员必须按照国家统一的会计制度的规定对原始凭证进行审核，对于完全符合要求的原始凭证，应及时据以编制记账凭证；对不真实、不合法的原始凭证有权不予接受，并向单位负责人报告；对记载不准确、不完整的原始凭证予以退回，并要求按照国家统一的会计制度的规定更正、补充。

原始凭证的审核要求见图 1-95。

原始凭证的审核要求

- 合法性
  - 是否符合国家的政策、法律、法规
  - 是否符合会计制度的有关要求
  - 是否符合会计凭证的填制、审批手续和权限
- 真实性
  - 审核原始凭证所记载的内容是否真实、清晰
  - 是否反映经济业务的原始面目，数量、单价与金额是否相符
  - 有无冒签名，有无涂改、添加内容和金额，有无伪造凭证，有无刮擦、挖补
  - 外来凭证的抬头是否是本单位凭证
- 完整性
  - 原始凭证内容是否符合要求、是否完整、有无漏添
  - 购买商品、实物的各种原始凭证，是否附有保管人的验收单或其他领用者签名
  - 汇总原始凭证与所附单据是否一致，对外支出款项的凭证是否附有发票等单据
- 正确性
  - 原始凭证填制手续是否正确、签章是否齐全
  - 填制内容（即数量、单价及金额）是否无误

图 1-95　原始凭证的审核要求

知识链接

关于白条的认知

（1）“白条”是指单位或个人开具的、没有固定格式的、不具备规定内容、未经财政或税务机关批准使用的非正式原始凭证。

（2）白条抵库是指以不符合财务制度和会计凭证手续的字条和单据抵冲库存现金的行为。

业务活动 1-7　审核原始凭证

☞ 业务 1-12　审核转账支票

【活动目标】掌握原始凭证审核方法，能对审核后的原始凭证作出正确的处理。

【业务流程】是否真实→是否合法合理→是否完整→是否正确→是否及时。

【业务资料】

2014 年 12 月 9 日，南宁机械厂出纳李红根据签批好的付款申请书（见图 1-96），签发了一张转账支票（见图 1-97）。请印鉴管理会计盖章（开户行：交通银行南宁大学路分理处；银行存款结算户账号：62226220101000106），并审核转账支票是否正确。如果无误，请盖章；如果有误，请在相应的单据上标明错误点。

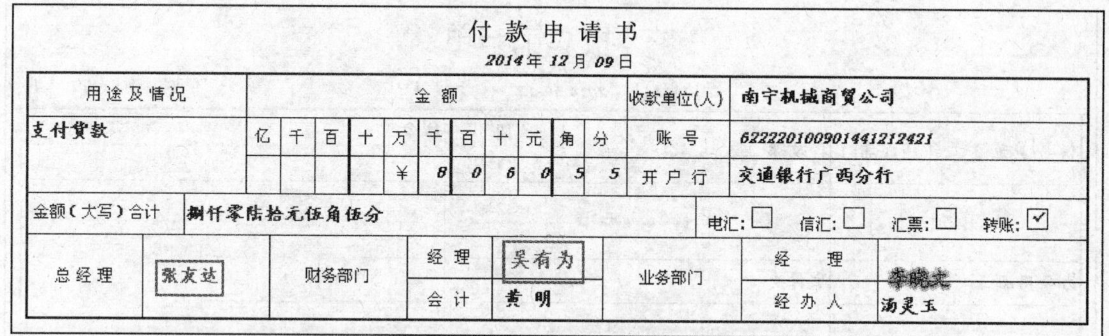

付 款 申 请 书

2014年12月09日

用途及情况	金额											收款单位(人)	南宁机械商贸公司
支付货款	亿	千	百	十	万	千	百	十	元	角	分	账号	622220100901441212421
					¥	8	0	6	0	5	5	开户行	交通银行广西分行
金额(大写)合计	捌仟零陆拾元伍角伍分											电汇:☐　信汇:☐　汇票:☐　转账:☑	
总经理	张友达	财务部门	经理	吴有为	业务部门	经理	李晓文						
			会计	黄明		经办人	汤灵玉						

图 1-96　付款申请书

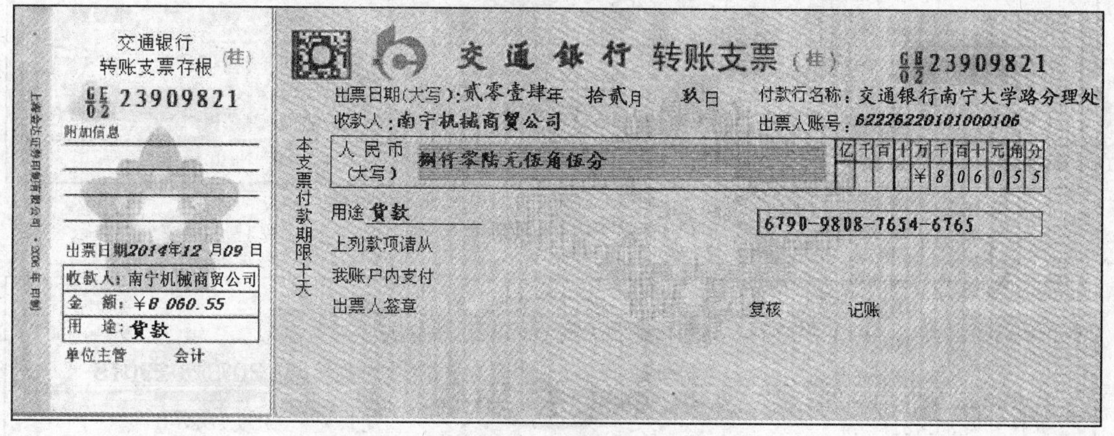

交通银行 转账支票存根(桂)

GE 02 23909821

附加信息

出票日期2014年12月09日

收款人:南宁机械商贸公司

金　额:¥8 060.55

用　途:貨款

单位主管　会计

交通银行 转账支票(桂)　GE 02 23909821

出票日期(大写):贰零壹肆年 拾贰月 玖日　付款行名称:交通银行南宁大学路分理处

收款人:南宁机械商貿公司　出票人账号:62226220101000106

人民币(大写) 捌仟零陆元伍角伍分　¥806055

本支票付款期限十天

用途 貨款　6790-9808-7654-6765

上列款项请从

我账户内支付

出票人签章　复核　记账

图 1-97　转账支票

【岗位任务】审核原始凭证。

【操作步骤】

步骤 1　审核付款凭证填写的内容是否正确、大小写金额是否一致,相关审批的签名、盖章是否齐全。

步骤 2　根据审核无误的付款申请书,审核支票填写的内容是否正确,包括出票日期、收款人名称、大小写金额等。经审核发现支票(见图 1-97)的出票日期大写书写有错误,支票的大写金额与小写金额不相符,不能加盖预留银行印鉴。

步骤 3　将支票退给出纳。由于支票金额有错误,不能加盖预留银行印鉴,会计人员将支票退还出纳。

注:出纳拿回支票,因支票金额有错误,不能更改,出纳作废该支票,并重新开具。

☞ 业务 1-13　审核取得的发票

【活动目标】掌握原始凭证审核方法,能对审核后的原始凭证作出正确的处理。

【业务流程】是否真实→是否合法合理→是否完整→是否正确→是否及时。

【业务资料】2014 年 12 月 25 日,会计黄明接到办公室黄芳报销办公用品费的报销单。请审核单据(报销单见图 1-98,通用机打发票见图 1-99)。如果无误,请盖章;如果有误,请在相应的单据上标明错误点。

报　销　单

填报日期：2014 年 12 月 25 日　　　　单据及附件共 1 张

姓名	黄芳	所属部门	行政部	报销形式	现金
				支票号码	
报销项目		摘要		金额	备注：
办公用品		文件夹		200.00	
合计				¥200.00	
金额大写：⊗ 拾 ⊗ 万 ⊗ 仟 贰 佰 零 拾 零 元 零 角 零 分				原借款：0.00 元	应退(补)款：200.00 元

总经理：　　财务经理：　　部门经理：建伟　　会计：　　出纳：　　报销人：黄芳

图 1-98　报销单

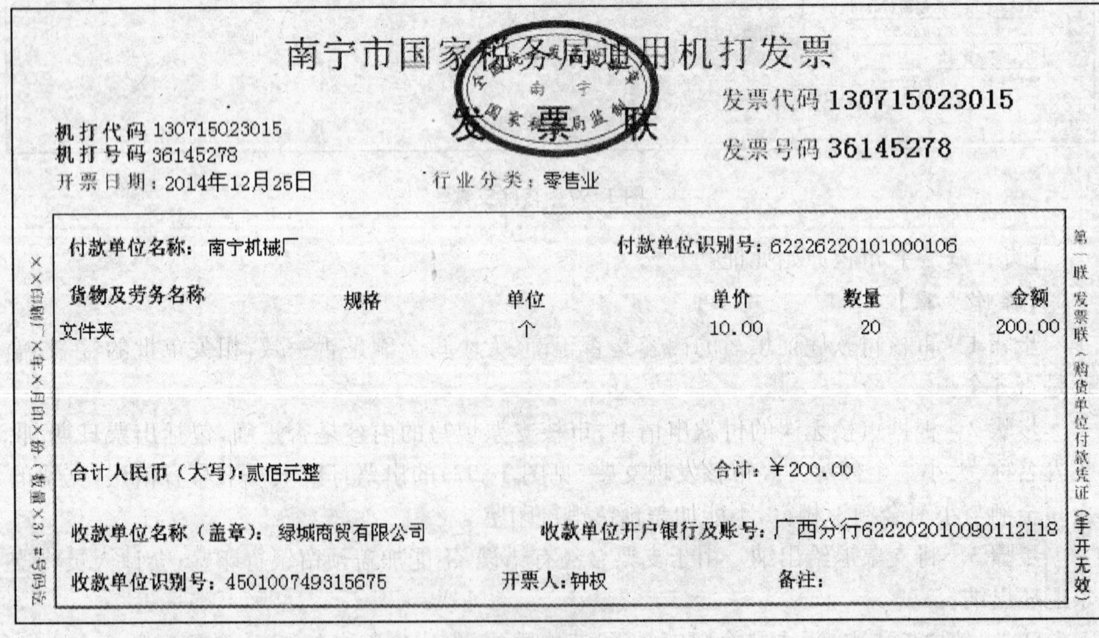

南宁市国家税务局通用机打发票

发　票　联

机打代码 130715023015　　发票代码 130715023015

机打号码 36145278　　发票号码 36145278

开票日期：2014年12月25日　　行业分类：零售业

付款单位名称：南宁机械厂　　付款单位识别号：62226220101000106

货物及劳务名称	规格	单位	单价	数量	金额
文件夹		个	10.00	20	200.00

合计人民币（大写）：贰佰元整　　合计：¥200.00

收款单位名称（盖章）：绿城商贸有限公司　　收款单位开户银行及账号：广西分行6222020100901121118

收款单位识别号：450100749315675　　开票人：钟权　　备注：

××印刷厂×年×月印×份（数量×3）#号码

第一联 发票联（购货单位付款凭证）（手开无效）

图 1-99　通过机打发票

【岗位任务】审核发票。

【操作步骤】

步骤 1　审核发票，发现该发票没有加盖开具单位的发票专用章。

步骤 2　退回发票及报销单，并告知后续处理方法。

注：该发票属于不完整发票，应退回开具单位加盖印章方能报销。

☞ 业务 1-14 审核差旅费报销单

【活动目标】掌握原始凭证审核方法,能对审核后的原始凭证作出正确的处理。

【业务流程】是否真实→是否合法合理→是否完整→是否正确→是否及时。

【业务资料】2014 年 12 月 18 日,销售员杨晓兰出差回来到财务部报销差旅费。请审核所附单据(见图 1-100～图 1-107)的正确性。如果无误,请盖章;如果有误,请在相应的单据上标明错误点。(杨晓兰出差原因:考察市场;出差时间:2014 年 12 月 5～14 日,共 10 天;出差地点:北京)

差旅费报销单

2014年 12月 18日

所属部门	销售部				姓名	杨晓兰	出差天数	自 12月 05日至 12月 14日共 10天
出差事由	考察市场				借旅支费	日期	金额¥	
						结算金额:¥		
出发		到达		起止地点	交通费	住宿费	伙食费	其他
月	日	月	日					
12	05	12	05	南宁—北京	1 300.00			
12	05	12	14	北京—北京	175.00	1 200.00	500.00	
12	14	12	14	北京—南宁	1 665.00			
10	10	10	11	北京—南宁	455. 00			
合计				⊗拾 ⊗万 伍仟 贰佰 玖拾 伍元 零角 零分 ¥5 295.00				

总经理: 财务经理: 部门经理: 会计: 出纳: 报销人:杨晓兰

图 1-100 差旅费报销单

航空运输电子客票行程单

ITINERARY/RECEIPT OF E-TICKET FOR AIR TRANSPORT

印刷序号:4531302845 7 SERIAL NUMBER:

旅客姓名 NAME OF PASSENGER: 杨晓兰

有效身份证件号码 I.D.NO.: 320324198009183489

签注 ENDORSEMENTS/RESTRICTIONS (CARBON): 不得签名

	承运人 CARRIER	航班号 FLIGHT	座位等级 CLASS	日期 DATE	时间 TIME	客票级别/客票类别 FARE BASIS	客票生效日期 NOTVALID BEFORE	有效截止日期 NOTVALID AFTER	免费行李 ALLOW
自 FROM 南宁	NN	1376	Y	05DEC	1800	Y100			20KG
至 TO 北京	BJ	CA							
至 TO									
至 TO									
至 TO									

	票价 FARE	机场建设费 AIRPORT TAX	燃油附加费 FUEL SURCHARGE	其他税费 OTHER TAXES	合计 TOTAL
CNY	1 200.00	50.00	50.00		CNY1 300.00

电子客票号码 E-TICKET NO. 1376788340920　验证码 CK. 9057　提示信息 INFORMATION　保险费 INSURANCE

销售单位代号 AGENT CODE. NN00410040000　填开单位 ISSUED BY 中国票务航空公司　填开日期 DATE OF ISSUE 2014-12-05

验真网址:WWW.TRAVELSKY.COM 服务热线:400-815-8888 短信验真:发送JP至10669018

付款凭证 RECEIPT　手写无效 INVALID IN HANDWRITING

图 1-101 航空运输电子客票行程单(南宁—北京)

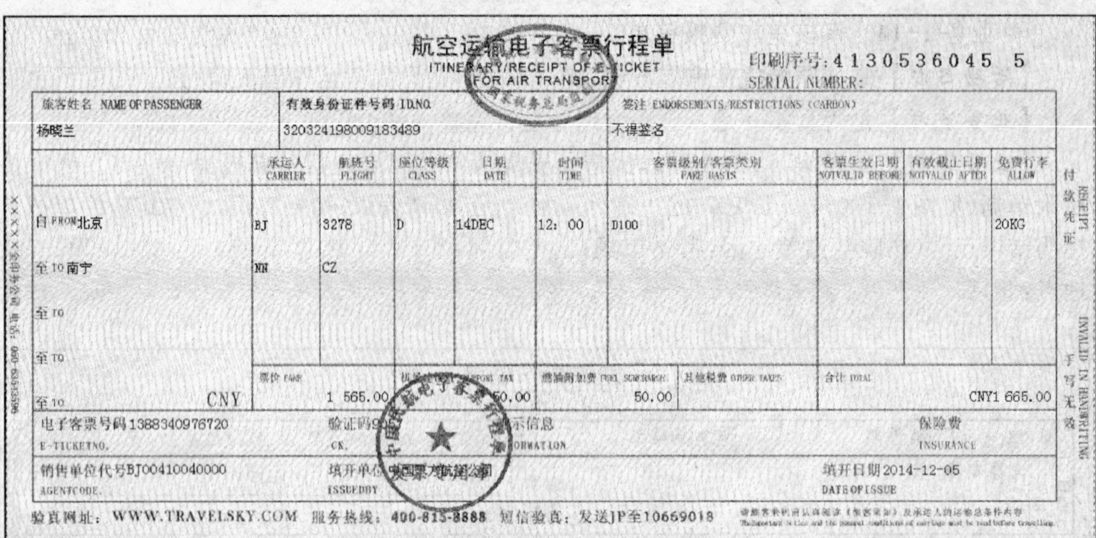

航空运输电子客票行程单
ITINERARY/RECEIPT OF E-TICKET FOR AIR TRANSPORT

印刷序号：4130536045 5
SERIAL NUMBER:

旅客姓名 NAME OF PASSENGER	有效身份证件号码 ID.NO.	签注 ENDORSEMENTS/RESTRICTIONS (CARBON)
杨晓兰	320324198009183489	不得签名

	承运人 CARRIER	航班号 FLIGHT	座位等级 CLASS	日期 DATE	时间 TIME	客票级别/客票类别 FARE BASIS	客票生效日期 NOT VALID BEFORE	有效截止日期 NOT VALID AFTER	免费行李 ALLOW
自 FROM 北京	BJ	3278	D	14DEC	12:00	D100			20KG
至 TO 南宁	NN	CZ							
至 TO									
至 TO									
至 TO CNY	票价 FARE 1 565.00		机场建设费 AIRPORT TAX 50.00		燃油附加费 FUEL SURCHARGE 50.00	其他税费 OTHER TAXES	合计 TOTAL CNY1 665.00		

电子客票号码 E-TICKET NO. 1388340976720　验证码 CK.　提示信息 INFORMATION　保险费 INSURANCE

销售单位代号 AGENT CODE BJ00410040000　填开单位 ISSUED BY 中国东方航空公司　填开日期 DATE OF ISSUE 2014-12-05

验真网址：WWW.TRAVELSKY.COM　服务热线：400-815-8888　短信验真：发送JP至10669018

付款凭证 RECEIPT　手写无效 INVALID IN HANDWRITING

图 1-102　航空运输电子客票行程单(北京—南宁)

[电脑打印 手写无效]
Computer print handwriting is invalid

北京服务业通用发票
INVOICE FOR BEIJING SERVICE INDUSTRY

发票联
INVOICE

发票代码 RECEIPT CODE 012945637812
发票号码 INVOICE NUMBER 01190122

开票日期 INVOICE DATE：2014年12月14日

机打代码 PRINTING CODE 机打号码 PRINTING NUMBER 机器编号 PRINTING MACHINE NUMBER		密码区 PASSWORD	
付款方名称 NAME OF PAYER	南宁机械厂	纳税人识别号 TAXPAY'S ID CODE	450100747961161
项目名称 PROJECT		金额（元）AMOUNT (RMB)	
住宿费		1 200.00	
合计金额（元）（大写）TOTAL AMOUNT (RMB) IN CHINESE	壹仟贰佰元整	￥1 200.00	
备注：REMARK:		开票单位名称 NAME OF INVOICE DRAWER	瑞丽国际大酒店
		纳税人识别号 TAXPAY'S ID CODE	110106803905454

开票人 INVOICE DRAWER：李莉　开票单位签章 SEAL OF INVOICE DRAWER：发票专用章

开具范围：除国际货物运输代理、国际海运业船舶代理、报关代理、餐饮代理、美容美发以外的代理、旅店、旅游、仓储、租赁、广告及其他服务业务。
Issuing Scope: The business of agent, hotel, tourism, storage, tenancy, advertisement and other commercial service except the international freight forwarding, international shipping agency, customs clearance agent, catering & foot massage and beauty industry.

第二联 发票联（INVOICE）

图 1-103　住宿费发票

Y003212863
北京西　T5　南宁
Beijingxi → Nan ning
2014年10月10日15:48开　09车 80号
¥455.00元　硬卧下
限乘当日当次车

图 1-104　火车票(北京西—南宁)

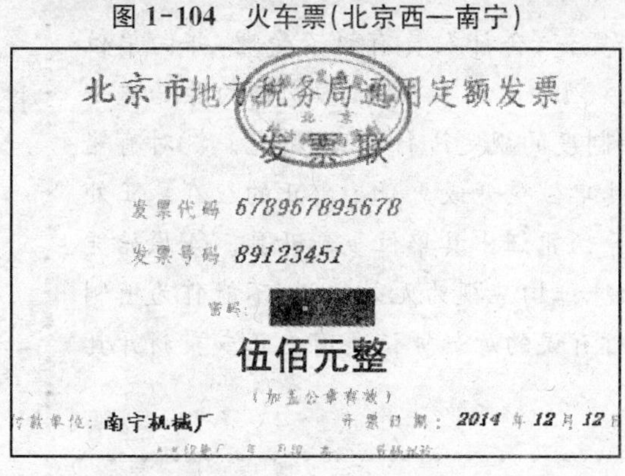
北京市地方税务局通用定额发票
发票联
发票代码 678967895678
发票号码 89123451
密码:
伍佰元整
(加盖公章有效)
付款单位:南宁机械厂　开票日期:2014年12月12日

图 1-105　定额发票

北京市客运出租车统一发票
TAXI RECEIPT
发票联
发票代码: 242010967889
发票号码: 42246245
发票查询电话: (010) 82420110
服务监督电话: (010) 82633333
手写无效

车号:	京A7893
证号:	09812784
日期:	2014年12月05日
上车:	20:35
下车:	21:21
单价:	3.00
里程:	20.33
等候:	00.08.00
金额:	65.00
卡号:	
原额:	
余额:	

税号: 098684762187

图 1-106　出租车票

北京市客运出租车统一发票
TAXI RECEIPT
发票联
发票代码: 242010989678
发票号码: 42244562
发票查询电话: (010) 82420110
服务监督电话: (010) 82633333
手写无效

车号:	京A8921
证号:	81209314
日期:	2014年12月14日
上车:	09:05
下车:	09:59
单价:	3.00
里程:	35.00
等候:	00.09.00
金额:	110.00
卡号:	
原额:	
余额:	

税号: 073456846298

图 1-107　出租车票

【岗位任务】审核原始凭证。

【操作步骤】

步骤 1　审核发票。定额发票没有开具单位的发票专用章,属于不完整凭证,不能报销;火车票的日期为10月10日,本次差旅的时间为12月5日至12月14日,所以不能在本次差旅费中报销。

步骤 2　将相关单据及差旅报销单退还销售员杨晓兰,并告知原因及处理意见。

知识链接

原始凭证的审核

1. 原始凭证审核注意事项

(1) 原始凭证审核不能涂改、挖补。

(2) 从外单位取得的原始凭证,必须加盖有填制单位的公章;对外开出的原始凭证,必须加盖本单位的公章;白条不能充当原始凭证。

(3) 自制原始凭证必须有经办单位的领导或者由单位领导人指定的人员签名或者盖章。

(4) 购买实物的原始凭证,必须有验收证明,或使用部门、使用人的领用签名。

(5) 支付款项的原始凭证,必须有收款单位或收款人的收款证明,不能仅以支付款项的有关凭证代替。

（续上）

(6) 发生销货退回的，除填制退货发票外，还必须有退货验收证明；退款时，必须取得对方的收款收据或者汇款银行的凭证，不得以退货发票代替收据。

(7) 职工公出借款凭据，必须附在记账凭证之后。收回借款时，应当另开收据或者退还借据副本，不得退还原借款收据。

2. 原始凭证审核后的处理

(1) 原始凭证审核无误，根据原始凭证编制记账凭证，原始凭证附在记账凭证后面。

(2) 原始凭证审核有误：①对不真实的原始凭证，会计人员有权不受理，并向单位负责人报告，请求查明原因，追究当事人的责任。②对记载不准确，不完整的原始凭证予以退回，并要求经办人员按照国家统一的会计制度的规定进行更正、补充。③对有错误的原始凭证，要按照规定进行错误更正：由开具单位重开或更正。更正的应在更正处加盖出具单位印章；金额错误不得更正，只能由原始凭证出具单位重新开具。④原始凭证记载的各项内容均不得涂改，凡涂改过的原始凭证均应视为无效凭证，不能作为填制记账凭证或登记会计账簿的依据。⑤开具单位对有误的原始凭证负有更正或重新开具的法律义务，不得拒绝。

【岗位实践任务】

任务资料：

(1) 生产部艾峥报销交通费（相关单据见图 1-108～图 1-113）。

报销单

填报日期：2014 年 12 月 31 日　　　　单据及附件共 14 张

姓名	艾峥	所属部门	生产部	报销形式	现金	
				支票号码		
报销项目		摘要		金额		备注：
交通费		12月份市内交通费		332		
合		计		￥332.00		
金额大写：⊗ 拾 ⊗ 万 ⊗ 仟 叁 佰 叁 拾 贰 元 零 角 零 分				原借款： 0.00 元	应退(补)款： 332.00 元	

总经理：　财务经理：　部门经理：　会计：　出纳：　报销人：艾峥

图 1-108 报销单

Y003286213 售
南宁 K1234 广州
Nanning → Guangzhou
2014年12月19日16:50开 06车 80号
¥195.00元 硬卧下
限乘当日当次车

图 1-109 火车票

南宁市客运出租车统一发票
TAXI RECEIPT
发票联
发票代码: 210914201601
发票号码: 45241339
发票查询电话: (020) 82114200
服务监督电话: (020) 80990333
手写无效
车号: 桂A7893
证号: 09812784
日期: 2014年12月05日
上车: 20:35
下车: 20:53
单价: 3.00
里程: 12.00
等候: 00.05.00
金额: 40.00
卡号:
原额:
余额:
机号: 098684762187

图 1-110 出租车票

南宁市客运出租车统一发票
TAXI RECEIPT
发票联
发票代码: 242011310921
发票号码: 45024513
发票查询电话: (020) 82114200
服务监督电话: (020) 80990333
手写无效
车号: 桂A8993
证号: 09812314
日期: 2014年12月17日
上车: 09:05
下车: 09:41
单价: 3.00
里程: 18.00
等候: 00.08.00
金额: 60.00
卡号:
原额:
余额:
机号: 098684734526

图 1-111 出租车票

南宁市客运定额发票
发票联
发票号码 00055793
无人售票 票价: 伍元

图 1-112 公交车车票(5 元面值,共 5 张)

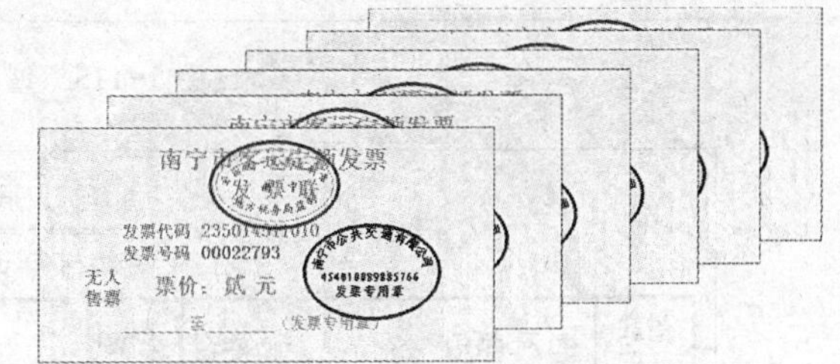
南宁市客运定额发票
发票联
发票号码 00022793
无人售票 票价: 贰元

图 1-113 公交车车票(2 元面值,共 6 张)

(2) 所购办公用品入库(相关单据见图 1-114)。

入 库 单

2014 年 12 月 02 日　　　　单号 09874652

交来单位及部门	南宁市华兴商贸	发票号码或生产单号码	33029018	验收仓库	材料仓库	入库日期	2014年12月02日

编号	名称及规格	单位	数量		实际价格		计划价格		价格差异
			交库	实收	单价	金额	单价	金额	
01	文件夹	个	10	10	15.00	150.00			
02	笔记本	本	120	120	8.00	960.00			
	合　　计					¥1 110.00			

仓库联

部门经理:　　会计:　　仓库: 邓长明　　经办人: 王刚

图 1-114 入库单

(3) 采购材料款项尚未支付,材料尚未收到(相关单据见图 1-115)。

(4) 生产部门李兴出差借款(相关单据见图 1-116)。

(5) 报销办公费(相关单据见图 1-117 和图 1-118)。

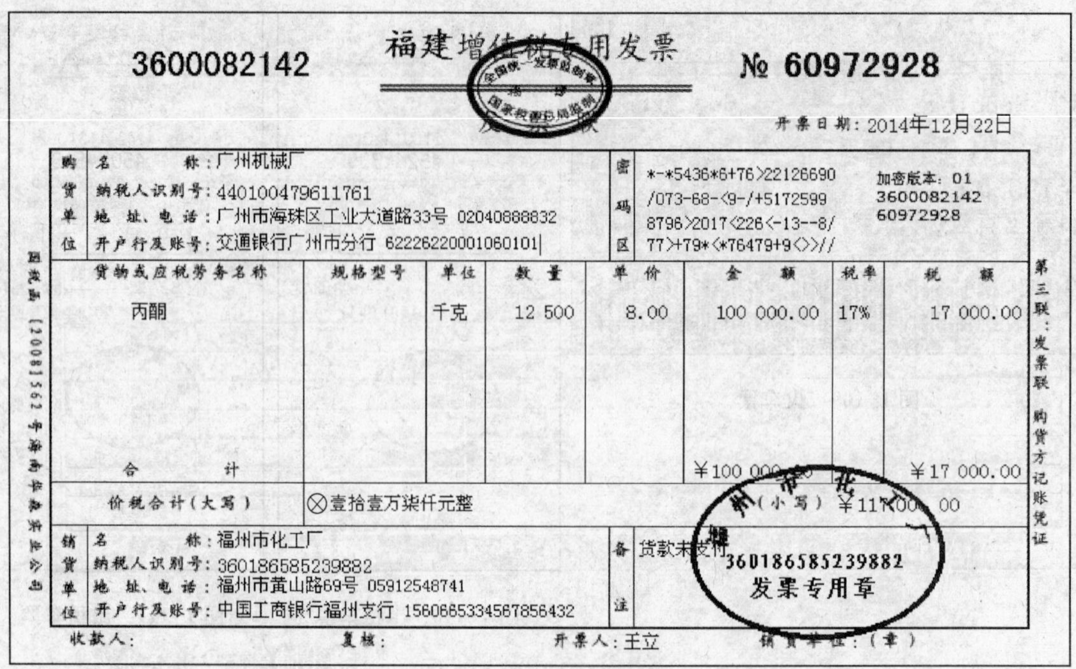

3600082142 福建增值税专用发票 № 60972928

发票联

开票日期：2014年12月22日

		密码区	
购货单位	名称：广州机械厂 纳税人识别号：440100479611761 地址、电话：广州市海珠区工业大道路33号 02040888832 开户行及账号：交通银行广州市分行 62226220001060101	密码区	*-*5436*6+76>22126690 /073-68-<9-/+5172599 8796>2017<226<-13--8/ 77>+79*<*76479+9<>>// 加密版本：01 3600082142 60972928

货物或应税劳务名称	规格型号	单位	数量	单价	金额	税率	税额
丙酮		千克	12 500	8.00	100 000.00	17%	17 000.00
合计					¥100 000.00		¥17 000.00
价税合计（大写）	⊗壹拾壹万柒仟元整				（小写）¥117 000.00		

		备注	
销货单位	名称：福州市化工厂 纳税人识别号：360186585239882 地址、电话：福州市黄山路69号 05912548741 开户行及账号：中国工商银行福州支行 1560665334567856432	备注	货款未支付 360186585239882 发票专用章

收款人： 复核： 开票人：王立 销货单位：（章）

国税函[2008]562号海南华森实业公司

第三联：发票联 购货方记账凭证

图 1-115 增值税专用发票

借款单

2014 年 12 月 05 日　　第 00113 号

借款部门	生产部门	姓名	李兴	事由	公差
借款金额（大写）	⊗万 壹 仟 陆 佰 零 拾 零 元 零 角 零 分		¥ 1 500.00		
部门负责人签署		借款人签章	李兴	注意事项	一、凡借用公款必须使用本单 二、出差返回后三天内结算
单位领导批示		财务经理审核意见			

图 1-116 借款单

入库单

2014 年 12 月 02 日　　单号 09874652

交来单位及部门	南宁市华兴商贸		发票号码或生产单号码	33029018		验收仓库	第一仓库	入库日期	2014年12月02日		
编号	名称及规格	单位	数量		实际价格		计划价格		价格差异		仓库联
			交库	实收	单价	金额	单价	金额			
01	文件夹	个	10	10	15.00	150.00					
02	笔记本	本	120	120	8.00	960.00					
合计						¥110.00					

部门经理：　　会计：　　仓库：邓长明　　经办人：王刚

图 1-117 入库单

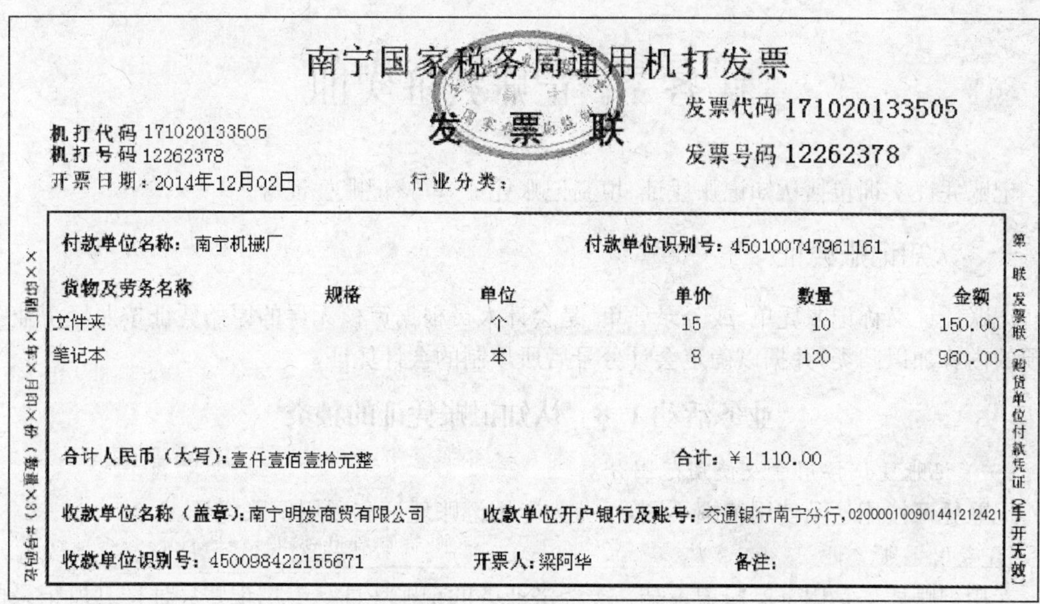

南宁国家税务局通用机打发票

发 票 联

机打代码 171020133505
机打号码 12262378
开票日期：2014年12月02日　　行业分类：

发票代码 171020133505
发票号码 12262378

付款单位名称：南宁机械厂　　付款单位识别号：450100747961161

货物及劳务名称	规格	单位	单价	数量	金额
文件夹		个	15	10	150.00
笔记本		本	8	120	960.00

合计人民币（大写）：壹仟壹佰壹拾元整　　合计：￥1 110.00

收款单位名称（盖章）：南宁明发商贸有限公司　　收款单位开户银行及账号：交通银行南宁分行，020000100901441212421

收款单位识别号：450098422155671　　开票人：梁阿华　　备注：

第二联 发票联（购货单位付款凭证）（手开无效）

××印刷厂×年×月印×份（数量×3）#号码起

图 1-118　通用机打发票

（6）收到会务费发票(相关单据见图 1-119)。

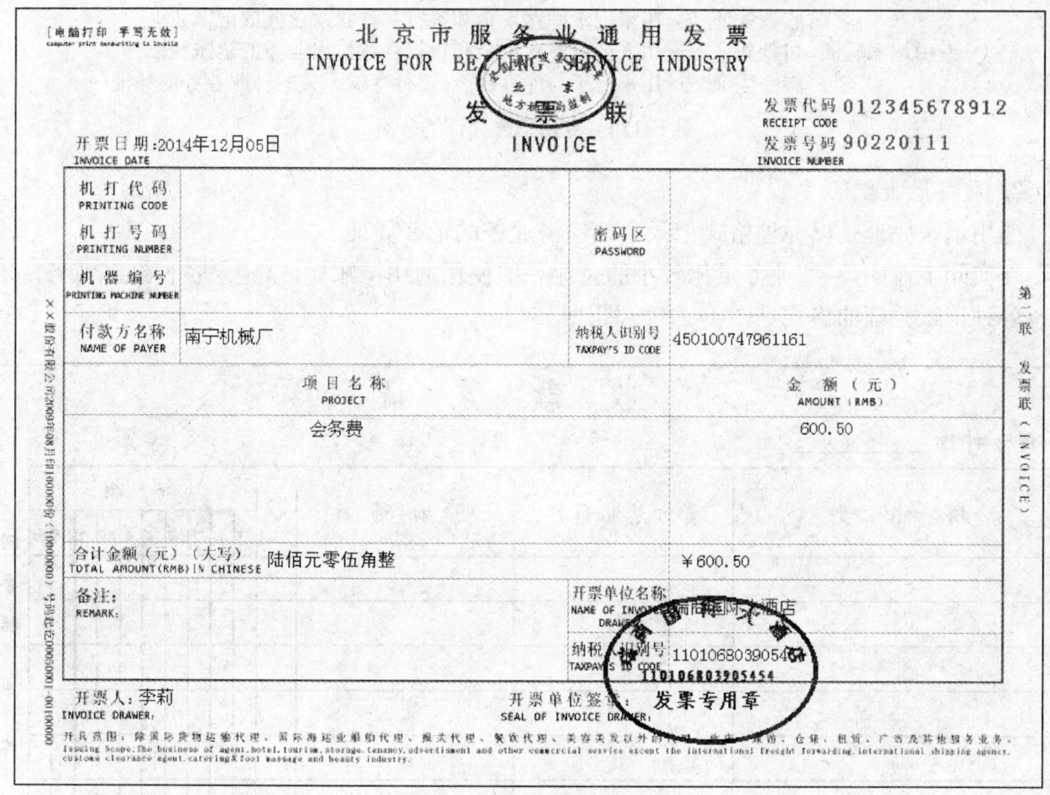

[电脑打印 手写无效]

北京市服务业通用发票
INVOICE FOR BEIJING SERVICE INDUSTRY

发 票 联
INVOICE

开票日期：2014年12月05日 INVOICE DATE

发票代码 012345678912 RECEIPT CODE
发票号码 90220111 INVOICE NUMBER

机打代码 PRINTING CODE		密码区 PASSWORD	
机打号码 PRINTING NUMBER			
机器编号 PRINTING MACHINE NUMBER			
付款方名称 NAME OF PAYER	南宁机械厂	纳税人识别号 TAXPAYER'S ID CODE	450100747961161
项目名称 PROJECT		金额（元）AMOUNT（RMB）	
会务费		600.50	
合计金额（元）（大写） TOTAL AMOUNT(RMB) IN CHINESE	陆佰元零伍角整	￥600.50	
备注： REMARK:		开票单位名称 NAME OF INVOICE DRAWER	北京南海国际大酒店
		纳税人识别号 TAXPAYER'S ID CODE	110106803905454

开票人：李莉 INVOICE DRAWER:　　开票单位签章：发票专用章 SEAL OF INVOICE DRAWER:

开具范围：除国际货物运输代理、国际海运业船舶代理、报关代理、餐饮代理、美容美发以外的代理、旅店、旅游、仓储、租赁、广告及其他服务业务。
Issuing Scope: The business of agent, hotel, tourism, storage, tenancy, advertisement and other commercial service except the international freight forwarding, international shipping agency, customs clearance agent, catering & foot massage and beauty industry.

第二联 发票联（INVOICE）

图 1-119　服务业通用发票

任务要求：审核原始凭证。如果原始凭证无误，请在复核处签名；如有误，请指出错误之处并提出处理意见。

任务二 记账凭证实训

记账凭证实训包括认知记账凭证、填制记账凭证、审核记账凭证等。

一、认知记账凭证

记账凭证又称记账凭单，或分录凭单，是会计人员根据审核无误的原始凭证按照经济业务事项的内容加以归类，并据以确定会计分录后所填制的会计凭证。

业务活动 1-8 认知记账凭证的种类

（一）记账凭证按用途及使用范围分类

记账凭证按用途及使用范围不同，可分为专用记账凭证和通用记账凭证。

1. 专用记账凭证

专用记账凭证是用来专门记录某一类经济业务的记账凭证。专用记账凭证按其所记录的经济业务与库存现金和银行存款的收付有无关系，又分为收款凭证、付款凭证和转账凭证三种（见图 1-120）。

专用记账凭证
- 收款凭证——用来记录库存现金和银行存款收入业务的记账凭证
- 付款凭证——用来记录库存现金和银行存款付出业务的记账凭证
- 转账凭证——用来记录与库存现金、银行存款无关的转账业务的凭证

图 1-120 专用记账凭证的分类

2. 通用记账凭证

通用记账凭证是以一种格式记录全部经济业务的记账凭证。

在实际工作中，一些业务量比较小的企业一般使用通用记账凭证，记录各种经济业务。

各种记账凭证的格式见图 1-121～图 1-124。

收 款 凭 证

借方科目 ______ 年 月 日 字第 号

摘 要	贷方总账科目	明 细 科 目	√	金额									
				千	百	十	万	千	百	十	元	角	分
合 计													

附单据 张

财务主管： 记账： 出纳： 审核： 制单：

图 1-121 收款凭证

付 款 凭 证

贷方科目________ 年 月 日 字第 号

摘 要	借方总账科目	明 细 科 目	√	金 额									
				千	百	十	万	千	百	十	元	角	分
合 计													

附单据 张

财务主管： 记账： 出纳： 审核： 制单：

图 1-122 付款凭证

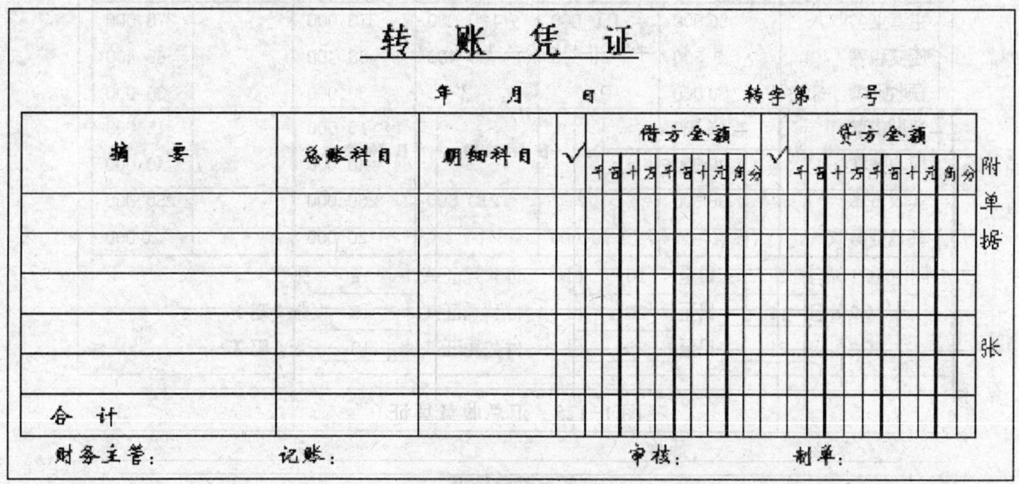

转 账 凭 证

年 月 日 转字第 号

摘 要	总账科目	明细科目	√	借方金额										√	贷方金额									
				千	百	十	万	千	百	十	元	角	分		千	百	十	万	千	百	十	元	角	分
合 计																								

附单据 张

财务主管： 记账： 审核： 制单：

图 1-123 转账凭证

记 账 凭 证

年 月 日 记字第 号

摘 要	总账科目	明细科目	√	借方金额										√	贷方金额									
				千	百	十	万	千	百	十	元	角	分		千	百	十	万	千	百	十	元	角	分
合 计																								

附单据 张

财务主管： 记账： 出纳： 审核： 制单：

图 1-124 通用记账凭证

(二) 记账凭证按是否经过汇总分类

记账凭证按其是否经过汇总,可以分为汇总记账凭证和非汇总记账凭证。

1. 汇总记账凭证

汇总记账凭证是根据同类记账凭证定期加以汇总而重新编制的记账凭证。其目的是为了简化登记总分类账的手续。汇总记账凭证根据汇总方法的不同,可分为分类汇总凭证和全部汇总凭证两种。

(1) 分类汇总凭证。分类汇总凭证是根据一定期间的记账凭证按其种类分别汇总填制的汇总记账凭证,如汇总收款凭证(见图 1-125)、汇总付款凭证、汇总转账凭证(见图 1-126)等。

(企业名称)

汇总收款凭证

借方科目:银行存款　　2013 年 2 月　　汇收字第 1 号

贷方科目	金		额		记	账
	(1)	(2)	(3)	合计	借方	贷方
主营业务收入	50 000	150 000	120 000	370 000		370 000
应交税费	8 500	31 500	20 400	68 400		68 400
预收账款	30 000			30 000		30 000
短期借款	15 000			15 000		15 000
应收账款	40 000			40 000		40 000
实收资本	36 500		213 500	250 000		250 000
其他业务收入		20 000		20 000		20 000

附注:(1)自 1 日至 10 日 付款凭证共计 12 张

(2)自 11 日至 20 日 付款凭证共计 15 张(略)

(3)自 21 日至 28 日 付款凭证共计 10 张(略)

图 1-125　汇总收款凭证

汇总转账凭证

2014 年 12 月

贷方账户:原材料　　第 1 号

贷方账户	金		额		总账页数	
	(1) 1~10 日转账凭证 第1~23号	(2) 11~20 日转账凭证 第24~45号	(3) 21~31 日转账凭证 第46~69号	合计	借方	贷方
生产成本	14 000			14 000	15	9
制造费用		1 000		1 000	17	9
管理费用			5 000	5 000	22	9
合计	14 000	1 000	5 000	20000		

会计:　　记账:　　审核:　　填制:

图 1-126　汇总转账凭证

(2) 全部汇总凭证。全部汇总凭证(见图 1-127)是根据一定期间的记账凭证全部汇总填制的。

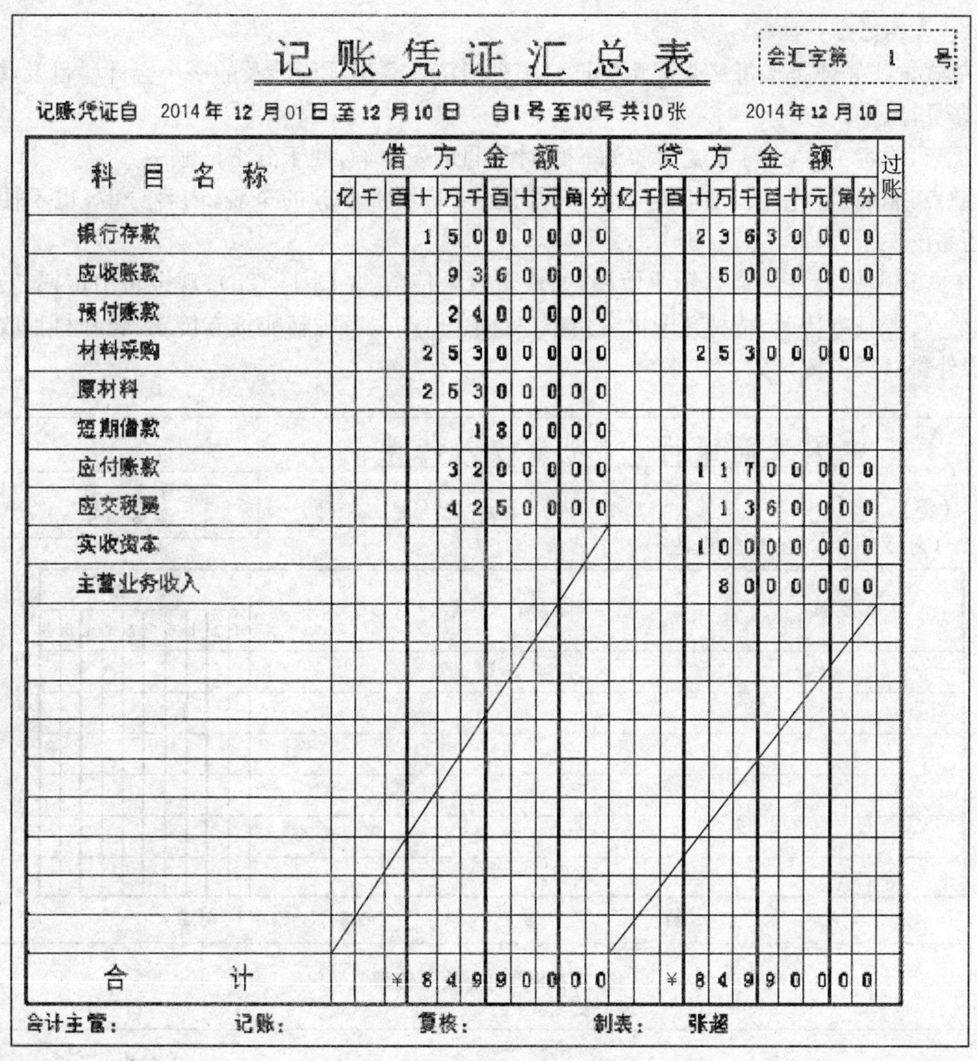

记账凭证汇总表

会汇字第 1 号

记账凭证自 2014年12月01日至12月10日 自1号至10号共10张 2014年12月10日

科目名称	借方金额											贷方金额											过账
	亿	千	百	十	万	千	百	十	元	角	分	亿	千	百	十	万	千	百	十	元	角	分	
银行存款				1	5	0	0	0	0	0	0				2	3	6	3	0	0	0	0	
应收账款					9	3	6	0	0	0	0					5	0	0	0	0	0	0	
预付账款					2	4	0	0	0	0	0												
材料采购				2	5	3	0	0	0	0	0				2	5	3	0	0	0	0	0	
原材料				2	5	3	0	0	0	0	0												
短期借款						1	8	0	0	0	0												
应付账款					3	2	0	0	0	0	0				1	1	7	0	0	0	0	0	
应交税费					4	2	5	0	0	0	0					1	3	6	0	0	0	0	
实收资本															1	0	0	0	0	0	0	0	
主营业务收入																8	0	0	0	0	0	0	
合计			¥	8	4	9	9	0	0	0	0			¥	8	4	9	9	0	0	0	0	

会计主管： 记账： 复核： 制表： 张超

图1-127 全部汇总凭证

2. 非汇总记账凭证

非汇总记账凭证是没有经过汇总的记账凭证，前面介绍的收款凭证、付款凭证和转账凭证以及通用记账凭证都是非汇总记账凭证。

（三）记账凭证按编制方法分类

记账凭证按其编制方法不同分为复式记账凭证和单式记账凭证。

1. 复式记账凭证（又称多科目凭证）

复式记账凭证是指将每一笔经济业务事项所涉及的全部会计科目及其发生额均在同一张记账凭证中反映的一种凭证。

优点：可以集中反映一项经济业务的科目对应关系，便于了解有关经济业务的全貌，减少凭证数量节约纸张等。

缺点：不便于汇总计算每一个会计科目的发生额。

专用记账凭证（收款凭证、付款凭证和转账凭证）和通用记账凭证均为复式记账凭证。

2. 单式记账凭证(又称单科目凭证)

单式记账凭证是指每一张记账凭证只填列经济业务事项所涉及的一个会计科目及其金额的记账凭证。

优点:内容单一,便于汇总计算每一会计科目的发生额,便于分工记账。

缺点:制证工作量大,且不能在一张凭证上反映经济业务的全貌,内容分散,也不便于查账,还易出差错。

单式记账凭证多是金融企业使用,如现金收入传票(见图 1-128)、现金付出传票、转账借方传票、转账贷方传票、特种转账借方传票(见图 1-129)、特种转账贷方传票、表外科目收入传票、表外科目贷方传票等。

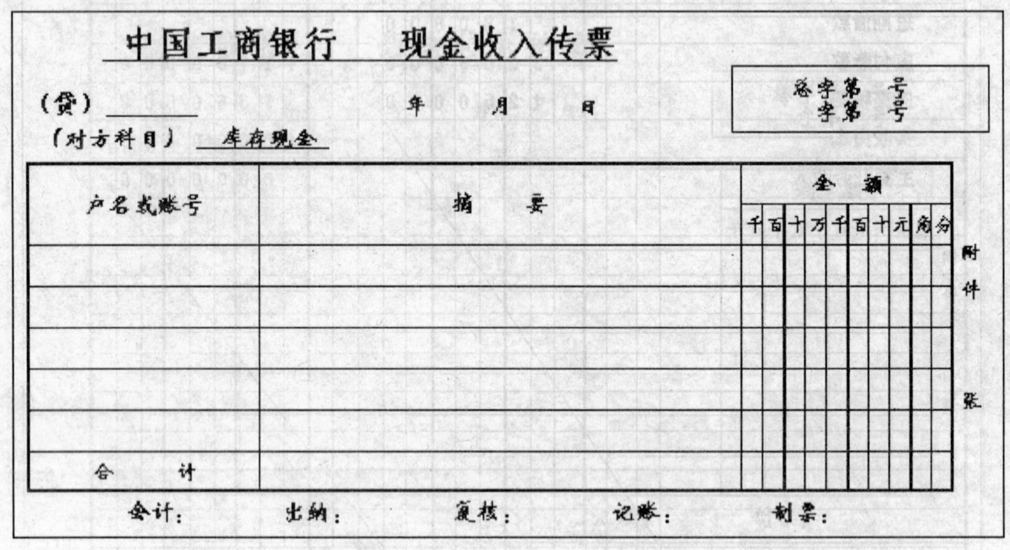

中国工商银行　现金收入传票

(贷)______　　年　月　日　　总字第　号 / 字第　号

(对方科目)　库存现金

户名或账号	摘　要	金额（千 百 十 万 千 百 十 元 角 分）
合　计		

附件　张

会计:　出纳:　复核:　记账:　制票:

图 1-128　现金收入传票

中国工商银行　特种转账借方传票

年　月　日　　总字第　号 / 字第　号

付款单位	全　称		收款单位	全　称	
	账号或地址			账号或地址	
	开户银行	行号		开户银行	行号
金额	人民币(大写)				千 百 十 万 千 百 十 元 角 分
原始凭证金额					
原始凭证名称		凭证编号			
转账原因	银行盖章		科目(借) 对方科目(贷) 复核　记账		

附单据　张

图 1-129　特种转账借方传票

业务活动 1-9　认知记账凭证的基本内容

记账凭证的基本内容(见图 1-130)包括以下几方面:①记账凭证的名称和填制日期。②记账凭证的编号。③经济业务的内容摘要,应借、应贷会计科目(包括明细科目)的名称,方向和金额。④记账符号(过账标志)。⑤所附原始凭证的张数。⑥制单、复核、记账、出纳、会计主管等有关人员的签章。

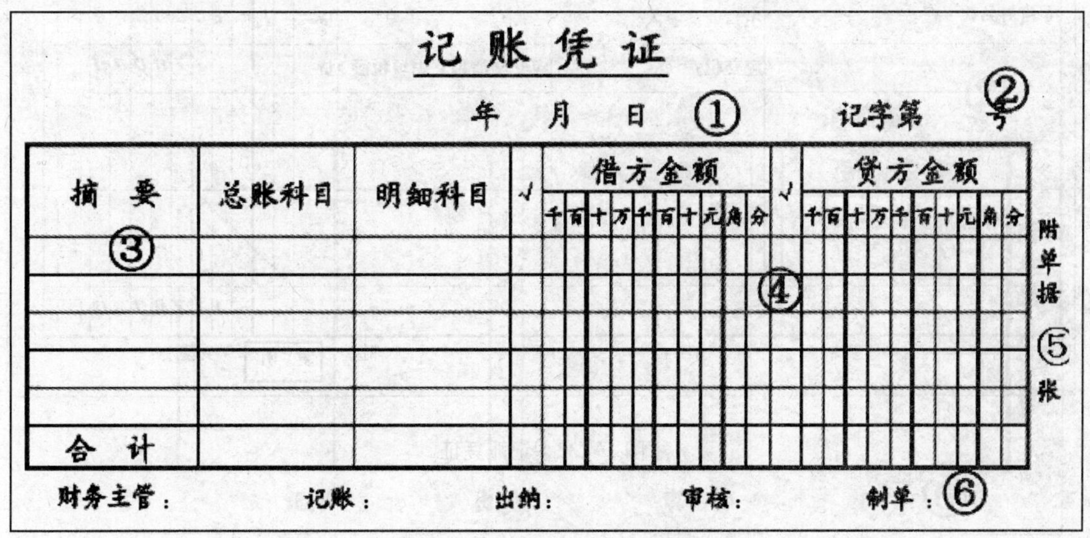

记账凭证

年　月　日 ①　　　　记字第　号 ②

摘　要	总账科目	明细科目	√	借方金额 千百十万千百十元角分	√	贷方金额 千百十万千百十元角分
③					④	
合　计						

附单据 ⑤ 张

财务主管:　　记账:　　出纳:　　审核:　　制单:⑥

图 1-130　记账凭证基本内容

【岗位实践任务】

任务资料:记账凭证见图 1-131～图 1-133。

付　款　凭　证

银付 字第 001 号

贷方科目:银行存款　　　　2014年12月01日

摘　要	总账科目	明细科目	借或贷	千	百	十	万	千	百	十	元	角	分	√
提取现金备发工资	库存现金		借				2	0	0	0	0	0	0	
合　　计						¥	2	0	0	0	0	0	0	

附单据 1 张

会计主管:　　记账:　　出纳:　　复核:　　制单:黄明　　受款人:

图 1-131　记账凭证

收 款 凭 证

现收 字第 **001** 号

借方科目：**库存现金** **2014**年**12**月**01**日

摘　要	对方科目：总账科目	对方科目：明细科目	借或贷	千	百	十	万	千	百	十	元	角	分	√
零售商品款	主营业务收入		贷				1	0	0	0	0	0	0	□
	应交税费	应交增值税（销项税额）	贷					1	7	0	0	0	0	□
														□
														□
														□
														□
合		计				¥	1	1	7	0	0	0	0	□

附单据 **1** 张

会计主管：　记账：　出纳：　复核：　制单：**黄 明**　受款人：

图 1-132　记账凭证

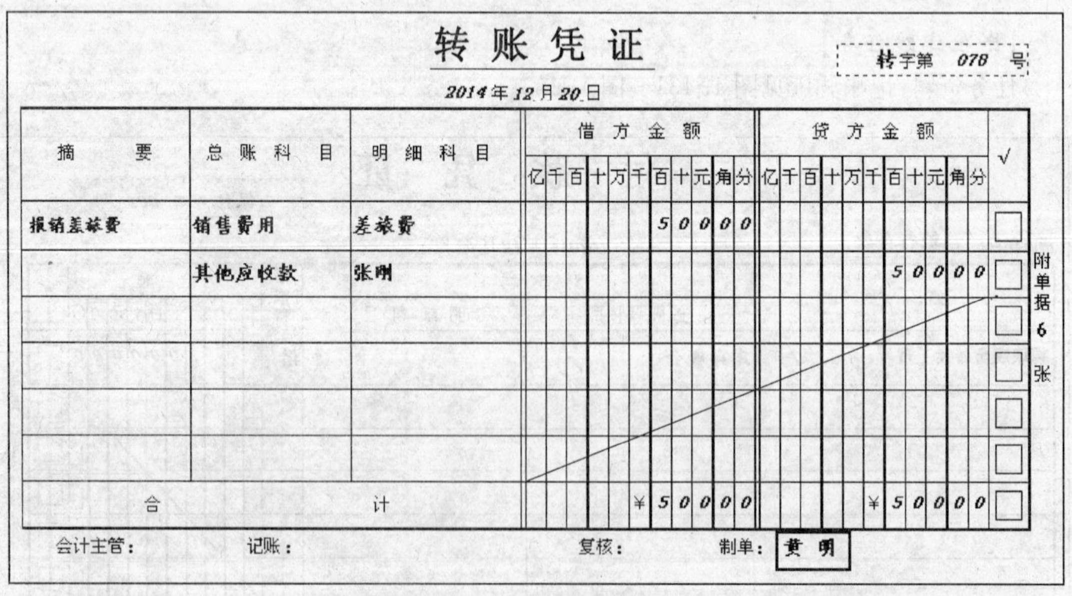

转 账 凭 证

转字第 **078** 号

2014年**12**月**20**日

摘　要	总账科目	明细科目	借方金额：亿	千	百	十	万	千	百	十	元	角	分	贷方金额：亿	千	百	十	万	千	百	十	元	角	分	√
报销差旅费	销售费用	差旅费							5	0	0	0	0												□
	其他应收款	张刚																		5	0	0	0	0	□
																									□
																									□
																									□
																									□
合		计						¥	5	0	0	0	0						¥	5	0	0	0	0	□

附单据 **6** 张

会计主管：　记账：　复核：　制单：**黄 明**

图 1-133　记账凭证

任务要求：指出记账凭证的种类，并说出该记账凭证的基本内容。

二、填制记账凭证

业务活动 1-10　认知填制记账凭证的操作步骤

步骤 1　审核原始凭证。

只有审核无误的原始凭证方可作为记账凭证的编制依据；记账凭证可根据一张或若干张原始凭证汇总填制，但不同类型、不同会计期间的业务不能汇总填制在一张记账凭证上。

步骤 2　正确选用记账凭证。

(1) 现金、银行存款业务：涉及“库存现金”、“银行存款”收款业务应选用“收款凭证”；涉及“库存现金”、“银行存款”付款业务应选用“付款凭证”；如该笔业务既涉及“库存现金”又涉及“银行存款”，则只选用“付款凭证”。

(2) 转账业务：不涉及“库存现金”、“银行存款”的转账业务选用“转账凭证”。

(3) 收支业务不多的单位，为了方便核算可以使用通用记账凭证。

步骤 3　根据审核无误的原始凭证编制记账凭证。

(1) 填写凭证日期。填写日期一般是财会人员填制记账凭证的当天日期，也可以根据管理需要，填写经济业务发生的日期或月末日期。付款业务按付出现金当日或开出付款凭证当日填写；收款业务按收到现金当日、银行入账当日填写，如实际收款日与收到凭证日期不一致的，则按填写收款凭证的日期填写；属于计提和分配费用等转账业务的记账凭证，应以当月最后的日期填写。

(2) 填写凭证编号。凭证的编号一般有三种填写方法：

第一种：将 1 个月内的全部业务统一编号。根据业务发生时间的先后顺序填写“第×号”，如第一张为“第 1 号”，适用于通用记账凭证的编号。

第二种：将 1 个月内的全部业务，按收、付、转三种业务进行编号。如收款业务按业务顺序填写“收字第×号”；付款业务按业务顺序填写“付字第×号”等；转账业务按转账业务发生的先后顺序填写“转字第×号”等。

第三种：将 1 个月内的全部业务，分现收、银收、现付、银付、转账五类进行编号。如根据现金收入业务按业务顺序填写“现收字第×号”；银行存款收入业务按业务顺序填写“银收字第×号”；现金付款业务按业务顺序填写“现付字第×号”；银行存款付款业务按业务顺序填写“银付字第×号”；转账业务按业务发生的先后顺序填写“转字第×号”等。

注：记账凭证的编号应分月按自然数 1、2、3、4、5…顺序连续编号，一张凭证编 1 个号，不得跳号、重号。如果一项经济业务需要填制两张或两张以上的记账凭证时，可采用“分数编号法”编号。如第一笔业务有两张凭证，则第一张为 $1\frac{1}{2}$，第二张为 $1\frac{2}{2}$。

(3) 填写记账凭证的内容摘要。摘要填写的要求为：真实准确、简明扼要、完整清楚。

(4) 填写会计科目（总账、明细账）、确定记账方向、填写金额和合计金额。收款凭证和付款凭证左上方“借方科目”或“贷方科目”应填写“库存现金”或“银行存款”科目。凭证上一个借方科目可对应一个或多个贷方科目，一个贷方科目可对应一个或多个借方科目，即“一借一贷”、“一借多贷”或“一贷多借”，一般不能出现“多借多贷”的情况，但对于一些特殊业务，为了集中反映该项经济业务的全貌，可采用多借多贷的对应关系而不必人为的分开。

记账凭证金额要与原始凭证一致；金额要写至分位，且元、角、分要在同一水平线上，不能上下错开；合计金额前标明人民币符号“¥”，借贷方合计要平衡。

(5) 注销空行。一般用斜线或S形线注销空行，要注意斜线两端不能画到有金额数字的行次上。

(6) 注明原始凭证张数。除结账和更正错误的记账凭证可以不附原始凭证外，其他记账凭证必须附有原始凭证；如果一张原始凭证涉及几张记账凭证，可以把原始凭证附在一张主要的记账凭证后面，在摘要栏注明“本凭证附件包括××号记账凭证业务”字样，并在其他相关记账凭证上注明“原始凭证附在××号记账凭证后面”的字样。

记账凭证附件张数的计算方法：凡属于转账业务原始凭证张数的计算，以构成记账凭证金额的张数为准，其他被汇总的原始凭证则作为附件的附件处理，不计算其张数；凡属于收付款业务的原始凭证张数的计算，均以自然张数为准，但如系交通、差旅费、医药费等报销单据，可粘贴在一张原始凭证的粘贴单上，作为一张原始凭证的附件。

对于过宽、过长的附件的处理：按记账凭证大小先自右向后，再自下向后两次折叠

对于过窄、过短的附件的处理：在原始凭证粘贴单或与记账凭证同等大小的纸张上粘贴，粘贴时应横向进行，从右向左，一张压一张进行粘贴。

(7) 制单员签章。填制完成的记账凭证，后续处理的每一位经手人员(如出纳、审核、记账等)都要求签章。

业务活动 1-11 认知填制记账凭证的基本要求

记账凭证填制的要求有以下几个方面：

(1) 填制记账凭证应选择钢笔或碳素笔。用蓝黑墨水或碳素墨水书写。

(2) 要以审核无误的原始凭证为依据，除结账和更正错误外，记账凭证必须附有原始凭证并注明原始凭证的张数。

(3) 根据经济业务，正确选用凭证类别，只涉及库存现金和银行存款之间收付的经济业务，应以付款业务为主，只填制付款凭证，不填制收款凭证，以免重复。

(4) 凭证要连续编号，一笔经济业务需要2张以上记账凭证的可采用分数编号法。

(5) 摘要应与原始凭证内容一致，能正确反映经济业务的主要内容，表述简单精练。

(6) 正确填制会计科目、正确确定记账方向和金额。

(7) 记账凭证应按行次逐笔填写，不得跳行或留有空行。

(8) 填制记账凭证时若发生错误应当重新填制，已登记入账的按正确的错账更正法更正。

业务活动 1-12 填制记账凭证

☞ 业务 1-15 填制收款凭证

【活动目标】会填制收款凭证。

【业务流程】审核原始凭证→选择收款凭证→填写日期、编号→填写借方科目→填写摘要、科目名称→填写金额→填写合计金额→注销空行→填写附单据张数→制单签章。

【业务资料】2014年12月3日，南宁机械厂收回欠款，相关收款业务单据见图1-134。

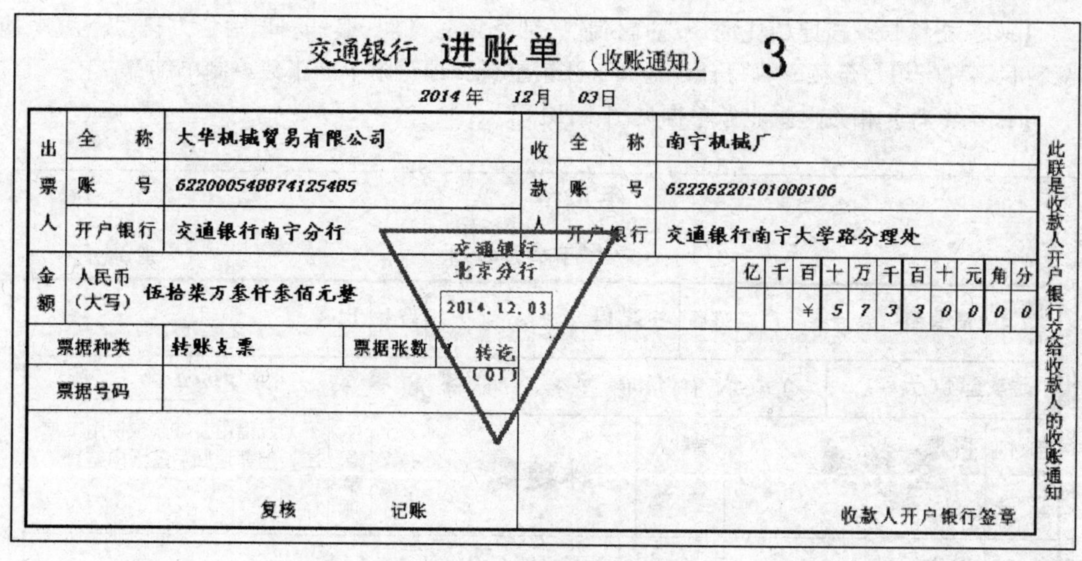

交通银行　进账单（收账通知）　3

2014年　12月　03日

出票人	全　称	大华机械贸易有限公司	收款人	全　称	南宁机械厂
	账　号	622000548874125485		账　号	62226220101000106
	开户银行	交通银行南宁分行		开户银行	交通银行南宁大学路分理处
金额	人民币（大写）	伍拾柒万叁仟叁佰元整			¥573300.00
票据种类	转账支票	票据张数	1		
票据号码					
	复核　记账				收款人开户银行签章

交通银行北京分行 2014.12.03 转讫（01）

此联是收款人开户银行交给收款人的收账通知

图 1-134　进账单(收账通知)

【岗位任务】填写收款凭证。

【操作步骤】

步骤 1　审核原始凭证以确保无误。

步骤 2　选用收款凭证。

步骤 3　填写收款凭证(见图 1-135,凭证编号:银收字第 001 号)。

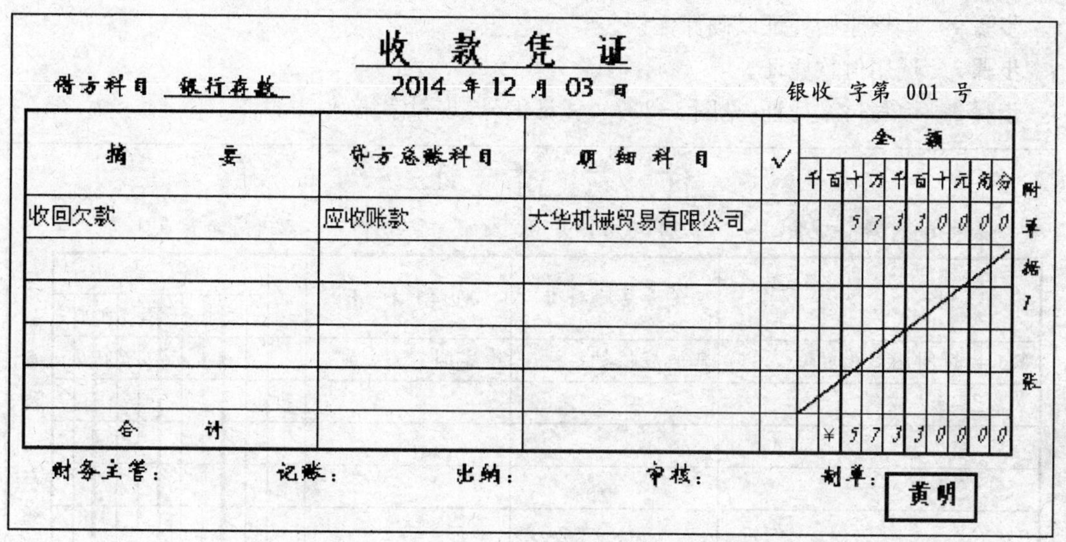

收　款　凭　证

借方科目　银行存款　　2014 年 12 月 03 日　　银收 字第 001 号

摘　要	贷方总账科目	明细科目	√	金额（千百十万千百十元角分）
收回欠款	应收账款	大华机械贸易有限公司		57330000
合　计				¥57330000

附单据 1 张

财务主管：　记账：　出纳：　审核：　制单：黄明

图 1-135　收款凭证

☞ **业务 1-16　填制付款凭证**

【活动目标】会填制付款凭证。

【业务流程】审核原始凭证→选择付款凭证→填写日期、编号→填写贷方科目→填写摘要、科目名称→填写金额→填写合计金额→注销空行→填写附单据张数→制单签章。

【操作资料】相关付款业务单据见图 1-136。

借　款　单

2014年12月05日　　　　第098723号

借款部门	销售部	姓名	林建国	事由	出差
借款金额（大写）	⊗万 贰 仟 伍 佰 零 拾 零 元 零 角 零 分		¥ 2 500.00		
部门负责人签署	同意 董艳燕	借款人签章	林建国	注意事项	一、凡借用公款必须使用本单 二、出差返回后三天内结算
单位领导批示	同意 张友达 2014.12.05	财务经理审核意见	吴有为 2014.12.05		

图 1-136　借款单

【岗位任务】填写付款凭证。

【操作步骤】

步骤 1　审核原始凭证以确保无误。

步骤 2　选用付款凭证。

步骤 3　填写付款凭证（见图 1-137），凭证编号：现付字第 001 号。

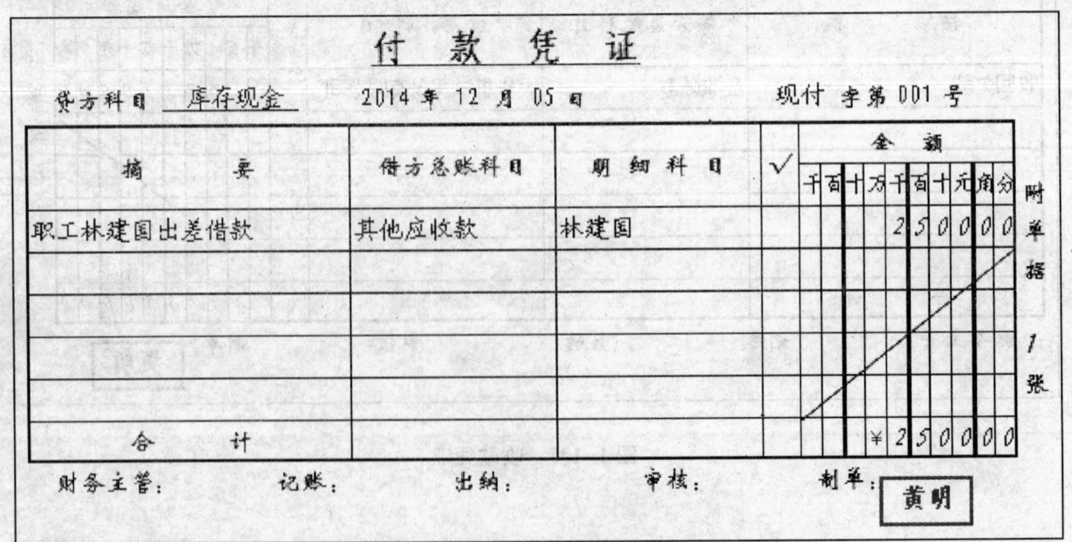

付　款　凭　证

贷方科目 库存现金　　2014 年 12 月 05 日　　现付 字第 001 号

摘　要	借方总账科目	明细科目	✓	千	百	十	万	千	百	十	元	角	分
职工林建国出差借款	其他应收款	林建国						2	5	0	0	0	0
合　计							¥	2	5	0	0	0	0

附单据 1 张

财务主管：　　记账：　　出纳：　　审核：　　制单：黄明

图 1-137　付款凭证

☞ 业务 1-17 填制转账凭证

【活动目标】会填制转账凭证。

【业务流程】审核原始凭证→选择转账凭证→填写日期、编号→填写摘要、科目名称→确定记账方向和金额→填写合计金额→注销空行→填写附单据张数→制单签章。

【业务资料】相关业务单据见图 1-138 和图 1-139。

销 售 单

购货单位：上海市龙光贸易公司　地址和电话：上海市光华路23号 0216558955　单据编号：5011260078

纳税识别号：310189035428543　开户行及账号：交通银行上海分行 140200010019200165673　制单日期：2014.12.21

编码	产品名称	规格	单位	单价	数量	金额	备注
01	铣床		台	30 000.00	2	60 000.00	
02	台式钻床		台	3 500.00	20	70 000.00	
合计	人民币（大写）：壹拾叁万元整					¥130 000.00	

第三联：记账联

总经理：张友达　销售经理：李莉　经手人：何钦　会计：黄 明

图 1-138 销售单

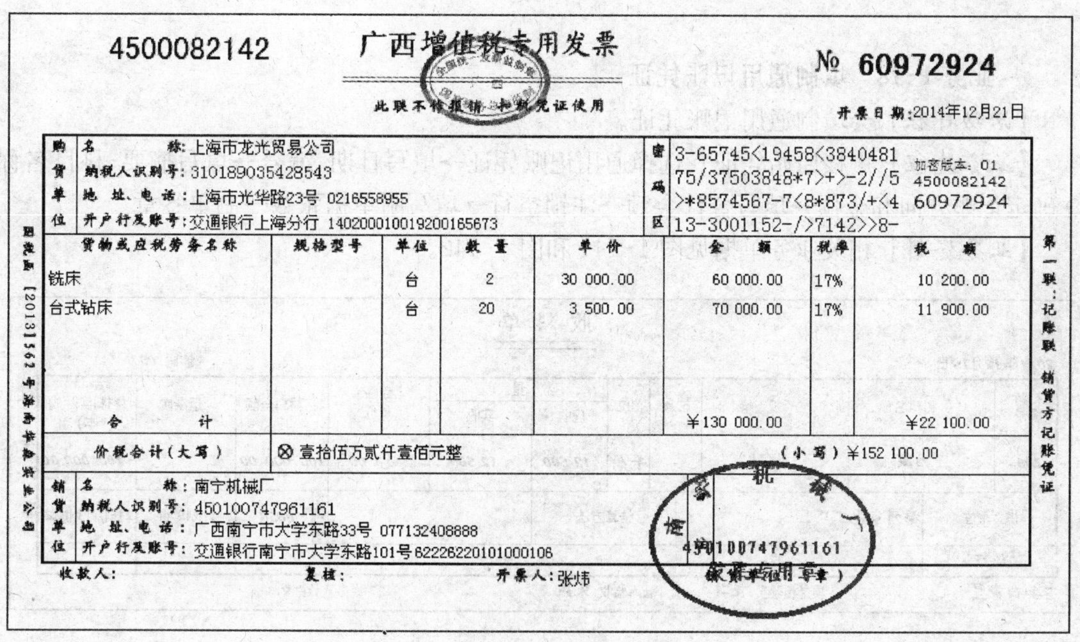

4500082142　**广西增值税专用发票**　№ 60972924

此联不作报销、扣税凭证使用　开票日期：2014年12月21日

购货单位	
名 称	上海市龙光贸易公司
纳税人识别号	310189035428543
地 址、电 话	上海市光华路23号 0216558955
开户行及账号	交通银行上海分行 140200010019200165673

密码区：3-65745<19458<3840481 75/37503848*7>+>-2//5 >*8574567-7<8*873/+<4 13-3001152-/>7142>>8-　加密版本：01 4500082142 60972924

货物或应税劳务名称	规格型号	单位	数量	单价	金额	税率	税额
铣床		台	2	30 000.00	60 000.00	17%	10 200.00
台式钻床		台	20	3 500.00	70 000.00	17%	11 900.00
合 计					¥130 000.00		¥22 100.00
价税合计（大写）	⊗壹拾伍万贰仟壹佰元整				（小写）¥152 100.00		

销货单位	
名 称	南宁机械厂
纳税人识别号	450100747961161
地 址、电 话	广西南宁市大学东路33号 077132408888
开户行及账号	交通银行南宁市大学东路101号62226220101000106

收款人：　复核：　开票人：张炜　（销货单位章）

第一联：记账联 销货方记账凭证

图 1-139 增值税专用发票

【岗位任务】填写转账凭证。

【操作步骤】

步骤 1　审核原始凭证以确保无误。

步骤 2 选用转账凭证。

步骤 3 填写转账凭证(见图 1-140,凭证编号:转字第 066 号)。

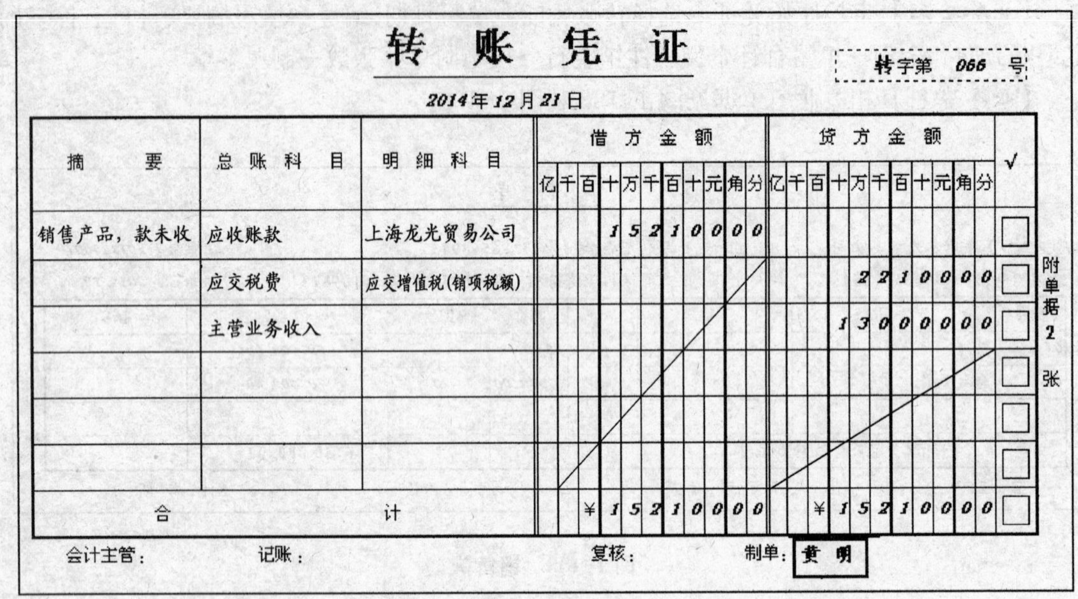

转 账 凭 证

转字第 066 号

2014年12月21日

摘要	总账科目	明细科目	借方金额(亿千百十万千百十元角分)	贷方金额(亿千百十万千百十元角分)	✓
销售产品，款未收	应收账款	上海龙光贸易公司	15210000		
	应交税费	应交增值税(销项税额)		2210000	
	主营业务收入			13000000	
合		计	¥15210000	¥15210000	

附单据 2 张

会计主管： 记账： 复核： 制单：黄明

图 1-140 转账凭证

☞ **业务 1-18 填制通用记账凭证**

【**活动目标**】会填制通用记账凭证。

【**业务流程**】审核原始凭证→选择通用记账凭证→填写日期、编号→填写摘要、科目名称→确定记账方向和金额→填写合计金额→注销空行→填写附单据张数→制单签章。

【**业务资料**】相关业务单据见图 1-141 和图 1-142。

收料单

2014年12月10日　　编码:08

材料编号	材料名称	规格	材质	单位	数量 应收	数量 实收	实际单价	材料金额	运杂费	合计(材料实际成本)
A06	丙酮	SW10	—	千克	12 500	12 500	8.00	100 000.00		¥100 000.00
供货单位	福州市化工厂		结算方法			合同号	Q058	计划单价		材料/计划成本
备注	—							—		—

会计联

主管:白晓星　质量检验员:王英　仓库验收:朱燕　经办人:李克

图 1-141 收料单

【**岗位任务**】填写通用记账凭证。

【**操作步骤**】

步骤 1 审核原始凭证以确保无误。

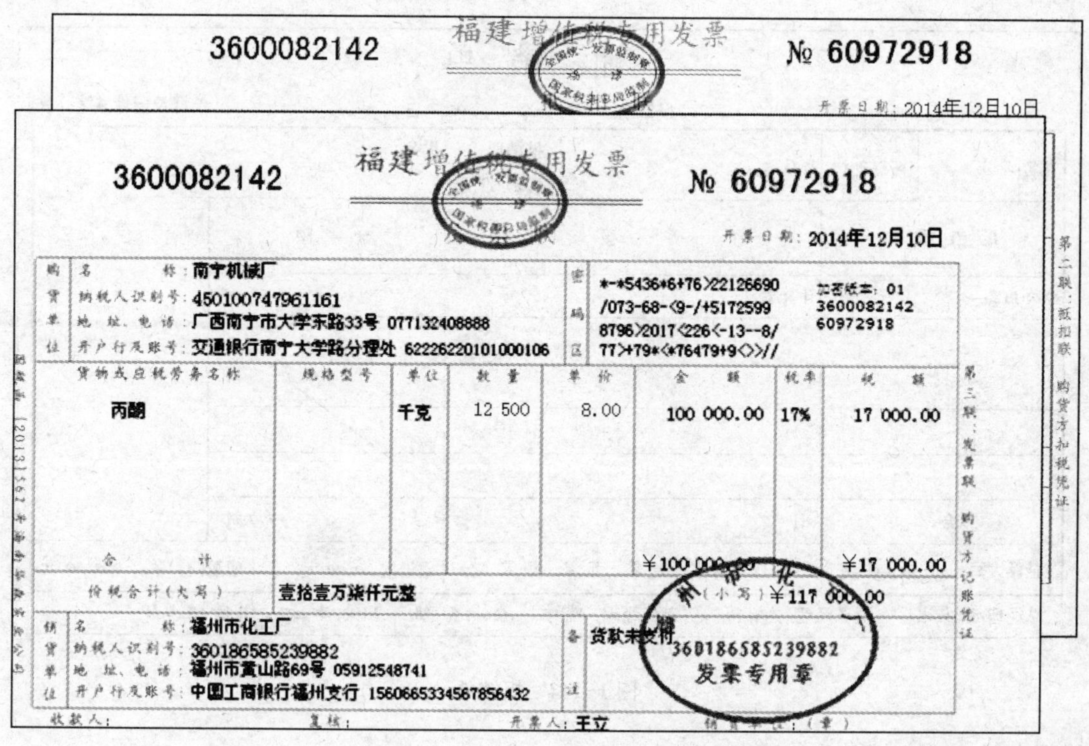

福建增值税专用发票

3600082142　　№ 60972918

开票日期：2014年12月10日

购货单位	名称：南宁机械厂 纳税人识别号：450100747961161 地址、电话：广西南宁市大学东路33号 077132408888 开户行及账号：交通银行南宁大学路分理处 62226220101000106	密码区	*-*5436*6+76>22126690 /073-68-<9-/+5172599 8796>2017<226<-13--8/ 77>+79*<*76479+9<>>//	加密版本：01 3600082142 60972918

货物或应税劳务名称	规格型号	单位	数量	单价	金额	税率	税额
丙酮		千克	12 500	8.00	100 000.00	17%	17 000.00
合计					￥100 000.00		￥17 000.00
价税合计（大写）	壹拾壹万柒仟元整				（小写）￥117 000.00		

销货单位	名称：福州市化工厂 纳税人识别号：360186585239882 地址、电话：福州市黄山路69号 05912548741 开户行及账号：中国工商银行福州支行 1560665334567856432	备注	货款未支付

收款人：　　复核：　　开票人：王立　　销货单位：（章）

第二联：抵扣联　购货方扣税凭证　第三联：发票联　购货方记账凭证

图 1-142　增值税专用发票(发票联、抵扣联)

步骤 2　填写记账凭证(见图 1-143,凭证编号:记字第 016 号)。

记　账　凭　证

2014 年 12 月 10 日　　　　记字第 016 号

摘要	总账科目	明细科目	√	借方金额 千	百	十	万	千	百	十	元	角	分	√	贷方金额 千	百	十	万	千	百	十	元	角	分
购买材料	原材料	丙酮				1	0	0	0	0	0	0	0											
	应交税费	应交增值税(进项税额)					1	7	0	0	0	0	0											
	应付账款	福州市化工厂															1	1	7	0	0	0	0	0
合计					¥	1	1	7	0	0	0	0	0			¥	1	1	7	0	0	0	0	0

附单据 2 张

财务主管：　　记账：　　出纳：　　审核：　　制单：黄明

图 1-143　记账凭证

【岗位实践任务】

任务资料：

（一）

(1) 报销办公费(相关单据见图 1-144～图 1-145)。

报 销 单

填报日期：2014 年 12 月 06 日　　　　单据及附件共 1 张

姓名	黄芳	所属部门	行政部	报销形式	现金	
				支票号码		
报销项目		摘要		金额		备注：
办公用品		计算器		500.00		
合		计		¥500.00		
金额大写：⊗ 拾 ⊗ 万 ⊗ 仟 伍 佰 零 拾 零 元 零 角 零 分				原借款：0.00 元	应退(补)款：500.00 元	

总经理：张友达　财务经理：吴有为　部门经理：连伟　会计：黄 明　出纳：李 红　报销人：黄芳

图 1-144 报销单

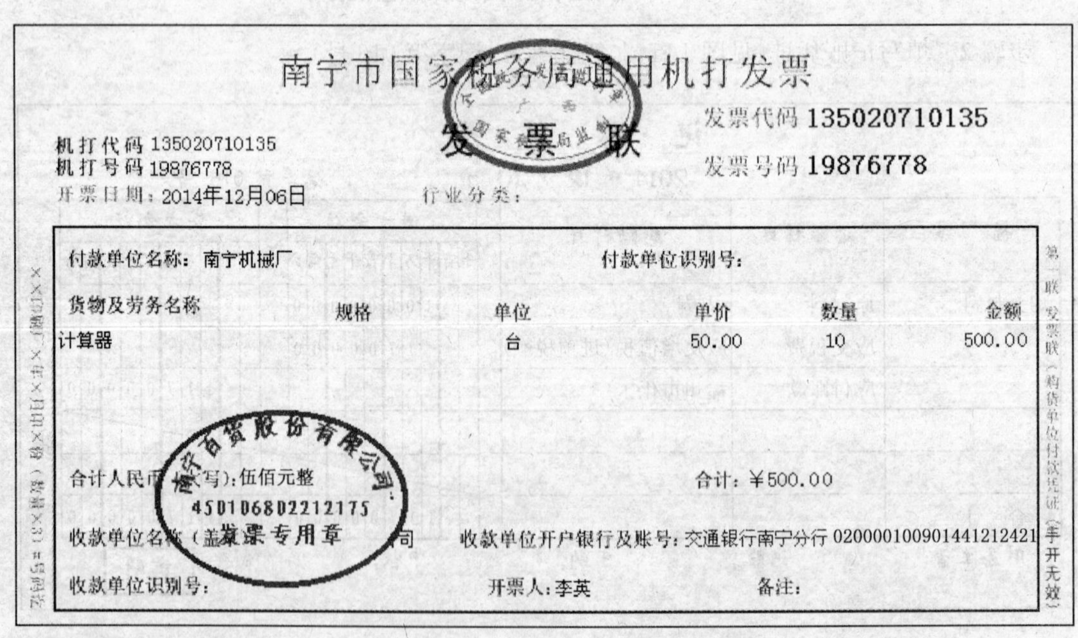

南宁市国家税务局通用机打发票

发票联

机打代码 135020710135　　发票代码 135020710135

机打号码 19876778　　发票号码 19876778

开票日期：2014年12月06日　　行业分类：

付款单位名称：南宁机械厂　　付款单位识别号：

货物及劳务名称	规格	单位	单价	数量	金额
计算器		台	50.00	10	500.00

合计人民币（大写）：伍佰元整　　合计：¥500.00

收款单位名称（盖章）：南宁百货股份有限公司　　收款单位开户银行及账号：交通银行南宁分行 020000100901441212421

收款单位识别号：　　开票人：李英　　备注：

第二联 发票联（购货单位付款凭证）（手开无效）

图 1-145 通用机打发票

(2) 采购材料，款项尚未支付，材料尚未收到（相关单据见图 1-146）。

(3) 向银行借款（相关单据见图 1-147）。

4500082142 广西增值税专用发票 № 60972913

发票联

开票日期：2014年12月08日

购货单位		密码区	
名称：南宁机械厂 纳税人识别号：450100747961161 地址、电话：广西南宁市大学东路33号 077132408888 开户行及账号：交通银行南宁大学路分理处 62226220101000106		*-*5436*6+76>22126690 /073-68-<9-/+5172599 8796>2017<226<-13--8/ 77>+79*<*76479+9<>>//	加密版本：01 4500082142 60972913

货物或应税劳务名称	规格型号	单位	数量	单价	金额	税率	税额
铝棒		千克	1 000	28.00	28 000.00	17%	4 760.00
合计					￥28 000.00		￥4 760.00
价税合计（大写）	叁万贰仟柒佰陆拾元整				（小写）￥32 760.00		

销货单位	备注
名称：平果铝业公司 纳税人识别号：450130527887943 地址、电话：平果市仙湖路111号 0771630765 开户行及账号：中国建设银行平果支行 3400112510005000120	平果铝业公司 450130527887943 发票专用章

收款人： 复核： 开票人：江华 销货单位：（章）

第三联：发票联 购货方记账凭证

图 1-146 采购发票（发票联）

借款借据（收账通知）

借款日期 2014年12月23日 借据编号 201837

收款单位			付款单位		
收款单位	名称	南宁机械厂	付款单位	名称	南宁机械厂
	开户账号	62226220101000106		放款户账号	622209048708091011
	开户银行	交通银行南宁大学路分理处		开户银行	交通银行南宁大学路分理处
借款金额	人民币（大写）捌万元整			千百十万千百十元角分	￥8000000
借款原因及用途	生产周转资金		借款期限	三个月	

你单位上列借款，已转入你单位结算户内。

此致

（银行盖章）

交通银行北京分行 2014.12.23 转讫

此联退还借款单位

图 1-147 银行收账通知（借款借据）

任务要求：审核原始凭证，并编制记账凭证（采用收、付、转专用凭证）。所附记账凭证见图 1-148～图 1-150。

收款凭证

贷方科目 ________　　年　月　日　　字第　号

摘要	借方总账科目	明细科目	√	金额										附单据张
				千	百	十	万	千	百	十	元	角	分	
合计														

会计主管：　记账：　出纳：　审核：　制单：

图 1-148　收款凭证

付款凭证

贷方科目 ________　　年　月　日　　字第　号

摘要	借方总账科目	明细科目	√	金额										附单据张
				千	百	十	万	千	百	十	元	角	分	
合计														

会计主管：　记账：　出纳：　审核：　制单：

图 1-149　付款凭证

转账凭证

年　月　日　　转字第　号

摘要	总账科目	明细科目	借方金额								√	贷方金额								√
			百	十	万	千	百	十	元	角	分	百	十	万	千	百	十	元	角	分
合计																				

会计主管：　记账：　审核：　制单：

图 1-150　转账凭证

(二)

任务资料:

(1) 收取包装物押金(相关单据见图 1-151)。

收款收据

No.00490021

2014年12月05日

今收到南宁百货公司

现金收讫

交来:包装物押金

金额(大写) ⊗拾 ⊗万 肆仟 零佰 零拾 零元 零角 零分

¥ 4 000.00 ☑现金 □支票 □信用卡 □其他

收款单位(盖章)

核准: 会计: 记账: 出纳: 经手人:李红

第三联 交财务

图 1-151 收款收据

(2) 领用材料(相关单据见图 1-152)。

领料单

领料部门:铣床生产车间

用途:生产铣床

2014 年 12 月 16 日

L 第 1405 号

编号	名称	规格	单位	请领	实发	单价	百	十	万	千	百	十	元	角	分
A01	钢材		吨	2	2	3 500.00				7	0	0	0	0	0
合计									¥	7	0	0	0	0	0

(表头:材料〔编号、名称、规格〕;单位;数量〔请领、实发〕;成本〔单价、总价〕)

部门经理:白晓星 会计:黄明 仓库:朱燕 经办人:李晓华

会计联

图 1-152 领料单

(3) 购买专用发票(相关单据见图 1-153)。

(4) 存货清查(相关单据见图 1-154 和图 1-155)。

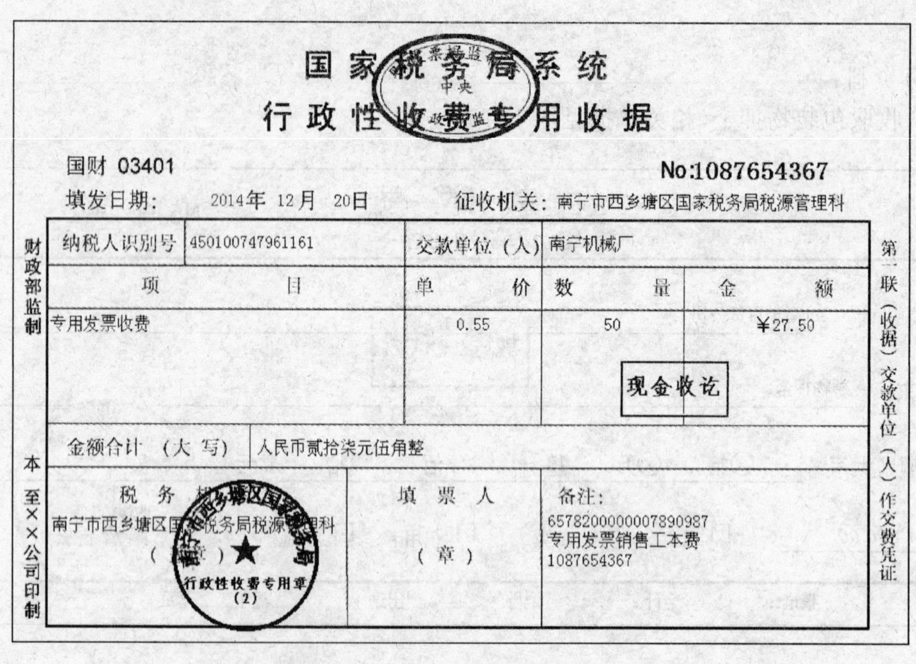

国家税务局系统
行政性收费专用收据

国财 03401　　No:1087654367

填发日期：2014年 12月 20日　　征收机关：南宁市西乡塘区国家税务局税源管理科

纳税人识别号	450100747961161	交款单位（人）	南宁机械厂	
项　目		单　价	数　量	金　额
专用发票收费		0.55	50	¥27.50
			现金收讫	
金额合计（大写）	人民币贰拾柒元伍角整			
税务机关 南宁市西乡塘区国家税务局税源管理科 （章）		填票人 （章）	备注： 6578200000007890987 专用发票销售工本费 1087654367	

财政部监制　本至××公司印制

第二联（收据）交款单位（人）作交费凭证

图 1-153　行政性收费专用收据

财产清查报告

2014 年 12 月 30 日

财产名称	单位	单价	数量		盘盈		盘亏		原因
			账存	实存	数量	金额	数量	金额	
钢材	千克	3.5	1 800	1 790			10	350.00	
合　计			1 800	1 790			10	350.00	

总经理：张友达　财务主管：吴宵葛　保管员：李鹏　制单：黄明

图 1-154　财产清查报告——查明原因前

财产清查报告

2014 年 12 月 30 日

财产名称	单位	单价	数量		盘盈		盘亏		原因
			账存	实存	数量	金额	数量	金额	
钢材	千克	3.5	1 800	1 790			10	350.00	管理不善被盗
合　计			1 800	1 790			10	350.00	

总经理：张友达　财务主管：吴宵葛　保管员：李鹏　制单：黄明

图 1-155　财产清查报告——查明原因后

任务要求：审核原始凭证，编制记账凭证（采用通用记账凭证）。所附通用记账凭证见图1-156～图1-160。

记 账 凭 证

年　月　日　　　　记字第　号

摘要	总账科目	明细科目	√	借方金额										√	贷方金额									
				千	百	十	万	千	百	十	元	角	分		千	百	十	万	千	百	十	元	角	分
合计																								

附单据　张

财务主管：　记账：　出纳：　审核：　制单：

图1-156　通用记账凭证

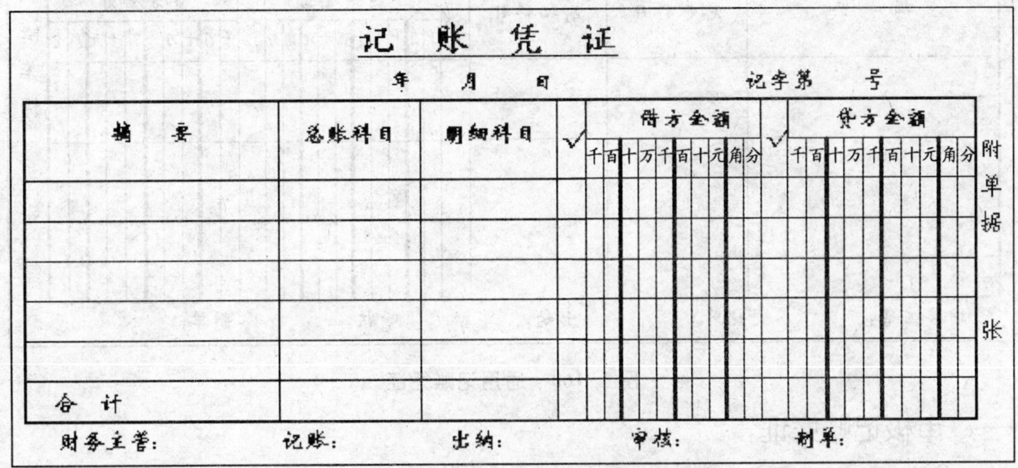

记 账 凭 证

年　月　日　　　　记字第　号

摘要	总账科目	明细科目	√	借方金额										√	贷方金额									
				千	百	十	万	千	百	十	元	角	分		千	百	十	万	千	百	十	元	角	分
合计																								

附单据　张

财务主管：　记账：　出纳：　审核：　制单：

图1-157　通用记账凭证

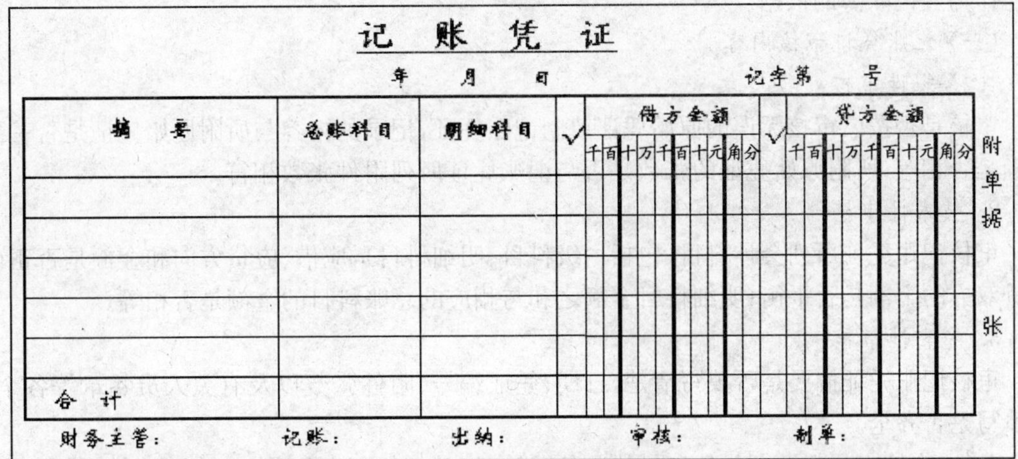

记 账 凭 证

年　月　日　　　　记字第　号

摘要	总账科目	明细科目	√	借方金额										√	贷方金额									
				千	百	十	万	千	百	十	元	角	分		千	百	十	万	千	百	十	元	角	分
合计																								

附单据　张

财务主管：　记账：　出纳：　审核：　制单：

图1-158　通用记账凭证

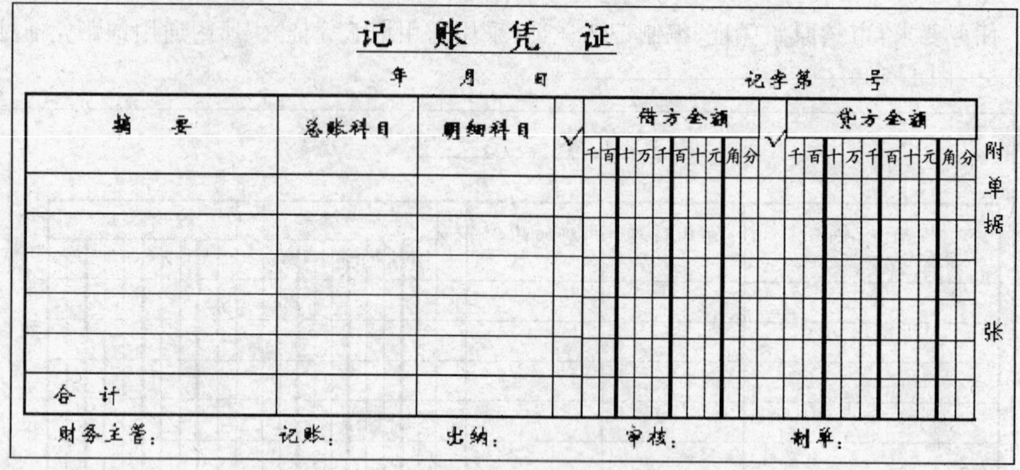

记 账 凭 证

年 月 日 记字第 号

摘要	总账科目	明细科目	√	借方金额										√	贷方金额									
				千	百	十	万	千	百	十	元	角	分		千	百	十	万	千	百	十	元	角	分
合计																								

附单据 张

财务主管： 记账： 出纳： 审核： 制单：

图 1-159 通用记账凭证

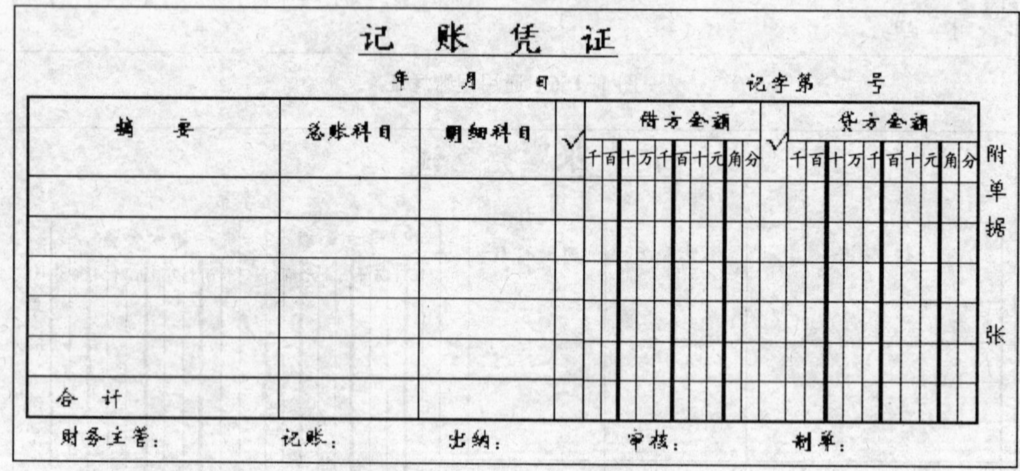

记 账 凭 证

年 月 日 记字第 号

摘要	总账科目	明细科目	√	借方金额										√	贷方金额									
				千	百	十	万	千	百	十	元	角	分		千	百	十	万	千	百	十	元	角	分
合计																								

附单据 张

财务主管： 记账： 出纳： 审核： 制单：

图 1-160 通用记账凭证

三、审核记账凭证

填制好的记账凭证，都必须经过其他会计人员认真的审核，只有经过审核无误后记账凭证才能作为登记账簿的依据。

（一）记账凭证审核内容

1. 合规性审核

审核是否按已审核无误的原始凭证填制记账凭证，记录的内容与所附原始凭证是否一致，金额是否相等；所附原始凭证的张数是否与记账凭证所列附件张数相符。

2. 技术性审核

审核记账凭证所列会计科目（包括一级科目、明细科目），应借、应贷方向和金额是否正确；借贷双方的金额是否平衡；明细科目金额之和与相应的总账科目的金额是否相等。

3. 完整性审核

审核记账凭证摘要是否填写清楚，日期、凭证编号、附件张数以及有关人员签章等各个项目填写是否齐全。

此外，出纳人员在办理收款和付款业务后签章，并在凭证上加盖“收讫”或“付讫”戳记，以避免重收重付。

（二）审核后的处理

在审核过程中，如果记账凭证审核无误，审核会计人员签名或盖章；如果发现差错，应查明原因，按规定办法及时处理和更正。

知识链接

原始凭证与记账凭证审核的异同

相同点：

(1) 真实性：审核原始凭证日期是否真实、业务内容是否真实、数据是否真实等；审核记账凭证是否附有原始凭证为依据，记账凭证的内容是否与原始凭证一致。

(2) 正确性：原始凭证金额计算及填写是否正确；记账凭证科目、记账方向、金额、书写是否正确。

(3) 完整性：填写项目是否齐全。

不同点：

(1) 合法性：审核原始凭证所记录的经济业务是否有违反国家法律、法规规定的情况，是否有贪污腐化等行为；记账凭证没有这一条。

(2) 合理性：审核原始凭证所记录的经济业务是否符合生产经营动的需要等；记账凭证没有这一条。

(3) 及时性：符合要求的原始凭证要及时编制记账凭证，内容不全的、填写错误的原始凭证退回补充完整，不真实、不合法的原始凭证不予接受，并向单位负责人报告；审核无误的记账凭证要求及时入账，如果审核有误应及时与制单员沟通，并由制单员及时更正。

业务活动 1-13 审核记账凭证

☞ 业务 1-19 审核记账凭证

【活动目标】会审核记账凭证。

【业务流程】审核原始凭证→根据审核无误的原始凭证审核记账凭证的各项内容→如正确在审核处签章→如不正确则进行相应处理。

【业务资料】记账凭证及所附原始凭证见图 1-161 和图 1-162。

领 料 单

领料部门：铣床车间

用　途：清洗设备　　　　2014 年 12 月 20 日　　　　05 第　45 号

材料			单位	数量		成本									
						单价	总价								
编号	名称	规格		请领	实发		百	十	万	千	百	十	元	角	分
008	机物料		千克	5	5	25.60					1	2	8	0	0
合计										¥	1	2	8	0	0

会计联

部门经理：白晓星　　会计：黄明　　仓库：朱燕　　经办人：李替

图 1-161 领料单

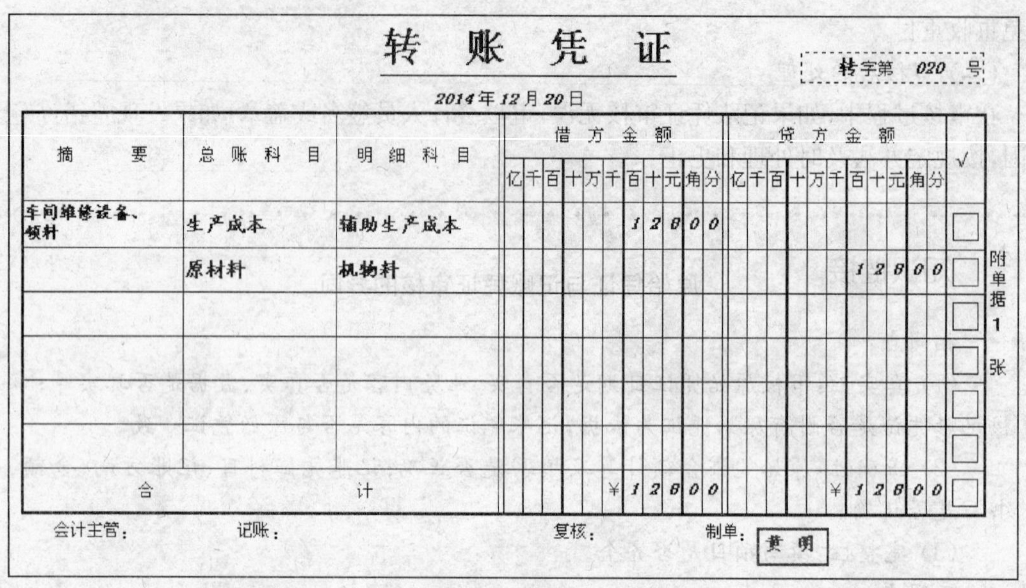

转 账 凭 证

转字第 020 号

2014年12月20日

摘要	总账科目	明细科目	借方金额	贷方金额	√
车间维修设备、领料	生产成本	辅助生产成本	128.00		
	原材料	机物料		128.00	
合计			¥128.00	¥128.00	

附单据 1 张

会计主管： 记账： 复核： 制单：黄明

图 1-162 转账凭证

【岗位任务】审核记账凭证。

【操作步骤】

步骤 1 审核原始凭证以确保无误。

步骤 2 按原始凭证的业务内容审核记账凭证。本业务中，使用的会计科目不对，铣床车间领用的机物料，应先记入“制造费用——铣床车间”科目，而非“生产成本——辅助生产成本”科目。

步骤 3 审核记账凭证的完整性。本业务中，空行没有注销。

步骤 4 要求制单人员重新填写，并经审核会计再一次审核。正确会计凭证见图 1-163。

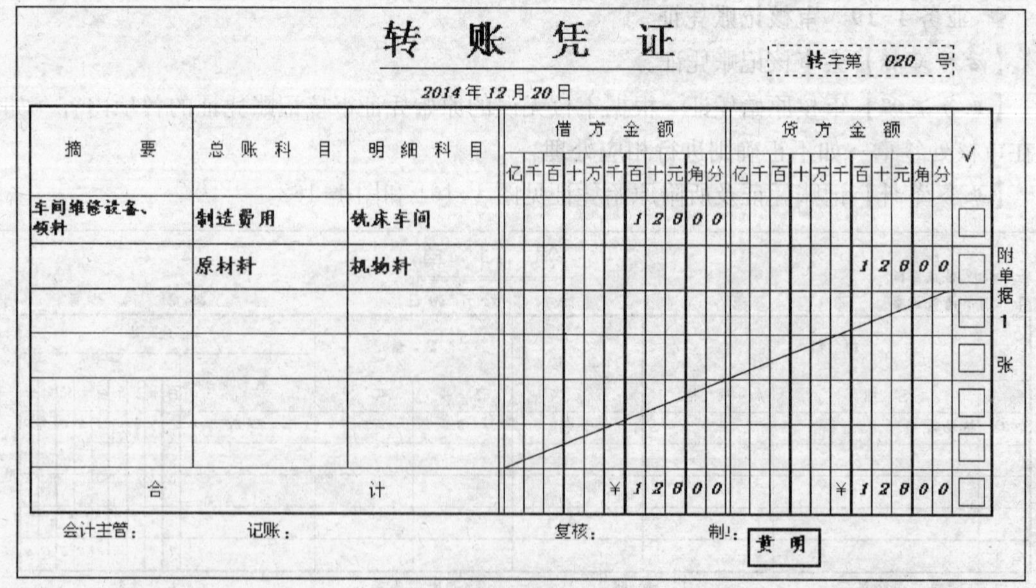

转 账 凭 证

转字第 020 号

2014年12月20日

摘要	总账科目	明细科目	借方金额	贷方金额	√
车间维修设备、领料	制造费用	铣床车间	128.00		
	原材料	机物料		128.00	
合计			¥128.00	¥128.00	

附单据 1 张

会计主管： 记账： 复核： 制单：黄明

图 1-163 转账凭证

【岗位实践任务】

任务资料：

(1) 提取备用金(记账凭证及原始凭证见图 1-164 和图 1-165)。

交通银行
现金支票存根 (桂)

$\frac{GE}{02}$ 23098733

附加信息

出票日期 2014年12月25日

收款人：南宁机械厂

金　额：¥1 000.00

用　途：备用金

单位主管　　会计 黄明

上海金达证券印制有限公司 · 2006 年 印制

图 1-164　现金支票存根

付款凭证

银付 字第 009 号

贷方科目：库存现金　　　　2014年12月20日

摘要	对方科目 总账科目	明细科目	借或贷	金额	√
提现备用	银行存款		借	100000	
合计				¥100000	

附单据 1 张

会计主管：　记账：　出纳：　复核：　制单：李明　受款人：

图 1-165　付款凭证

(2) 收取包装物押金(记账凭证及原始凭证见图 1-166 和图 1-167)。

收款收据

No.00490021

2014 年 12 月 20 日

今　收　到 光华公司

交　来：包装物押金

金额(大写)　⊗拾　⊗万　⊗仟　伍佰　零拾　零元　零角　零分

¥ 500.00　☑ 现金　☐ 支票　☐ 信用卡　☐ 其他　收款单位(盖章)

财务专用章

核准：吴有为　会计：　记账：　出纳：李红　经手人：马峰

第三联 交财务

图 1-166　收款收据

任务要求：请审核记账凭证(见图 1-165 和图 1-167)。如有错误请指出错误之处，并给予改正；如正确，则在审核处签名。

四、凭证的整理、装订和保管

会计凭证登记完毕后，应将记账凭证连同所附的原始凭证或者原始凭证汇总表，按照编号顺序整理整齐，准备装订。

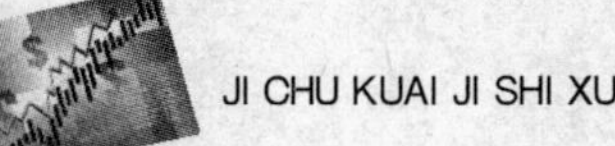

收 款 凭 证

现收字第 009 号

借方科目：库存现金　　2014年12月20日

摘要	对方科目		借或贷	金额										√
	总账科目	明细科目		千	百	十	万	千	百	十	元	角	分	
收到出借包装物押金	其他业务收入		贷						5	0	0	0	0	
合计								¥	5	0	0	0	0	

附单据 1 张

会计主管：　记账：　出纳：　复核：李明　制单：

图 1-167　收款凭证

业务活动 1-14　整理会计凭证

【活动目标】会整理会计凭证。

【业务流程】把应该归档的会计凭证收集齐全→整理记账凭证附件并贴在记账凭证后面→将各类凭证按类别、编号整理(如为专用记账凭证,先将凭证进行分类)。

【业务资料】需要整理的会计凭证。

【岗位任务】整理会计凭证。

【操作步骤】

步骤 1　整理原始凭证。

首先,把应该归档的会计凭证收集齐全。

其次,将同一笔业务的原始凭证逐张整理,并粘贴在记账凭证后面。

知识链接

原始凭证的整理要求

收到的原始凭证纸张往往大小不一,因此,需要按照记账凭证的大小进行折叠或粘贴。

(1) 对面积大于记账凭证的原始凭证,采用折叠的方法:按照记账凭证的面积尺寸,将原始凭证先自右向后,再自下向后两次折叠。折叠时应注意将凭证的左上角或左侧面空出,以便于装订后的展开查阅。

（续上）

(2) 对于纸张面积过小的原始凭证，则采用粘贴的方法：按一定次序和类别将原始凭证粘贴在一张与记账凭证大小相同的白纸或专用粘贴单上。粘贴时要注意，应尽量将同类同金额的单据粘在一起；如果是板状票证，可以将票面票底轻轻撕开，厚纸板弃之不用；粘贴的凭证不宜过多，凭证过多，可分开多张粘贴；粘贴时自右向左、自下而上一张压着一张贴；粘贴完成后，应在粘贴单或白纸一旁注明原始凭证的张数和合计金额。

(3) 对于纸张面积略小于记账凭证的原始凭证：用回形针或大头针别在记账凭证后面，待装订凭证时，抽去回形针或大头针。

(4) 对于数量过多的原始凭证(如工资结算表、领料单等)：可以单独装订保管，但应在封面上注明原始凭证的张数、金额，所属记账凭证的日期、编号、种类。封面应一式两份，一份作为原始凭证装订成册的封面，封面上注明“附件”字样；另一份附在记账凭证的后面，同时在记账凭证上注明“附件另订”，以备查考。

(5) 各种经济合同、存出保证金收据和涉外文件等重要原始凭证：应当另编目录，单独登记保管，并在有关的记账凭证和原始凭证上相互注明日期和编号。

步骤 2 整理记账凭证。

首先，根据记账凭证分类，并对各类记账凭证按时间或按顺序号逐张排放好。专用记账凭证一般分为现收、现付、银收、银付、转账凭证，共三类五种；也可分为收字、付字、转字三类三种；如企业使用通用记账凭证，则不用分类。

其次，按凭证汇总日期归集(如按上、中、下旬汇总归集)，确定装订成册的本数。

步骤 3 清除订书针、曲别针等金属物。

步骤 4 装订前检查。整理检查凭证顺序号，如有颠倒，则要重新排列，发现缺号要查明原因；检查附件有无漏缺，领料单、入库单、工资、奖金发放单是否随附齐全；记账凭证上有关人员(如财务主管、复核、记账、制单等)的印章是否齐全。

【岗位实践任务】

任务资料：相关原始凭证及记账凭证。

任务要求：

(1) 观看凭证整理视频。

(2) 整理原始凭证和记账凭证。

业务活动 1-15 装订会计凭证

【活动目标】 会装订会计凭证。

【业务流程】 整理好凭证→检查凭证编号→附上凭证封面和封底→附上包角纸→打孔装订。

【业务资料】 需要装订的记账凭证、封面、封底、包角纸、打孔机、装订线、胶水或糨糊等。

【岗位任务】 装订会计凭证。

【操作步骤】

步骤 1 整理记账凭证，摘掉凭证上的大头针等，并将记账凭证按编号顺序码放。

步骤 2 将记账凭证汇总表(科目汇总表)、银行存款余额调节表放在最前面,并放上封面(见图 1-168)、封底。

成文厚®

记账凭单(证)封面

丙式—40—1 12.2×22.5 厘米(通)

日 期	年 月
册 数	本月共 册 本册是第 册
张 数	本册自第 号至第 号共 张
附 记	

会计主管: 装订人:

图 1-168 凭证封面

步骤 3 在码放整齐的记账凭证左上角放一张 8×8 厘米大小的包角纸。包角纸要厚一点,其左边和上边与记账凭证取齐。

步骤 4 将包角纸上沿距左边 5 厘米处和左沿距上边 4 厘米处包角纸上划一条直线,并用两点将此直线等分(见图 1-169);再分别在等分直线的两点处将包角纸和记账凭证打上两个装订孔。

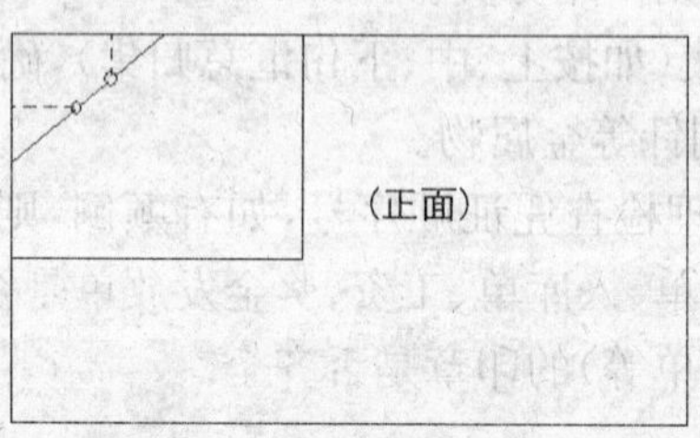

图 1-169 会计凭证装订正面(1)

步骤 5 用绳沿虚线方向穿绕扎紧(结扎在背面)。

步骤 6 从正面折叠包角纸成图 1-170 所示形状,并将划斜线部分剪掉。

步骤 7 将包角纸向后折叠粘贴成图 1-171 所示的形状。

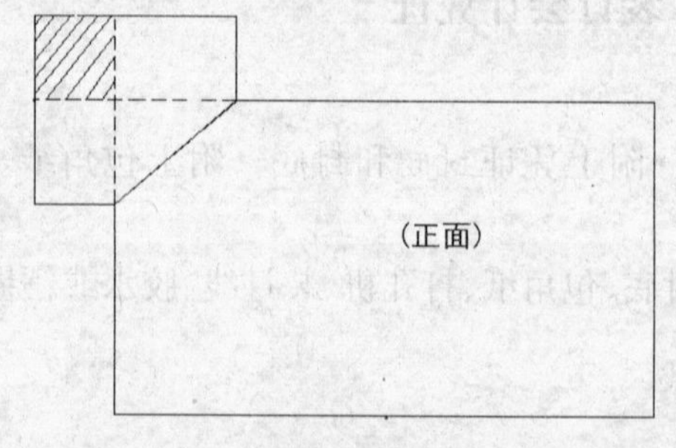

图 1-170 会计凭证装订正面(2)

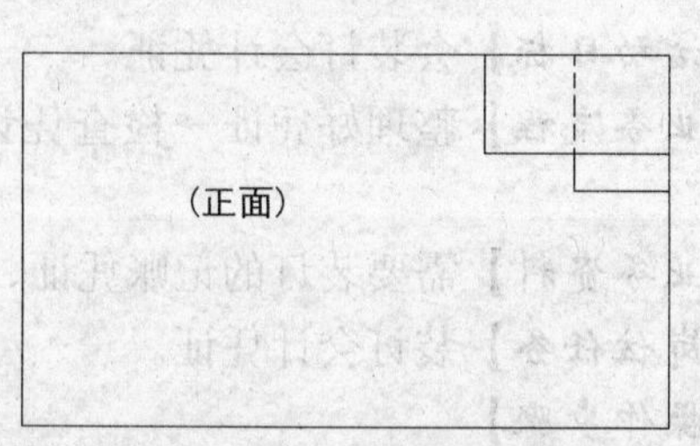

图 1-171 会计凭证装订反面

步骤 8　填写封面并签章,装订成册的凭证见图 1-172。

装订完成的会计凭证应写明单位名称,年度,月份,记账凭证的种类、起讫日期、起讫号数,以及记账凭证和原始凭证的张数,并在封签处加盖会计主管和装订人员名章。

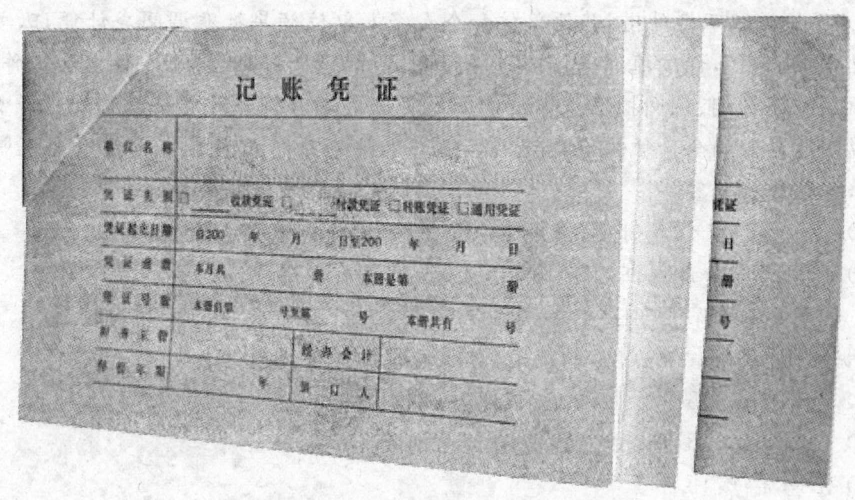

图 1-172　装订完成的会计凭证

【岗位实践任务】

任务资料:相关原始凭证及记账凭证。

任务要求:

(1) 观看凭证装订视频。

(2) 练习装订凭证。

业务活动 1-16　保管会计凭证

装订成册的会计凭证要按年分月顺序排列,并指定专人保管,出纳不得兼管会计档案保管工作。年度终了后,可暂由财会部门保管 1 年,期满后,编造清册移交本单位的档案部门保管。

知识链接

会计凭证的保管要求及保管期限

1. 会计凭证的保管要求

保证会计凭证的安全与完整是全体财会人员的共同职责,在立卷存档之前,会计凭证的保管由财会部门负责。保管过程中应注意以下问题:

(1) 会计凭证应及时传递,不得积压。

(2) 凭证在装订以后存档以前,要妥善保管,防止受损、弄脏、霉烂和鼠咬虫蛀等。

(3) 对于性质相同、数量过多或各种随时需要查阅的原始凭证,如收料单、发料单,工资卡等,可以单独装订保管,在封面上注明记账凭证种类、日期、编号,同时在记账凭证上注明"附件另订"和原始凭证的名称及编号。

（续上）

(4) 各种经济合同和涉外文件等凭证应另编目录，单独装订保存，同时在记账凭证上注明“附件另订”。

(5) 原始凭证不得外借，其他单位和个人经本单位领导批准调阅会计凭证，要填写“会计档案调阅表”，详细填写借阅会计凭证的名称、调阅日期、调阅人姓名和工作单位、调阅理由、归还日期、调阅批准人等。调阅人员一般不准将会计凭证携带外出。需复制的，要说明所复制的会计凭证名称、张数，经本单位领导同意后在本单位财会人员监督下进行，并应登记与签字。

(6) 会计凭证装订成册后，应由专人负责分类保管，年终应登记归档。

(7) 严格遵守会计凭证的保管期限要求，期满前不得任意销毁。

2. 会计凭证的保管期限

根据《会计档案管理办法》的规定，会计凭证的保管期限为：

(1) 原始凭证：15 年。

(2) 记账凭证：15 年。

(3) 汇总凭证：15 年。

【活动目标】 保管会计凭证。

【业务流程】 装订成册凭证→检查凭证封面编号顺序→成册凭证整理→凭证入柜保管。

【业务资料】 已装订成册的凭证若干。

【岗位任务】 保管会计凭证。

【操作步骤】

步骤 1 检查凭证封面编号顺序，并加以整理。

步骤 2 凭证按要求入柜保管。

模块二

账 簿 实 训

模块导引

会计账簿的设置和登记是会计核算的一个重要环节，会计人员能够根据会计主体的经营内容、管理要求、会计准则的要求等设置账簿，会根据审核无误的记账凭证正确、规范地登记账簿。

学习目标

1. 认知账簿。
2. 会建立账簿、启用账簿。
3. 会登记账簿。
4. 会对账，发现错账能够正确更正。
5. 会做结账处理。
6. 会更换账簿、会整理装订账簿。

学习任务

1. 认知账簿。
2. 建立账簿。
3. 登记账簿。
4. 对账与错账更正。
5. 账簿结账处理。
6. 账簿更换。
7. 整理装订账簿。

设置和登记账簿是会计核算的重要环节，各会计主体应按照会计核算的基本要求和会计规范的有关规定，结合本单位经济业务的特点和经营管理的需要，设置必要的账簿，并认真做好记账工作。

任务一 认 知 账 簿

会计账簿是按照会计科目开设账户、账页，以会计凭证为依据，用来序时、分类地记录和反映经济业务的簿籍。

业务活动 2-1 认知账簿的种类

一、账簿按格式分类

账簿按格式不同,分为两栏式、三栏式、数量金额式账簿和多栏式账簿等。

(一) 两栏式账簿

两栏式账簿是指只有借方和贷方两个基本金额栏目的账簿(见图 2-1)。

普通日记账

年		凭证		摘要	账户名称	借方										贷方										过账
月	日	种类	号数			千	百	十	万	千	百	十	元	角	分	千	百	十	万	千	百	十	元	角	分	

图 2-1 两栏式账簿(普通日记账)

(二) 三栏式账簿

三栏式账簿是指采用借方、贷方、余额三个主要栏目的账簿(见图 2-2)。它一般适用于各种日记账、总分类账以及资本、债权债务明细账。

分页:1 总页:12

应付账款明细账

一级科目:应付账款 二级科目:柳州钢铁有限公司

2015年		凭证		摘要	借方									贷方									借或贷	余额								
月	日	种类	号数		百	十	万	千	百	十	元	角	分	百	十	万	千	百	十	元	角	分		百	十	万	千	百	十	元	角	分
01	01			上年结转																			贷			5	1	6	0	0	0	0

图 2-2 三栏式账簿(应付账款明细账)

(三) 多栏式账簿

多栏式账簿是指在借方栏或贷方栏下设置多个栏目用于反映经济业务不同内容的账簿(见图 2-3)。它一般适用于损益类的明细账,如:管理费用明细账、生产成本明细账、制造费用明细账等均为借方多栏式。

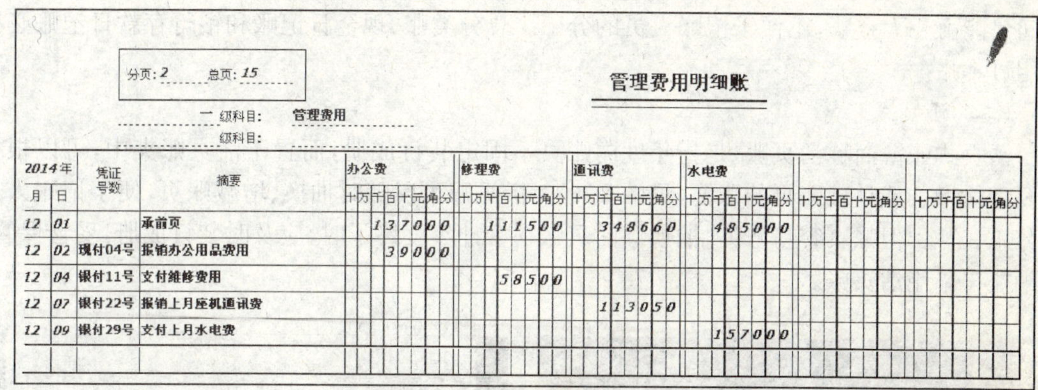

分页：2　总页：15

管理费用明细账

一 级科目：管理费用

级科目：

2014年 月	日	凭证号数	摘要	办公费	修理费	通讯费	水电费		
12	01		承前页	137000	111500	348660	485000		
12	02	现付04号	报销办公用品费用	39000					
12	04	银付11号	支付维修费用		58500				
12	07	银付22号	报销上月座机通讯费			113050			
12	09	银付29号	支付上月水电费				157000		

图 2-3　多栏式明细账(管理费用明细账)

(四) 数量金额式账簿

数量金额式账簿是指在采用三栏式账页的基础上，在各栏上增加反映数量和单价栏，反映数量与金额双重指标的账簿，如图 2-4 所示。一般适用于具有实物形态的财产物资的明细账，如原材料、库存商品等明细账。

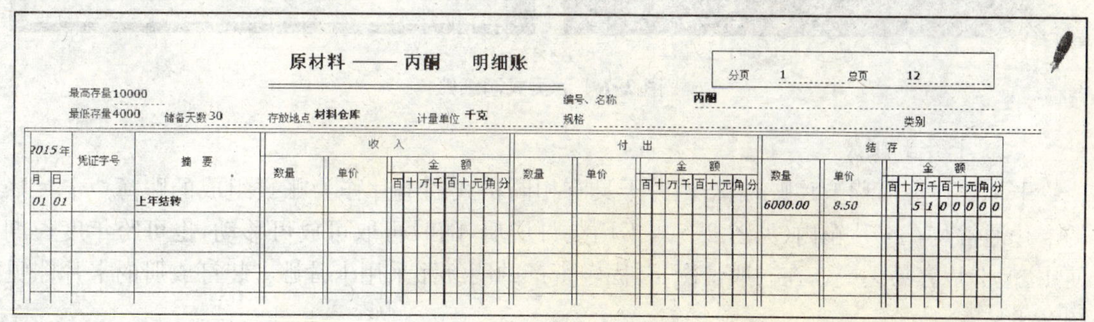

原材料 —— 丙酮　明细账

分页 1　总页 12

最高存量10000

最低存量4000　储备天数30　存放地点 材料仓库　计量单位 千克

编号、名称 丙酮

规格　类别

2015年 月	日	凭证字号	摘要	收入 数量	收入 单价	收入 金额	付出 数量	付出 单价	付出 金额	结存 数量	结存 单价	结存 金额
01	01		上年结转							6000.00	8.50	5100000

图 2-4　数量金额式明细账(原材料明细账)

二、账簿按外形分类

按账簿外形的不同，可分为订本式账簿、活页式账簿和卡片式账簿等。

(一) 订本式账簿

订本式账簿简称订本账，是指在未启用前就把编有页码的一定数量账页固定装订成册的账簿(见图 2-5)。订本账可以避免账页散失和防止抽换账页，确保账簿资料的完整，但在同一

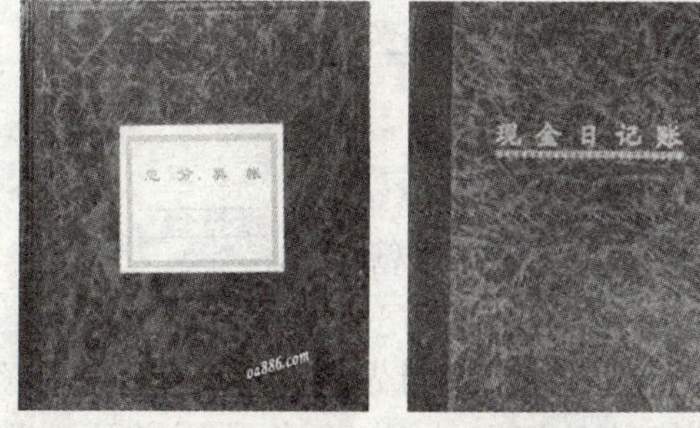

图 2-5　订本式账簿(总分类账、现金日记账、银行存款日记账)

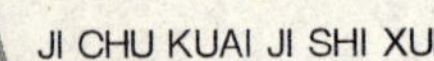

时间只能由一人登账，不便于记账人员的分工。总分类账、现金日记账和银行存款日记账必须采用订本账。

（二）活页式账簿

活页式账簿简称活页账，是指年度内账页不固定装订成册，而置于活页账夹中，可以根据需要随时增加或抽减账页的账簿（见图 2-6）。活页账可以随时抽换、增减账页，便于记账人员的分工、记账，但账页容易散失、抽换。活页账在会计年度终了时，应及时装订成册，妥善保管。明细账多采用活页账。

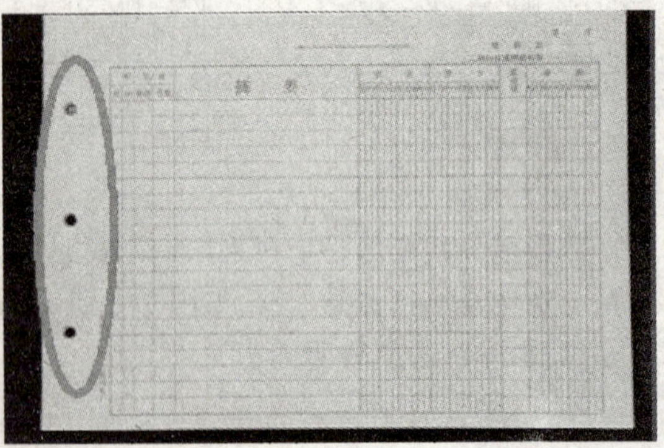

图 2-6　活页式明细账

（三）卡片式账簿

卡片式账簿简称卡片账，是指由若干具有相同格式的卡片作为账页组成的账簿。卡片账的卡片通常装在卡片箱内（见图 2-7），不用装订成册，随时可取可放可移动，也可跨年度长期使用，但卡片容易丢失。在一般情况下，固定资产的明细账采用卡片账。装订成册的卡片账见图 2-8。

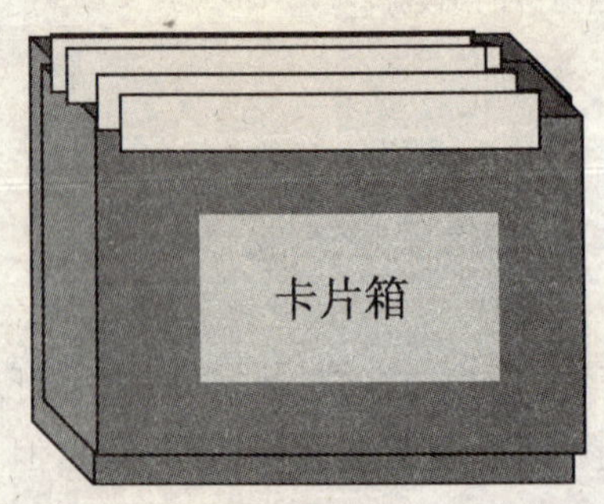

图 2-7　卡片箱

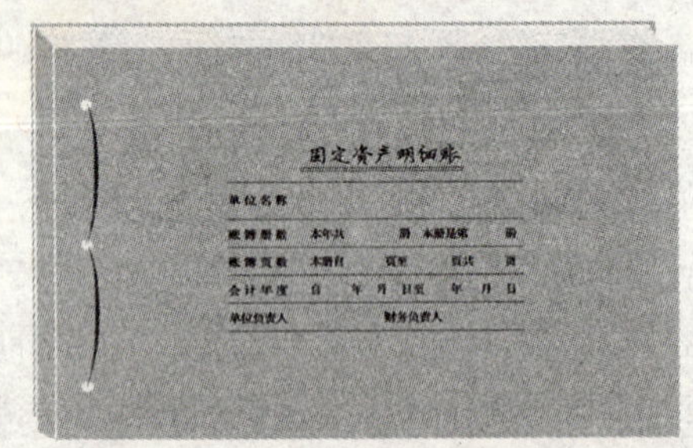

图 2-8　装订成册的卡片账

三、账簿按用途分类

账簿按用途不同，可分为序时账簿、分类账簿和备查账簿。

（一）序时账簿

序时账簿也称日记账，是按照经济业务发生的时间先后顺序，逐日逐笔登记经济业务的账簿。序时账包括普通日记账和特种日记账两种，企业常用的序时账是特种日记账。

1. 普通日记账

普通日记账是指用来逐日逐笔记录全部经济业务的序时账簿。

2. 特种日记账

特种日记账是用来逐日逐笔记录某一类经济业务的序时账簿。在实际工作中，为了加强货币资金的管理，每个单位必须设置现金日记账和银行存款日记账。特种日记账有三栏式和多栏式两种，在实务中，普遍使用订本三栏式日记账(见图 2-9)。

现 金 日 记 账　　　　第 *1* 页

2015年		凭证		票据号数	摘要	借方（百十万千百十元角分）	贷方（百十万千百十元角分）	余额（百十万千百十元角分）	核对
月	日	种类	号数						
01	*01*				上年结转			*600000*	□
									□
									□

图 2-9　三栏式现金日记账

(二) 分类账簿

分类账簿是指对发生的全部经济业务按照会计科目进行分类并分别登记的账簿。分类账簿按其反映内容的详细程度不同，又可分为总分类账簿和明细分类账簿。

1. 总分类账簿

总分类账簿简称总账，是根据一级会计科目设置的，用来总括反映经济业务的账簿。总分类账簿对明细分类账簿具有统驭和控制作用。总分类账簿一般采用订本三栏式账簿(见图 2-10)。

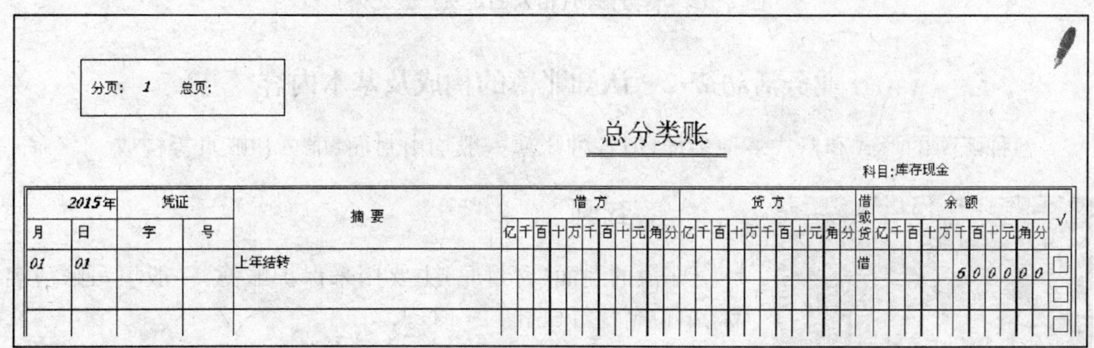

分页: *1*　总页:

总分类账

科目:库存现金

2015年		凭证		摘要	借方（亿千百十万千百十元角分）	贷方（亿千百十万千百十元角分）	借或贷	余额（亿千百十万千百十元角分）	√
月	日	字	号						
01	*01*			上年结转			借	*600000*	□
									□
									□

图 2-10　总分类账

2. 明细分类账簿

明细分类账簿简称明细账，是根据明细会计科目设置的，用来详细反映经济业务的账簿(见图 2-11)。明细分类账簿是对总分类账簿的补充和具体化。在实际工作中，每个会计主体可以根据经营管理的需要，为不同的总账账户设置所属的明细账。

分页：1　总页：12

应收账款　明细账

一级科目：应收账款　　二级科目：南宁百货有限公司

2015年		凭证		摘要	借方									贷方									借或贷	余额								
月	日	种类	号数		百	十	万	千	百	十	元	角	分	百	十	万	千	百	十	元	角	分		百	十	万	千	百	十	元	角	分
01	01			上年结转																			借			7	2	0	0	0	0	0

图 2-11　明细分类账

（三）备查账簿

备查账簿也称辅助账簿，是指对在日记账和分类账中未记录或记录不全的经济业务进行补充登记的账簿。它不是根据会计凭证登记的账簿，同时它也没有固定的格式，如租入固定资产登记簿（见图 2-12）、应付票据登记簿、委托加工材料登记簿等。

租入固定资产登记簿

固定资产名称及规格	租约合同号数	租出单位	租入日期	租金	使用部门	归还日期	备注

图 2-12　备查账簿（租入固定资产登记簿）

业务活动 2-2　认知账簿的构成及基本内容

各种账簿的形式和格式多种多样，但各种账簿一般均由封面、扉页和账页等构成。

图 2-13　账簿的封面

一、封面

账簿的封面（含封底）主要用来保护账簿，一般填写账簿名称、单位名称等（见图 2-13）。

二、扉页

账簿的扉页主要用来登载账簿启用及交接表（见图 2-14）。其主要内容包括：机构名称、账簿名称、账簿编号、账簿页数、启用日期、经管人员（负责人、主办会计、复核等）、接交记录（经管人员、接管日期和交出日期等）。启用账簿时还需要在扉页上粘贴印花税票。

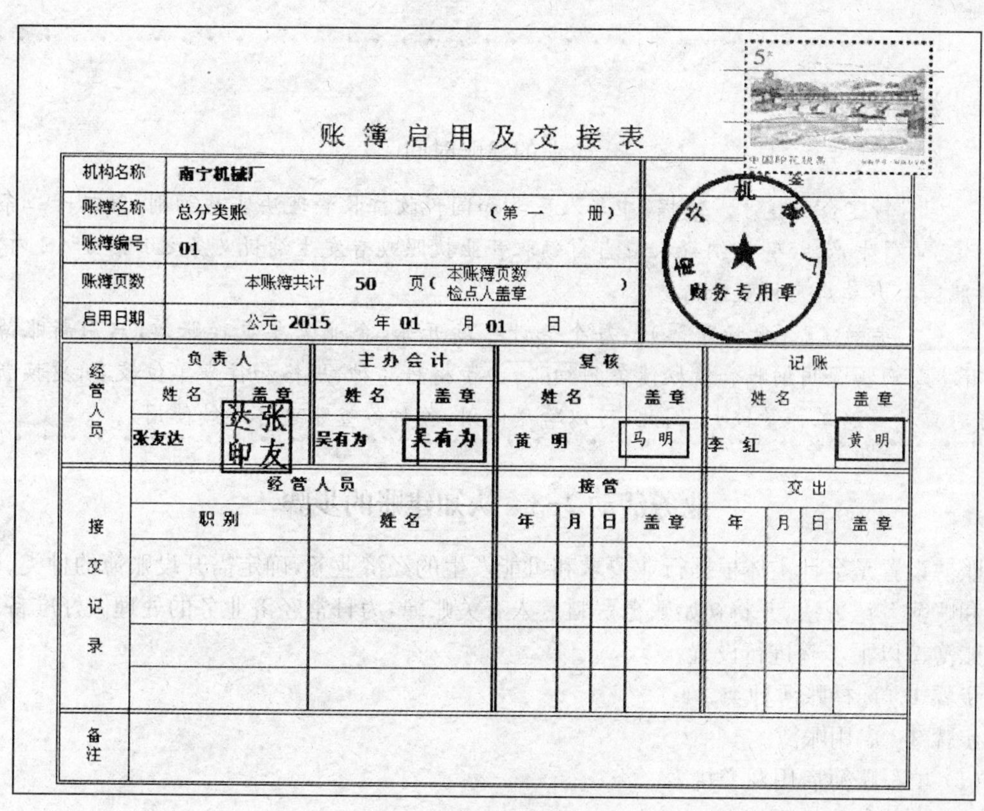

账簿启用及交接表

机构名称	南宁机械厂						
账簿名称	总分类账 （第一 册）						
账簿编号	01						
账簿页数	本账簿共计 50 页（本账簿页数 检点人盖章 ）						
启用日期	公元 2015 年 01 月 01 日						
经管人员	负责人		主办会计		复核		记账
	姓名	盖章	姓名	盖章	姓名	盖章	姓名 / 盖章
	张友达	张友达印	吴有为	吴有为	黄明	马明	李红 / 黄明

接交记录	经管人员		接管				交出			
	职别	姓名	年	月	日	盖章	年	月	日	盖章
备注										

图 2-14 账簿启用及交接表

三、账页

账页是账簿的主体(见图 2-15)。在每张账页上，均应载明：账户(或科目)名称、记账日期、记账凭证的种类和编号、摘要、金额(借方、贷方、余额)、总页次和分页次等。

分页： 3 总页：

总分类账

科目：其他货币资金

2015年 月	日	凭证 字	号	摘要	借方	贷方	借或贷	余额	✓
01	01			上年结转			借	100000000	□
									□
									□

图 2-15 账页(其他货币资金总账)

任务二 建立账簿

新建单位和原有单位在年度开始时，会计人员均应根据核算工作的需要设置应用的账簿，即平常所说的“建账”。

知识链接

企业的建账时间

(1) 新建企业建账。依据《中华人民共和国税收征收管理法实施细则》第二十二条规定:从事生产、经营的纳税人应当自领取营业执照或者发生纳税义务之日起15日内,按照国家有关规定设置账簿。

(2) 年初建账(更换账簿)。每个会计年度开始,企业需要更换账簿,启用新账簿(有些财产物资明细账和债权债务明细账,由于材料品种、规格和往来单位较多,更换新账时重抄一遍工作量较大,因此,可以跨年使用,各种备查账也可连续使用)。

业务活动2-3 认知建账的步骤

账簿设置是会计主体根据行业要求和可能发生的经济业务,确定需开设账簿的种类、账页格式和账簿登记方法,并将初始账务资料登入有关账簿,为日常经济业务的处理做好准备。

账簿按以下步骤进行设置:

步骤1 选择账簿种类。

步骤2 启用账簿。

(1) 填写账簿启用及交接表。

(2) 粘贴印花税票。

(3) 填写账户目录(特种日记账没有目录)。

步骤3 设置账户(特种日记账则不需要另外设置账户)。

步骤4 登记期初余额。

知识链接

账簿印花税粘贴的规定

根据税法相关规定,企业的会计账簿中的资金账簿(实收资本和资本公积账簿),按以下方法贴花:在企业设立初次建账时,按实收资本和资本公积金额的0.5‰贴花;次年实收资本与资本公积有增加的,就其增加部分按0.5‰税率补贴印花;其他会计账簿,每本应粘贴5元面值的贴花。

印花税票一般粘贴在账簿扉页的右下角"印花粘贴处"框内或贴在账本扉页右上角,贴好后,用红笔水平方向划两条平行线,两端出头(超出税票范围)注销;若企业使用缴款书缴纳印花税,应在账簿扉页的"印花粘贴处"框内注明"印花税已缴"以及缴款金额。

业务活动2-4 设置日记账

【活动目标】 会设置日记账。

【业务流程】 选择账簿→启用账簿(填写账簿启用表、粘贴印花税票)→填写账页(日期、摘要、余额方向、期初余额)。

【业务资料】2015年1月1日，南宁机械厂更换账簿。请填写“银行存款日记账”账簿启用及交接表（总经理：张友达；会计主管：吴有为；复核：黄明；记账：李红；账簿编号：03；本账簿共计50页；第一册；该账户年初余额为516 000元。

【岗位任务】设置日记账。

【操作步骤】

步骤1　选用账簿（见图2-13）。

知识链接

日记账的选用

（1）现金日记账：一般企业只设1本现金日记账。如企业有外币业务的则应按不同的币种分设现金日记账。

（2）银行存款日记账：一般企业应根据每个银行账号单独设立1本账。如企业有外币业务或辅助账户的则应设置多本银行存款日记账。

现金日记账和银行存款日记账均应使用订本式账簿。企业可根据自己业务量的多少，选择购买50页、100页或200页的账簿。

步骤2　启用账簿。

（1）填写账簿的扉页（见图2-16）。填写机构名称、账簿名称、账簿编号、账簿页数、启用日期等内容。

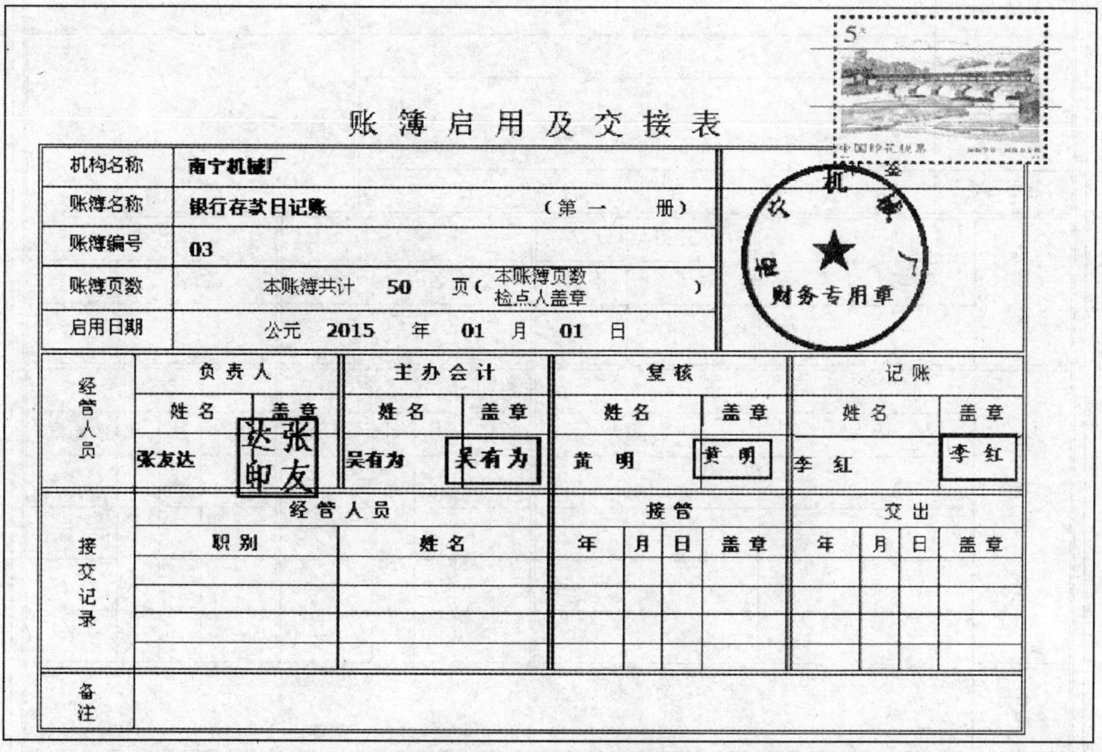

账簿启用及交接表

机构名称	南宁机械厂
账簿名称	银行存款日记账　　（第 一 册）
账簿编号	03
账簿页数	本账簿共计 50 页（本账簿页数检点人盖章　）
启用日期	公元 2015 年 01 月 01 日

经管人员	负责人		主办会计		复核		记账	
	姓名	盖章	姓名	盖章	姓名	盖章	姓名	盖章
	张友达	张友达印	吴有为	吴有为	黄明	黄明	李红	李红

接交记录	经管人员		接管				交出			
	职别	姓名	年	月	日	盖章	年	月	日	盖章
备注										

图2-16　账簿的扉页

(2) 经管人员签名和加盖印鉴，并粘贴印花税票。

步骤 3 填写账页(见图 2-17)。填写账页的页数、日期、摘要、期初余额等。

银行存款日记账

第 1 页

开户行：交通银行南宁大学路分理处

账 号：62226220101000106

2015年		凭证		摘要	借方	贷方	余额	核对
月	日	种类	号数		亿千百十万千百十元角分	亿千百十万千百十元角分	亿千百十万千百十元角分	
01	01			上年结转			5160000	□
								□
								□
								□

图 2-17 银行存款日记账账页

注：启用订本式账簿，从第一页到最后一页应顺序编写页数，不得跳页、缺号；使用活页式账簿，应按账户顺序编号，并定期装订成册，装订后再按实际使用的账面顺序编写页码。

【岗位实践任务】

任务资料：2015 年 1 月 1 日，南宁机械厂更换账簿(总经理：张友达；会计主管：吴有为；复核：黄明；记账：李红；账簿编号：02；本账簿共计 50 页；第一册；该账户年初余额为 16 000 元)。

任务要求：建立库存现金日记账，填写账簿的扉页(见图 2-18)和账页(见图 2-19)。

账 簿 启 用 及 交 接 表

机构名称		印鉴
账簿名称	（第　　册）	
账簿编号		
账簿页数	本账簿共计　　页（本账簿页数 检点人盖章　　）	
启用日期	公元　　年　　月　　日	

经管人员	负责人		主办会计		复核		记账	
	姓名	盖章	姓名	盖章	姓名	盖章	姓名	盖章

接交记录	经管人员		接管				交出			
	职别	姓名	年	月	日	盖章	年	月	日	盖章
备注										

图 2-18 账簿的扉页

现 金 日 记 账　　　　第　　页

年		凭证		票据号数	摘要	借方									贷方									余额									核对
月	日	种类	号数			百	十	万	千	百	十	元	角	分	百	十	万	千	百	十	元	角	分	百	十	万	千	百	十	元	角	分	
																																	□
																																	□
																																	□
																																	□
																																	□

图 2-19　现金日记账账页

业务活动 2-5　设置总账

【活动目标】会设置总分类账。

【业务流程】选择账簿→启用账簿(填写账簿启用表、粘贴印花税票、填写账户目录)→账页编号→账户设置(按一级科目设置)→填写账页(科目名称、日期、摘要、余额方向、期初余额)。

【业务资料】2015 年 1 月 1 日,南宁机械厂更换账簿。请填写"总账"账簿启用及交接表(总经理:张友达;会计主管:吴有为;复核:黄明;记账:李红;账簿编号:01;本账簿共计 100 页;第一册;库存现金总账年初余额为 16 000 元)。

【岗位任务】设置总账。

【操作步骤】

步骤 1　选用账簿(见图 2-20)。

> **知识链接**
>
> **总分类账的选用**
>
> 一般企业只设 1 本总分类账。其外形使用订本账,企业可根据自身业务量的多少选择购买 50 页、100 页或 200 页的账簿。这 1 本总分类账包含企业所设置的全部账户的总括信息。

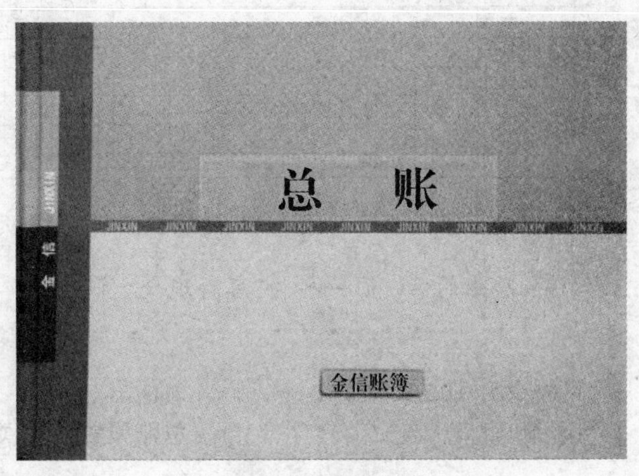

图 2-20　总账

步骤 2　启用账簿(与日记账启用方法相同)。

(1) 填写账簿启用及交接表。填写机构名称、账簿名称、账簿编号、账簿页数、启用日期等内容。

(2) 经管人员签名和加盖印鉴，粘贴印花税票。

步骤 3 填写账户目录。

从第一页到最后一页按顺序编写页数，不得跳页、缺号，并给每个账户预先留好页码。例如，“库存现金”用第 1～2 页，“银行存款”用第 3～6 页……企业应根据自身具体情况设置账户目录，并把科目名称及其页次填在账户目录中(见图 2-21)。

账户目录

科目名称	页次	科目名称	页次	科目名称	页次
库存现金	1～2				
银行存款	3～6				

图 2-21 账户目录

步骤 4 设置账户(按一级科目顺序设置)。

根据行业规定及企业核算要求设置账户。

步骤 5 填写账页(见图 2-22)。填写账页的页数、日期、摘要、期初余额等。

分页： 1 总页：

总分类账

科目:库存现金

2015 年		凭证		摘要	借方											贷方											借或贷	余额											√
月	日	字	号		亿	千	百	十	万	千	百	十	元	角	分	亿	千	百	十	万	千	百	十	元	角	分		亿	千	百	十	万	千	百	十	元	角	分	
01	01			上年结转																							借					1	6	0	0	0	0	0	□
																																							□
																																							□

图 2-22 总分类账账页第 1 页(“库存现金”总账)

注： 总账的第 1 页一般为“库存现金”科目。

知识链接

总账设置的相关规定

(1) 总账账户目录的填写。为了方便记账和编制报表，总账目录按照科目次序填写。

(2) 建账时，各账户第 1 页账页第一行的“凭证”栏不用填写，摘要栏填写“上年结转”、“年初余额”或“期初余额”等，在余额栏前的“借或贷”栏填写余额方向(“借”或“贷”，如余额为“0”则写“平”)。

（续上）

(3) 资产类账户的余额一般在借方。但也有一些资产类账户余额在贷方，一般为资产类账户的备抵账户，如“坏账准备”、“累计折旧”、“固定资产清理”等账户。

(4) 负债、所有者权益类账户的余额一般在贷方。

(5) 损益类账户期末一般都无余额。

(6) “生产成本”账户余额一般在借方，表示未完工产品成本；“制造费用”账户则一般无余额。

【岗位实践任务】

任务资料：2015 年 1 月 1 日，南宁机械厂更换账簿，年初“应收账款”总账余额为 80 000 元；“坏账准备”总账余额为 3 600 元（上个账户的页次已排到第 10 页）。

任务要求：建立总分类账，填写账页（见图 2-23 和图 2-24）。

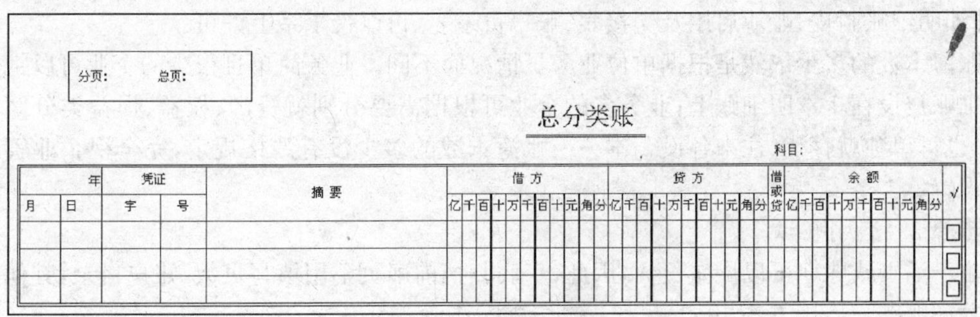

分页：　　总页：

总分类账

科目：

年		凭证		摘要	借方											贷方											借或贷	余额											√
月	日	字	号		亿	千	百	十	万	千	百	十	元	角	分	亿	千	百	十	万	千	百	十	元	角	分		亿	千	百	十	万	千	百	十	元	角	分	
																																							□
																																							□
																																							□

图 2-23　总分类账(1)

分页：　　总页：

总分类账

科目：

年		凭证		摘要	借方											贷方											借或贷	余额											√
月	日	字	号		亿	千	百	十	万	千	百	十	元	角	分	亿	千	百	十	万	千	百	十	元	角	分		亿	千	百	十	万	千	百	十	元	角	分	
																																							□
																																							□
																																							□

图 2-24　总分类账(2)

业务活动 2-6　设置明细账

【活动目标】 会设置明细账。

【业务流程】 选择账簿→启用账簿（填写账簿启用表、粘贴印花税票）→设置账户→填写账页（如账户名称、一级科目、二级科目、日期、摘要、余额方向、期初余额等）。

【业务资料】

(1) 三栏式明细账资料：南宁机械厂 2015 年 1 月“其他货币资金——银行汇票款”账户的

期初余额为 300 000 元(总页:1;分页:1)。

(2) 数量金额式明细账资料:南宁机械厂 2015 年 1 月“原材料——钢材”账户,最高存量为 1 000 吨,最低存量为 100 吨,储存天数为 30 天,存放地点为材料仓库,计量单位为吨。账户期初余额:数量为 100 吨,单价为 3 500 元/吨,金额为 350 000 元(总页:10,分页:1)。

(3) 多栏式明细账资料:①南宁机械厂“管理费用明细账”设置薪酬费、办公费、折旧费、水电费和其他等项目,2015 年 1 月期初余额均为 0(总页:15;分页:2)。②南宁机械厂“应交增值税明细账”(用特定账页)2015 年 1 月期初余额为“0”。

【岗位任务】设置明细账。

【操作步骤】

步骤 1 准备账簿(三栏式、数量金额式、多栏式)。

明细分类账要使用活页式账簿。存货类的明细账要用数量金额式账页;收入、费用、成本类的明细账要用多栏式账页;生产成本、应交增值税的明细账单设特定账页;其他的分类账全用三栏式账页。因此,需要准备这 4 种账页,根据所需每种格式账页的大概页数分别取部分出来,外加明细账封皮、账簿启用及交接表、账户目录表,再以带子系上即可。

账簿本数的多少依然是根据单位业务量情况而不同。业务简单且很少的企业可以把所有的明细账户设在 1 本明细账上;业务多的企业可根据需要分别就资产、权益、损益类分 3 本明细账;也可单独就存货、往来各设 1 本……账簿本数的多少没有严格规定,完全视企业管理需要来设置。

步骤 2 启用账簿。

由于活页式账簿可以增减页数,因此,年底归档前扉页不用填写页数、账户目录,其他操作与总分类账账户启用方法相同。

步骤 3 设置账户。

步骤 4 填写账页。

(1) 填写三栏式明细账账页(见图 2-25)。填写方法与总账的填写方法基本相同。

分页:1 总页:1

其他货币资金 明细账

一级科目:其他货币资金 二级科目:银行汇票

2015年		凭证		摘要	借方									贷方									借或贷	余额								
月	日	种类	号数		百	十	万	千	百	十	元	角	分	百	十	万	千	百	十	元	角	分		百	十	万	千	百	十	元	角	分
01	01			上年结转																			借		3	0	0	0	0	0	0	0

图 2-25 其他货币资金(银行汇票)明细账

(2) 填写数量金额式明细账账页(见图 2-26)。填写明细账名称、账页编号、最高存量、最低存量、储备天数、存放地点、计量单位、日期、摘要、数量、单价和金额等内容。

(3) 填写管理费用明细账账页(见图 2-27)。填写明细账名称、账页编号、具体项目费用、日期、摘要和金额等内容。

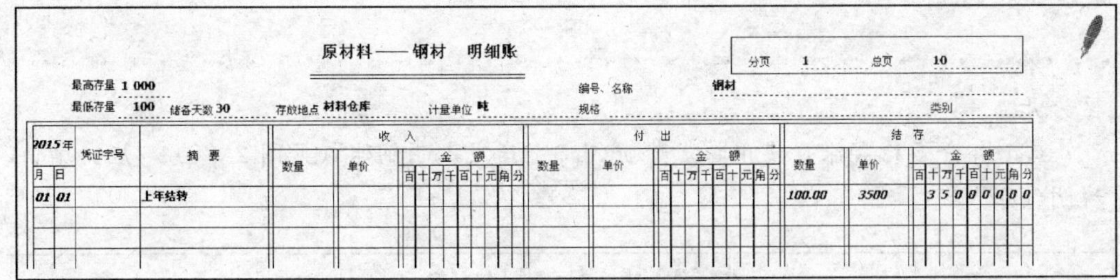

原材料——钢材 明细账

分页 1 总页 10

最高存量 1 000 编号、名称 钢材

最低存量 100 储备天数 30 存放地点 材料仓库 计量单位 吨 规格 类别

2015年 月	日	凭证字号	摘要	收入 数量	收入 单价	收入 金额	付出 数量	付出 单价	付出 金额	结存 数量	结存 单价	结存 金额
01	01		上年结转							100.00	3500	350000.00

图 2-26 原材料(钢材)明细账

分页:1 总页:15

管理费用 明细账

一级科目: 管理费用

二级科目:

2015年 月	日	凭证号数	摘要	薪酬费	办公费	折旧费	水电费	其他	合计
01	01		年初余额						θ

图 2-27 管理费用明细账

(4) 填写应交增值税明细账账页(见图 2-28)。填写日期、摘要和金额等内容。

应交税费(应交增值税) 明细账

一级 科目 应交税费

2015年 月	日	凭证 种类	凭证 号数	摘要	借方 进项税额	借方 已交税金	借方 转出未交增值税	贷方 销项税额	贷方 进项税额转出	贷方 转出多交增值税	借或贷	余额
1	1			年初余额							平	θ

图 2-28 应交增值税明细账

知识链接

明细账设置的相关规定

(1) 对于收入、费用类明细账需以多栏式分项目列示,如“管理费用”账户的借方要分成薪酬费、办公费、折旧费、交通费、水电费、其他等项列示。

(2) 为了查找、登记方便,在设置明细账账页时,每一账户的第一张账页外侧粘贴口取纸(见图 2-29),各个账户错开粘贴。当然口取纸上也要写出会计科目名称。一般只写一级科目。另外,也可将资产、负债、所有者权益、收入、费用按红、蓝不同颜色

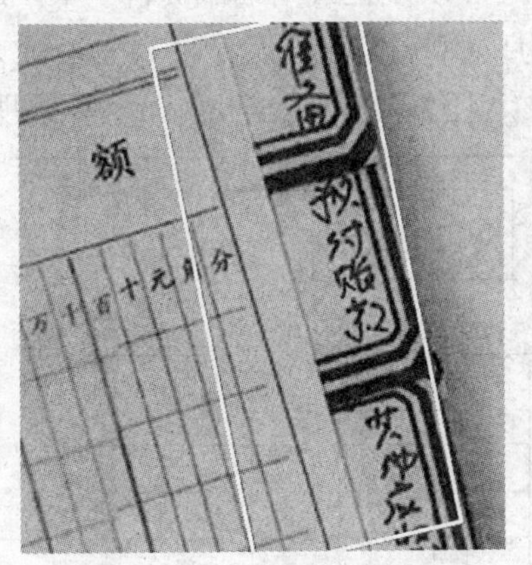

图 2-29 账页外侧粘贴口取纸

（续上）

区分开。

（3）部分多栏式账页使用特定账页，如“生产成本明细账”（见图 2-30）、“应交增值税明细账”等。

生产成本明细账

科目名称 **生产成本** 页次……总页……

投产日期…………计划工时…………生产批号…………

完工日期…………实际工时…………生产车间……**铣床车间**……

完成产量…………数量…………产品规格…………产品名称……**铣床**……

2015年		凭证号数	摘要	借方发生额	成本项目			
月	日				直接材料	直接人工	制造费用	合计
01	01		年初余额	750000	250000	350000	150000	

图 2-30 生产成本明细账

【岗位实践任务】

任务资料：南宁机械厂 2015 年 1 月部分账户期初资料如下：

（1）三栏式明细账资料：“应收账款——大华家具贸易有限公司”账户借方余额为 57 330 元（总页：3；分页：1）。

（2）数量金额式明细账资料：“原材料——丙酮”，最高存量为 20 000 千克，最低存量为 1 000千克，储存天数为 10 天。存放地点：材料仓库；计量单位：千克；账户期初余额：数量为 1 000千克，单价为 8.5 元/千克，金额为 8 500 元（总页：11；分页：1）。

（3）多栏式明细账资料：“生产成本——台式钻床”，借方余额为 30 000 元，其中：直接材料为12 000元，直接人工为 11 000 元，制造费用为 7 000 元。

任务要求：根据相关资料设置明细账（见图 2-31～图 2-33）。

分页：________ 总页：________

级科目：________________ 级科目：________________

年		凭证		摘要	借方									贷方									借或贷	余额								
月	日	种类	号数		百	十	万	千	百	十	元	角	分	百	十	万	千	百	十	元	角	分		百	十	万	千	百	十	元	角	分

图 2-31 三栏式明细账

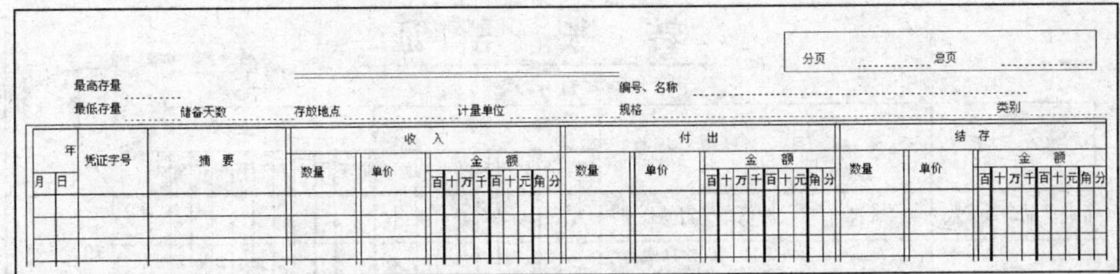

分页……总页……

最高存量…… 编号、名称……

最低存量…… 储备天数…… 存放地点…… 计量单位…… 规格…… 类别……

年		凭证字号	摘要	收入			付出			结存		
月	日			数量	单价	金额（百十万千百十元角分）	数量	单价	金额（百十万千百十元角分）	数量	单价	金额（百十万千百十元角分）

图 2-32 数量金额式明细账

生产成本 明细账

科目名称…… 页次……总页……

投产日期……计划工时…… 生产批号……

完工日期……实际工时…… 生产车间……

完成产量……数量……产品规格…… 产品名称……

年		凭证号数	摘要	借方发生额	成本项目			
					直接材料	直接人工	制造费用	合计
月	日			千百十万千百十元角分	千百十万千百十元角分	千百十万千百十元角分	千百十万千百十元角分	千百十万千百十元角分

图 2-33 三栏式明细账

任务三 登记账簿

账簿登记是否客观、准确，内容是否清楚、完整，直接影响到会计核算的顺利进行和会计资料的信息质量，也影响会计职能的发挥。因此，登记账簿必须遵循如下规则：

(1) 必须根据审核无误的会计凭证登记。

(2) 及时登记账簿，不得拖延、迟办。

(3) 登记账簿时必须将记账凭证上的日期、凭证种类和编号、经济业务内容摘要、借或贷方金额、余额等逐项填写入账。记账后经办人员要在记账凭证上签名或盖章，标识过账符号“√”，以免重登、漏登，并便于查阅（见图 2-34 和图 2-35）。

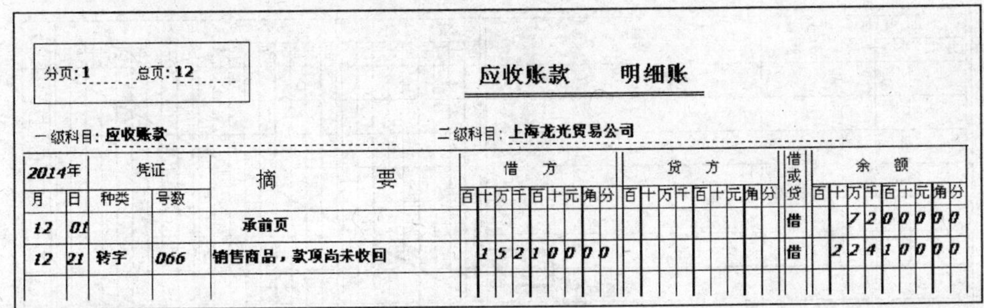

分页：1 总页：12

应收账款 明细账

一级科目：应收账款 二级科目：上海龙光贸易公司

2014年 月	日	凭证 种类	号数	摘要	借方（百十万千百十元角分）	贷方（百十万千百十元角分）	借或贷	余额（百十万千百十元角分）
12	01			承前页			借	7200000
12	21	转字	066	销售商品，款项尚未收回	15210000		借	22410000

图 2-34 应收账款明细账

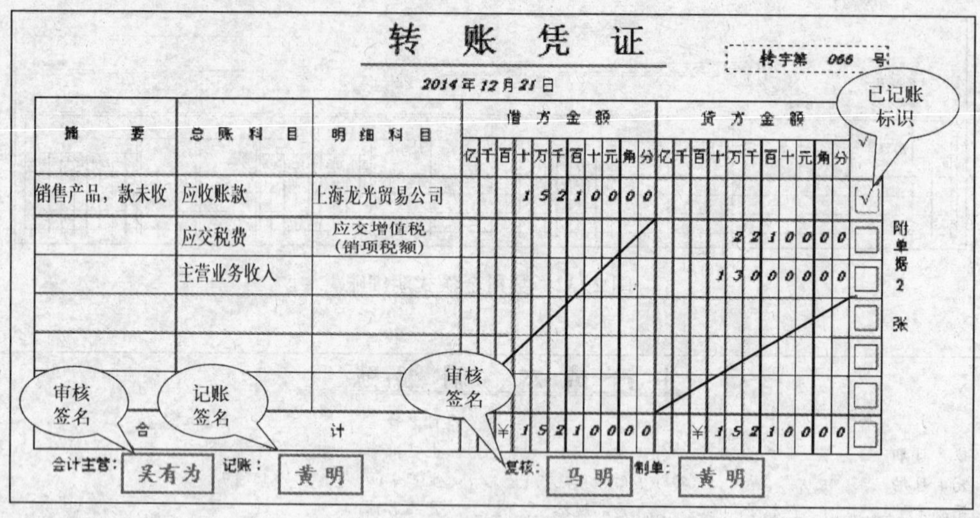

转账凭证

转字第 066 号

2014年12月21日

摘要	总账科目	明细科目	借方金额	贷方金额	
销售产品，款未收	应收账款	上海龙光贸易公司	152100000		√
	应交税费	应交增值税（销项税额）		22100000	
	主营业务收入			130000000	
合计			￥152100000	￥152100000	

附单据 2 张

会计主管：吴有为　记账：黄明　复核：马明　制单：黄明

图 2-35　已记账的转账凭证

（4）账簿必须用蓝黑墨水或碳素墨水或水性笔书写，不得用铅笔或圆珠笔书写。

（5）账簿必须按页码顺序连续登记，不得隔页、跳行，如发生类似情况，应在空页或空行处用红色墨水笔划对角线，标注“此行注销”并签名或签章（见图 2-36 和图 2-37）。

分页：12　总页：15

应收账款　明细账

一级科目：应收账款　二级科目：南宁百货股份有限公司

2014年 月	日	凭证 种类	号数	摘要	日页	借方	贷方	借或贷	余额
12	01			承前页		100000000	90000000	借	7000000
				此行注销 黄明					
12	15	收	13	收到上月欠款			4000000	借	3000000
12	16	转	17	销售二丙烯基醚产品		2340000		借	5340000
12	30			本月合计		2340000	4000000	借	5340000

图 2-36　空行注销处理

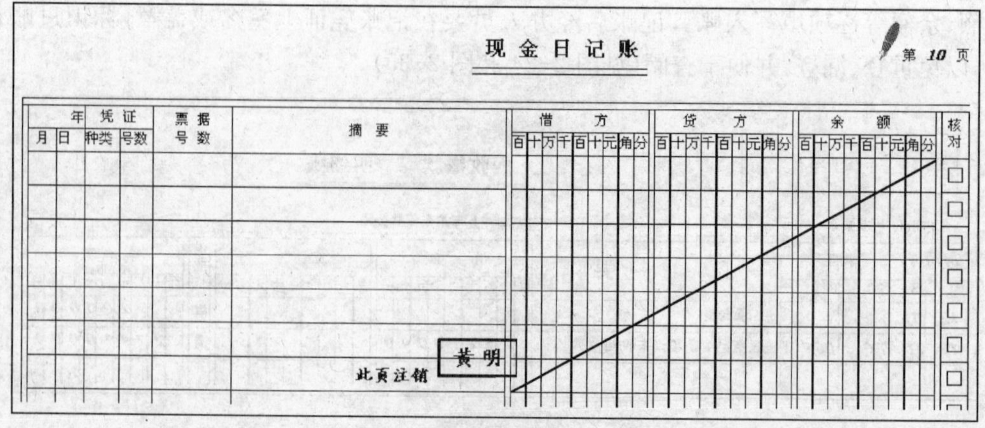

现金日记账

第 10 页

年 月	日	凭证 种类	号数	票据号数	摘要	借方	贷方	余额	核对
									□
									□
									□
									□
									□
									□
					此页注销 黄明				□

图 2-37　空页注销处理

（6）“摘要”栏文字应简明扼要，“金额”栏数字如“元”后无“角”、“分”，应分别在角位、分位上写“0”，不能空格或用“—”代替，数字和文字的大小一般占书写行行距的2/3，以保证账簿记录清晰、整洁，并为更正错误留有余地。

（7）凡需结出余额的账户，结出余额后，应当在“借或贷”等栏内写明“借”或“贷”等字样。没有余额的账户，应当在“借或贷”等栏内写“平”字，并在余额栏内的“元”位上用“0”表示。

（8）每登满一页账页，应在最末一行加计本页发生额及余额，并在“摘要”栏内注明“过次页”，同时在下一页的首行记入上页的发生额及余额，并在“摘要”栏内注明“承前页”（见图2-38）。

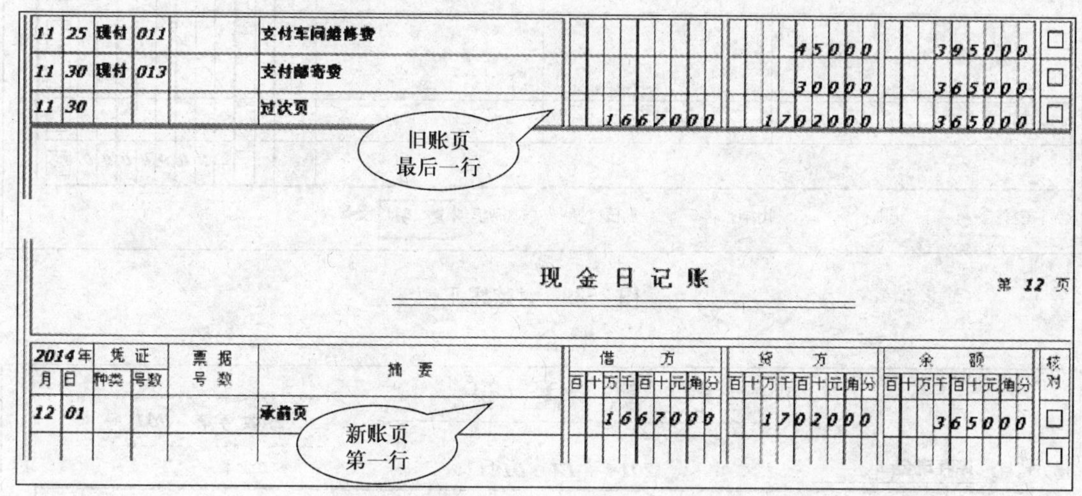

图2-38 更换账页的处理

注意：对“过次页”的本页合计数如何计算，一般分以下三种情况：

其一，需要结出本月发生额的账户，结计“过次页”的，本页合计数应当从本月初起至本页末止的发生额合计数，如采用“账结法”下的各损益类账户。

其二，需要结计本年累计发生额的账户，结计“过次页”的本页合计数应从年初起至本页末止的累计数，如“本年利润”账户和采用“表结法”下的各损益类账户。

其三，既不需要结计本月发生额也不需要结计本年累计发生额的账户，可以只将每页末的余额结转次页。如债权、债务结算类账户、“实收资本”等资本类账户和“原材料”等财产物资类账户。

（9）登账时或登账后发现差错，应根据具体情况，选用划线更正法、红字更正法或补充登记法进行更改，不得刮擦、挖补、涂改，养成良好的记账习惯，以防篡改和舞弊。

业务活动2-7 登记日记账

【**活动目标**】会登记日记账。

【**业务流程**】审核凭证→逐日逐笔登记日记账（填写日期、凭证类别和编号、摘要、金额）→结出余额。

【**业务资料**】付款凭证（见图2-39和图2-40）。

【**岗位任务**】登记日记账。

付 款 凭 证

银付 字第 001 号

贷方科目：银行存款　　　　2014年12月01日

摘　要	对方科目		借或贷	金额										√
	总账科目	明细科目		千	百	十	万	千	百	十	元	角	分	
提取现金备发工资	库存现金		借				2	0	0	0	0	0	0	
合　计						¥	2	0	0	0	0	0	0	

附单据 1 张

会计主管：　记账：　出纳：　复核：　制单：黄明　受款人：

图 2-39　付款凭证

收 款 凭 证

现收 字第 001 号

借方科目：库存现金　　　　2014年12月01日

摘　要	对方科目		借或贷	金额										√
	总账科目	明细科目		千	百	十	万	千	百	十	元	角	分	
零售商品款	主营业务收入		贷				1	0	0	0	0	0	0	
	应交税费	应交增值税（销项税额）	贷					1	7	0	0	0	0	
合　计						¥	1	1	7	0	0	0	0	

附单据 1 张

会计主管：　记账：　出纳：　复核：　制单：黄明　受款人：

图 2-40　收款凭证

【操作步骤】

步骤 1　审核记账凭证。

步骤 2　根据凭证填写记账日期、凭证编号、摘要、金额、余额各栏（见图 2-41）。

步骤 3　在记账凭证过账栏打"√"，在记账处签章。

步骤 4　每日营业终了把本日的借、贷方分别合计并结出本日余额。

现 金 日 记 账

第 45 页

2014年 月	日	凭证 种类	号数	票据号数	摘要	借方	贷方	余额	核对
12	01				承前页			600000	□
12	01	银付	001		提取备用金	2000000		2600000	□
12	01	现收	001		零售商品款	1170000		3770000	□
									□
									□

图 2-41 现金日记账

【岗位实践任务】

任务资料：相关单据见图 2-39 和图 2-42。

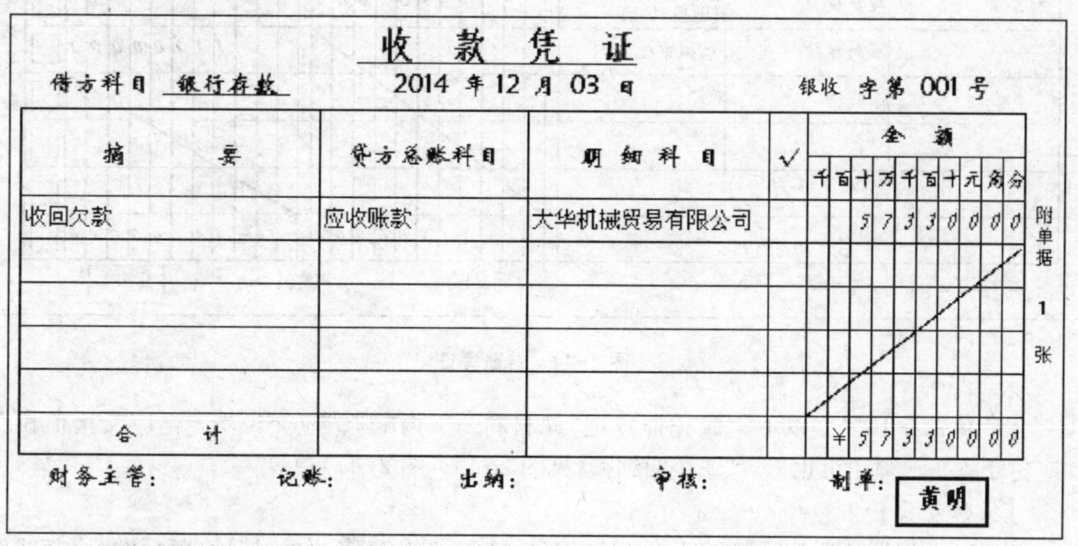

收 款 凭 证

借方科目 银行存款　　2014 年 12 月 03 日　　银收 字第 001 号

摘要	贷方总账科目	明细科目	√	金额
收回欠款	应收账款	大华机械贸易有限公司		5733000000
合计				¥5733000000

附单据 1 张

财务主管：　记账：　出纳：　审核：　制单：黄明

图 2-42 收款凭证

任务要求：根据业务资料填写银行存款日记账（见图 2-43）。

银行存款日记账

第 3 页

开户行：交通银行南宁大学路分理处

账 号：62226220101000106

2014年 月	日	凭证 种类	号数	摘要	借方	贷方	余额	核对
12	01			承前页	3000000	28000000	14000000	□
								□
								□
								□
								□

图 2-43 银行存款日记账

业务活动 2-8　登记明细分类账

【活动目标】会登记各种明细账。

【业务流程】审核凭证→逐笔登记(日期、凭证类别和编号、摘要、金额、结计余额)。

【业务资料】2014 年 12 月 10 日，购入材料(丙酮)，入库数量为 12 500 千克，单价为 8 元。记账凭证见图 2-44。

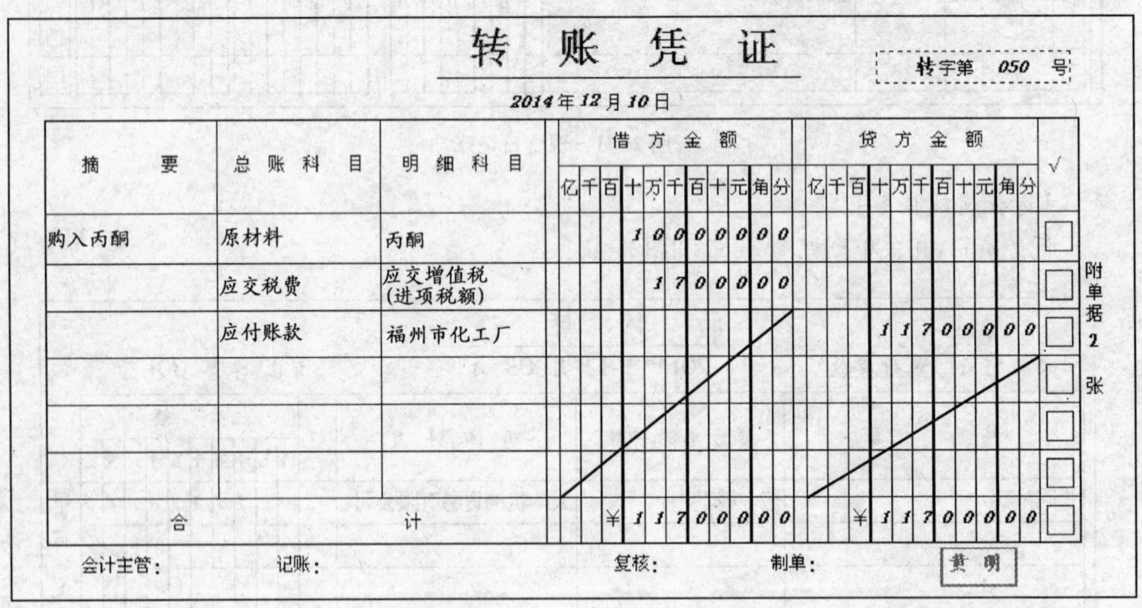

转 账 凭 证

转字第 050 号

2014年12月10日

摘要	总账科目	明细科目	借方金额	贷方金额	√
购入丙酮	原材料	丙酮	10000000		
	应交税费	应交增值税(进项税额)	1700000		
	应付账款	福州市化工厂		11700000	
合计			¥11700000	¥11700000	

附单据 2 张

会计主管：　记账：　复核：　制单：黄明

图 2-44　转账凭证

【岗位任务】根据以上记账凭证登记“原材料——丙酮”、“应交税费——应交增值税”、“应付账款——福州市化工厂”三个明细账(见图 2-45～图 2-47)。

【操作步骤】

步骤 1　根据凭证填写记账日期、凭证编号、摘要、发生额各栏并结计余额(数量金额式明细账还需要录入数量和单价)。

步骤 2　在记账凭证过账栏打“√”,在记账处签章。

原材料——丙酮　明细账

分页 1　总页 12

最高存量 10 000　编号、名称 丙酮

最低存量 4 000　储备天数 30　存放地点 材料仓库　计量单位 千克　规格　类别

2014年 月	日	凭证字号	摘要	收入 数量	收入 单价	收入 金额	付出 数量	付出 单价	付出 金额	结存 数量	结存 单价	结存 金额
12	01		承前页							4 000	8.00	3200000
12	05	转字030	生产车间领用材料				3 000	8.00	2400000	1 000	8.00	800000
12	10	转字050	购入材料	12 500	8.00	10000000				13 500	8.00	10800000

图 2-45　原材料——丙酮明细账

应交税费（应交增值税）　明细账

一级　科目 应交税费

2014年 月	日	凭证 种类	号数	摘要	借方 进项税额	借方 已交税金	借方 转出未交增值税	贷方 销项税额	贷方 进项税额转出	贷方 转出多交增值税	借或贷	余额
12	1			承前页							平	0
12	5	转字	10	销售商品				629000			贷	629000
12	8	转字	18	购买材料	476000						贷	153000
12	10	转字	50	购买材料	1700000						借	1547000

图 2-46　应交税费(应交增值税)明细账

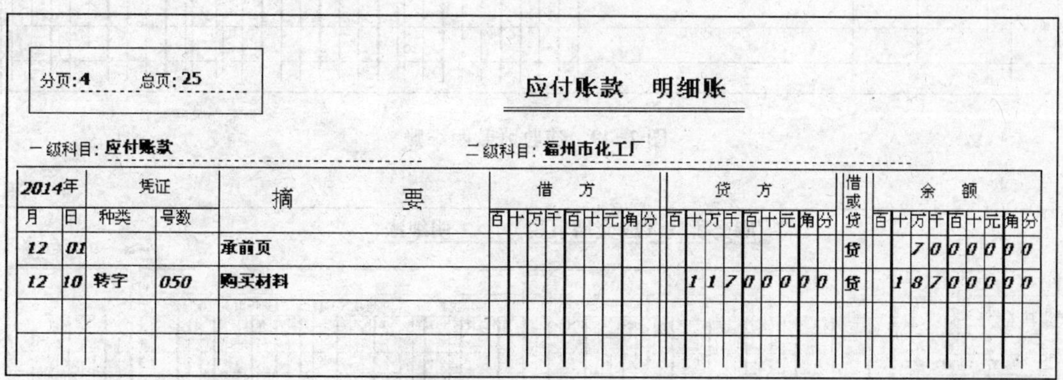

分页：4　总页：25

应付账款　明细账

一级科目：应付账款　二级科目：福州市化工厂

2014年 月	日	凭证 种类	号数	摘要	借方	贷方	借或贷	余额
12	01			承前页			贷	7000000
12	10	转字	050	购买材料		11700000	贷	18700000

图 2-47　应付账款——福州市化工厂明细账

【岗位实践任务】

任务资料：2014 年 12 月 21 日，销售产品，款未收。记账凭证见图 2-48。

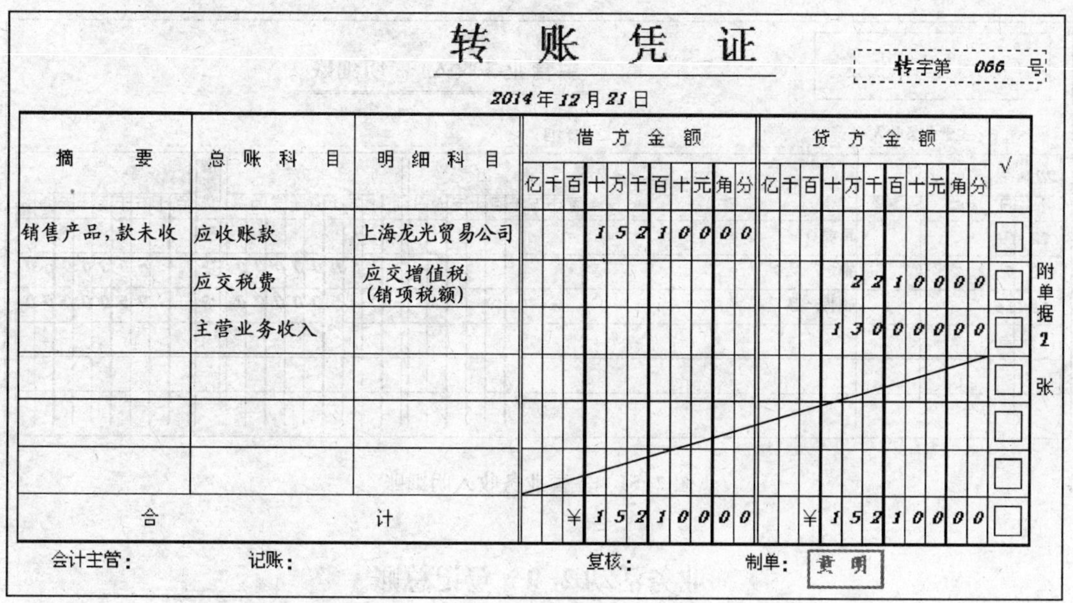

转　账　凭　证

转字第 066 号

2014年12月21日

摘要	总账科目	明细科目	借方金额	贷方金额	√
销售产品，款未收	应收账款	上海龙光贸易公司	15210000		
	应交税费	应交增值税（销项税额）		2210000	
	主营业务收入			13000000	
合　计			¥15210000	¥15210000	

附单据 2 张

会计主管：　记账：　复核：　制单：贾明

图 2-48　转账凭证

任务要求：根据业务资料填写相关明细账(见图 2-49～图 2-51)。

分页:1　总页:12

应收账款　　明细账

一级科目:应收账款　　二级科目:上海龙光贸易公司

2014年 月	日	凭证 种类	号数	摘要	借方	贷方	借或贷	余额
12	01			承前页			借	720000
12	03	转	002	收回货款		720000	平	0

图 2-49　应收账款明细账

应交税费(应交增值税)　　明细账

一级　科目 应交税费

2014年 月	日	凭证 种类	号数	摘要	借方 进项税额	借方 已交税金	借方 转出未交增值税	销项税额	进项税额转出	转出多交增值税	借或贷	余额
12	1			承前页							平	0
12	5	转字	10	销售商品				629000			贷	629000
12	8	转字	18	购买材料	476000						贷	153000
12	10	转字	50	购买材料	1700000						借	1547000

图 2-50　应交税费(应交增值税)明细账

分页:1　总页:30

主营业务收入　　明细账

一级科目:主营业务收入　　级科目:

2014年 月	日	凭证 种类	号数	摘要	借方	贷方	借或贷	余额
12	01			承前页			平	0
12	05			销售产品		600000	贷	600000
12	16			销售产品		350000	贷	950000

图 2-51　主营业务收入明细账

业务活动 2-9　登记总账

不同的账务处理程序,其总账登记方法不同,具体有以下三种登记方法:

方法一:记账凭证核算法(逐笔登记总账)。根据记账凭证逐笔登记,适用于记账凭证账务处理程序(登记方法同三栏式明细账)。

方法二:汇总记账凭证法。根据固定日期(一般为10天),汇总此期间的记账凭证,编制汇总记账凭证,再根据汇总记账凭证登记总账。此方法适用于汇总记账凭证核算程序。

方法三:科目汇总表法。根据所有记账凭证,编制科目汇总表,再根据科目汇总表登记总账。一般总账每月登记一次,即根据科目汇总表中的本月发生额分借、贷方登记。此方法适用于科目汇总核算程序。

下面以科目汇总表法举例说明如何登记总账。

【活动目标】会登记总账。

【业务流程】审核凭证(或汇总记账凭证或科目汇总表)→登记总账(填写日期、凭证类别和编号、摘要、金额、结计余额)。

【业务资料】南宁机械厂2014年12月科目汇总表的部分科目汇总见图2-52。

科目汇总表

2014年 12月 01日至 12月 31日

凭证号数	编号:	附件共	张
第	号至	号共	张
第	号至	号共	张
第	号至	号共	张

会计科目	总页	借方金额(十亿千百十万千百十元角分)	贷方金额(十亿千百十万千百十元角分)	会计科目	总页	借方金额(十亿千百十万千百十元角分)	贷方金额(十亿千百十万千百十元角分)
银行存款		200000	800000				
应收账款			1000000				
短期借款		10000000	5000000				
应付账款		5000000	1000000				

图 2-52 科目汇总表

【岗位任务】根据科目汇总表登记"银行存款"总账。

【操作步骤】

步骤1 审核科目汇总表以确保无误。

步骤2 登记总账,填写日期、凭证类别和编号、摘要、借方发生额、贷方发生额、结计余额(见图2-53)。

分页: 2 总页:

总分类账

科目:银行存款

2014年 月	日	凭证 字	号	摘要	借方(亿千百十万千百十元角分)	贷方(亿千百十万千百十元角分)	借或贷	余额(亿千百十万千百十元角分)	√
12	01			承前页	10000000	9000000	借	14900000	□
12	31	科汇		12月份科目汇总表	200000	800000	借	14300000	□
12	31			本月合计	200000	800000	借	14300000	□
									□
									□

图 2-53 总账

【岗位实践任务】

任务资料:南宁机械厂2014年12月"库存现金"汇总收、付款凭证见图2-54和图2-55。

任务要求:根据汇总收、付款凭证登记"库存现金"总账(见图2-56)。

汇总收款凭证

借方账户:库存现金　　　　2014年12月　　　　第 1 号

贷方账户	金额				总账页数	
	1~10日	11~20日	21~31日	合计	借方	贷方
应收账款		8 000.00		8 000.00		
应收票据	10 000.00			10 000.00		
其他应收款			5 000.00	5 000.00		
预收账款		5 000.00		5 000.00		
合计				28 000.00		

附件
(1)自 1 日至 10 日 现收凭证共 1张
(2)自 11 日至 20 日 现收凭证共 2张
(3)自 21 日至 31 日 现收凭证共 1张

图 2-54 汇总收款凭证

汇总付款凭证

贷方账户:库存现金　　　　2014年12月　　　　第 2 号

借方账户	金额				总账页数	
	1~10日	11~20日	21~31日	合计	借方	贷方
银行存款	30 000.00			30 000.00		
应付职工薪酬			10 000.00	10 000.00		
应付账款		20 000.00		20 000.00		
其他应付款			5 000.00	5 000.00		
合计				65 000.00		

附件
(1)自 1日至 10日 现付凭证共 1张
(2)自 11日至 20日 现付凭证共 1张
(3)自 21日至 31日 现付凭证共 2张

图 2-55 汇总付款凭证

分页: 10 总页:

总分类账

科目:库存现金

2014年		凭证		摘要	借方											贷方											借或贷	余额											√
月	日	字	号		亿	千	百	十	万	千	百	十	元	角	分	亿	千	百	十	万	千	百	十	元	角	分		亿	千	百	十	万	千	百	十	元	角	分	
12	01			承前页			1	3	9	5	0	0	0	0	0			1	2	8	0	0	0	0	0	0	借				2	6	5	0	0	0	0	0	□
																																							□
																																							□
																																							□
																																							□
																																							□

图 2-56 总账

知识链接

总分类账与明细分类账的基本认知

(1) 总分类账与明细分类账的关系：

联系：①所反映的经济业务内容相同。②登记账簿的原始依据相同。

区别：①反映经济内容的详细程度不同。②作用不同。

(2) 总分类账与所属明细分类账的平衡登记：是指对发生的每一笔经济业务既要登记总分类账，又要登记总分类账所属的明细分类账。

要点：①登记依据相同。②记账方向相同。③记账金额相等。④登记的会计期间相同。

结果：①总分类账期初余额等于所属明细分类账的期初余额之和。②总分类账本期借方发生额等于所属明细分类账的借方发生额之和。③总分类账本期贷方发生额等于所属明细分类账的贷方发生额之和。④总分类账的期末余额等于所属明细分类账的期末余额之和。

(3) 总分类账与明细分类账的相互核对：一般于期末编制对照表，对将总分类账发生额与所属明细分类账的发生额合计数相互核对相符；将总分类账的期末余额与所属明细分类账的期末余额合计核对相符。

任务四　对账和错账更正

业务活动 2-10　对账

核对账目是保证账簿记录正确性的一项重要工作。在月份和年度终了时，会计人员应将账簿记录核对结算清楚，使账簿资料如实反映情况，为编制会计报表提供可靠的资料。

对账的内容包括账证核对、账账核对和账实核对。

一、账证核对

账证核对是根据各种账簿记录与记账凭证及其所附的原始凭证进行核对，核对会计账簿记录与原始凭证、记账凭证的时间、凭证字号、内容、金额是否一致，记账方向是否相符。

账证核对的方法见图 2-57。

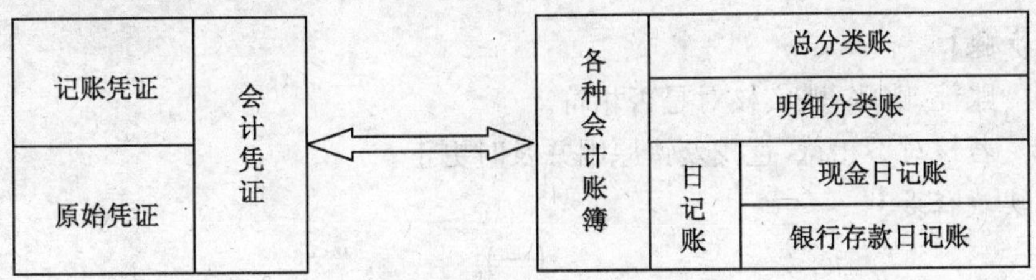

图 2-57　账证核对的方法

二、账账核对

账账核对是指对各种账簿之间的有关数字进行核对，核对不同会计账簿记录是否相符。其中，总账有关账户的余额核对是核对总账各账户借方发生额合计与贷方发生额合计是否相符，总账各账户借方余额合计与贷方余额合计是否相等。

账账核对的方法见图 2-58。

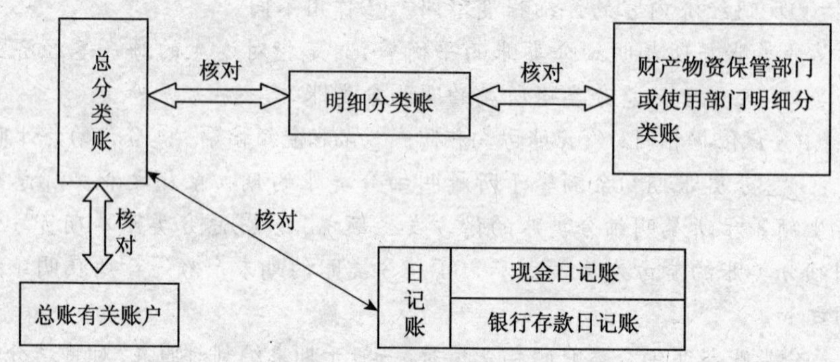

图 2-58 账账核对的方法

三、账实核对

账实核对是指各种财产物资的账面余额与实存数额相互核对。核对会计账簿记录与财产等实有数额是否相符。账实核对包括：现金日记账账面余额与现金实际库存数核对；银行存款日记账账面余额与银行对账单核对；各种财产物资明细账账面余额与财产物资实存数额核对；各种应收、应付款明细账账面余额与有关债务、债权单位或者个人核对等。

账实核对的方法见图 2-59。

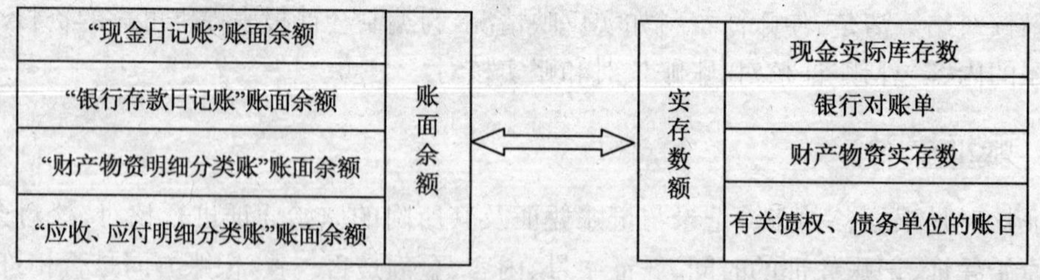

图 2-59 账实核对的方法

【操作步骤】

步骤 1 账证、账账、账实核对是否相符。

步骤 2 若核对不相符，查找差错原因并及时更正。

【岗位实践任务】

（一）

任务资料：相关账簿及凭证资料见图 2-60～图 2-65。

分页：4　总页：26

管理费用明细账

一级科目：管理费用

二级科目：

2014年 月	日	凭证号数	摘要	办公费用	维修费	通讯费	水电费	差旅费	
12	01		承前页	372000	190700	562400	3819820	1707600	
12	02	现付004	购买办公用品	12000					
12	04	银付011	打印机维修费		60000				
12	07	银付022	报销电话费			185600			
12	09	银付029	12月份水电费				1276740		
12	12	现付015	差旅费					570000	

图 2-60　管理费用明细账

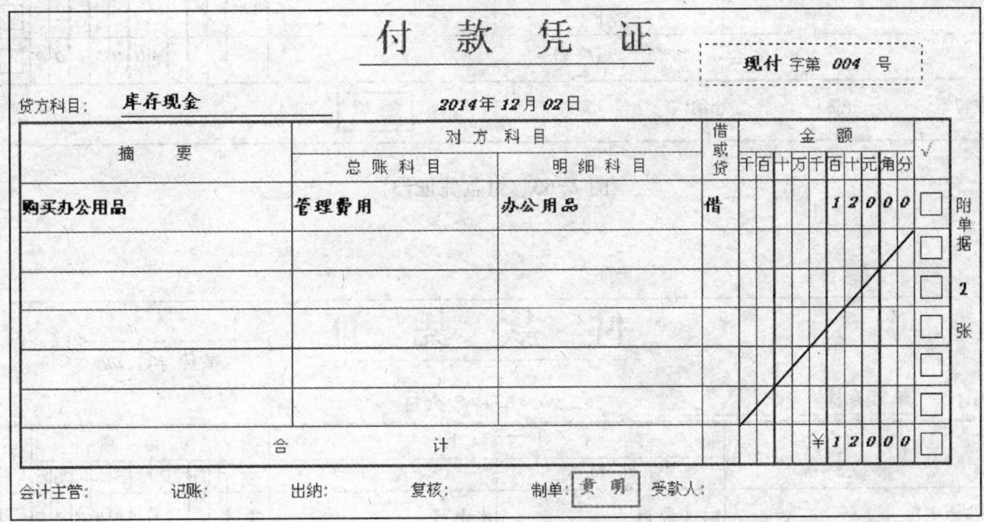

付　款　凭　证

现付 字第 004 号

贷方科目：库存现金　　2014年12月02日

摘要	总账科目	明细科目	借或贷	金额	√
购买办公用品	管理费用	办公用品	借	12000	
合计				￥12000	

附单据 2 张

会计主管：　记账：　出纳：　复核：　制单：黄明　受款人：

图 2-61　付款凭证(1)

付　款　凭　证

银付 字第 011 号

贷方科目：银行存款　　2014年12月04日

摘要	总账科目	明细科目	借或贷	金额	√
打印机维修费	管理费用	维修费用	借	60000	
合计				￥60000	

附单据 2 张

会计主管：　记账：　出纳：　复核：　制单：黄明　受款人：

图 2-62　付款凭证(2)

付 款 凭 证

银付 字第 022 号

贷方科目：银行存款　　　　2014年12月07日

摘要	对方科目 总账科目	明细科目	借或贷	千	百	十	万	千	百	十	元	角	分	√
报销电话费	管理费用	通讯费	借					1	8	5	6	0	0	
合　　计							¥	1	8	5	6	0	0	

附单据 2 张

会计主管：　记账：　出纳：　复核：　制单：黄明　受款人：

图 2-63　付款凭证(3)

付 款 凭 证

银付 字第 029 号

贷方科目：银行存款　　　　2014年12月09日

摘要	对方科目 总账科目	明细科目	借或贷	千	百	十	万	千	百	十	元	角	分	√
12月份水电费	制造费用	水电费	借				1	0	5	8	7	0	5	
	管理费用	水电费	借					2	1	8	0	3	5	
合　　计						¥	1	2	7	6	7	4	0	

附单据 2 张

会计主管：　记账：　出纳：　复核：　制单：黄明　受款人：

图 2-64　付款凭证(4)

任务要求：完成账证核对。如果账证不相符，请说明不符的情况。

（二）

任务资料：相关账簿资料见图 2-66 和图 2-67。

任务要求：完成账账核对。如账账不符，请说明不符的情况。

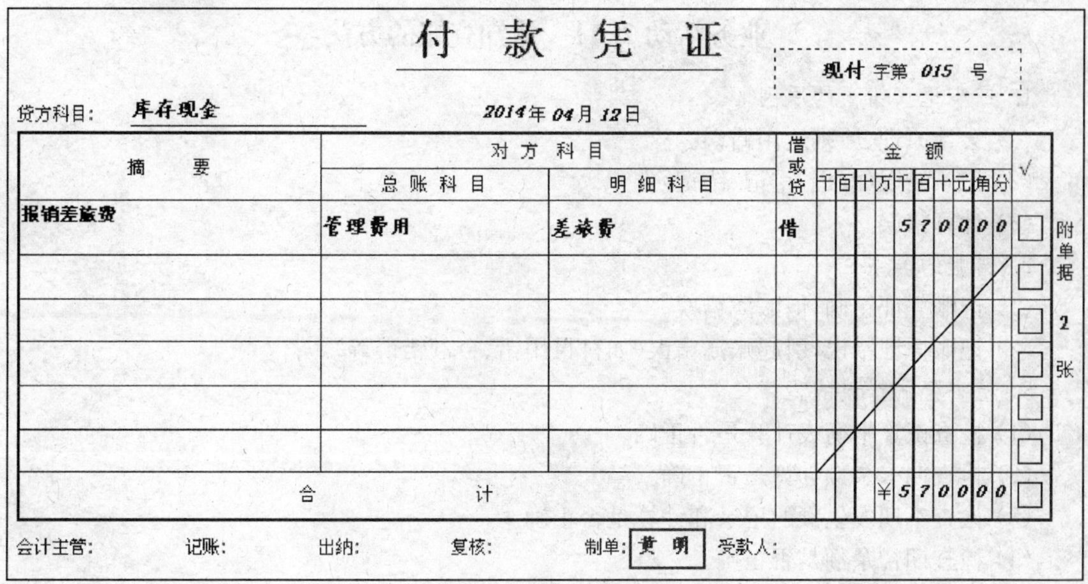

付 款 凭 证

现付 字第 015 号

贷方科目：库存现金　　2014年04月12日

摘要	对方科目：总账科目	对方科目：明细科目	借或贷	金额（千百十万千百十元角分）	√
报销差旅费	管理费用	差旅费	借	570000	□
					□
					□
					□
					□
					□
合计				￥570000	□

附单据 2 张

会计主管：　记账：　出纳：　复核：　制单：黄明　受款人：

图 2-65　付款凭证(5)

分页：31　总页：

总分类账

科目：制造费用

2014年 月	日	凭证 字	号	摘要	借方（亿千百十万千百十元角分）	贷方（亿千百十万千百十元角分）	借或贷	余额（亿千百十万千百十元角分）	√
				承前页	2860600	2860600	平	θ	□
12	30	科汇		本月发生额累计数	950000	950000	平	θ	□
12	31			本月合计	950000	950000	平	θ	□
									□

图 2-66　制造费用总账

分页：4　总页：12

制造费用明细账

一级科目：制造费用

级科目：

2014年 月	日	凭证号数	摘要	工资（十万千百十元角分）	办公费（十万千百十元角分）	修理费（十万千百十元角分）	折旧费（十万千百十元角分）	水电费（十万千百十元角分）	（十万千百十元角分）
12	01		承前页	1328400	53600	449500	742500	286600	
12	07	现付010	报销办公用品费用		20000				
12	13	银付016	支付修理费用			160000			
12	16	银付022	支付上月车间用水电费					330000	
12	29	转065	计提折旧费用				240000		
12	30	转080	计提本月工资	550000					
12	31		本月合计	550000	20000	160000	240000	330000	

图 2-67　制造费用明细账

业务活动 2-11　认知查账的方法

1. 产生记账错误的原因

(1) 会计原理、原则运用错误。

(2) 记录错误(漏记、重记、错记)。

(3) 计算错误。

2. 错账的类型

(1) 记账凭证正确,但账簿错误。

(2) 记账凭证错误,引起账簿错误(如科目用错、金额错误等)。

3. 检查记账错误的程序

(1) 检查试算平衡表计算是否正确。

(2) 检查期末余额计算是否正确。

(3) 检查本期发生额的记录和计算是否正确。

(4) 检查期初余额是否正确。

4. 检查错账的技术方法

(1) 差数法。先确定错误的差额,找出差数所在的范围,直接从账账之间的差额数字来查找错误的方法。这种方法主要适用于漏记、重记等原因形成的差错。例如,若账户方漏记 400 000元。假设借方合计为 295 000;贷方合计为 695 000,双方差额为 400 000,即可根据 400 000这个数字直接查找错账。

(2) 尾数法。如果账簿记录发现金额错误,且差错是角、分,可以只检查元以下的尾数即可,以提高查错的效率。

(3) 除 2 法。如果在记账过程中出现将记账方向记反了,即将借方记入贷方,贷方记到了借方,这种差错会导致该账户一方(借或贷)合计数增多,而另一方(借或贷)合计数减少的情况,而差额正好是记错方向金额的两倍,且差数应该为偶数,能被 2 整除。对于这种错误的查找可以采用除 2 法。例如,若将账户借方 80 000 元误记入贷方。假设借方合计为 615 000 元;贷方合计为 775 000 元,双方差额为 160 000 元。即可根据 80 000 元(160 000÷2)这个数字去查找错账。

(4) 除 9 法。除 9 法是指用差数除以 9 来查找错账的方法。这种方法主要适用于查找数字错位和相邻数字颠倒所引起的差错,有以下三种情况:一是将数字写小;二是将数字写大;三是将数字颠倒。例如,若误将 4 985 元颠倒为 4 958 元。假设借方合计为 695 000 元;贷方合计为 694 973 元。双方差额为 27 元(27÷9)。应用除 9 法,其特征为:求得的商数为被颠倒两数之差(本例为 8－5＝3)。即可根据商数的这一特征去查找错账。账簿发现错误,不准涂改、挖补、刮擦或用药水消除字迹,必须按照正确方法进行更正。

错账更正的方法包括划线更正法、红字更正法和补充登记法。

业务活动 2-12　划线更正法

划线更正法也称红线更正法,是指在错误的文字或数字上划一条红色横线注销,并用蓝字或黑字将正确的文字或数字填写在划线的上方位置,再由更正人员在更正处盖章,以明确责任的错账更正方法。它适用于结账前,账簿记录中的数字或文字有错误,但记账凭证没有错误的错账。

【活动目标】会用划线更正法更正错账。

【业务流程】查账→找出错账(凭证无误,账簿有错)→在差错的文字或金额上用一条红线划销→将正确的金额及数字用蓝字写在错账上方→在更正处的右上方签章,明确责任。

【业务资料】“管理费用明细账”(见图 2-60)2014 年 12 月 9 日所登记的 12 月份水电费金额 12 767.40 元与付款凭证上“管理费用”账户金额 2 180.35 元(见图 2-64)不相符。经查,系会计人员看错金额登错账,则用划线更正法进行更正。

【岗位任务】用划线法更正错账。

【操作步骤】

步骤 1　在错误的文字或数字上划红线。

步骤 2　在错误的文字或数字上方填写正确的文字或数字。

步骤 3　在更正处签章(见图 2-68)。

分页:4　总页:26

管理费用明细账

一级科目:管理费用

级科目:

2014年 月	日	凭证号数	摘要	办公费用	维修费	通讯费	水电费	差旅费	
12	01		承前页	372000	190700	562400	3819820	1707600	
12	02	现付004	购买办公用品	12000					
12	04	银付011	打印机维修费		60000				
12	07	银付022	报销电话费			185600			
12	09	银付029	12月份水电费			黄明	218035 ~~1276740~~		
12	12	现付015	差旅费					570000	

图 2-68　划线更正错账

知识链接

采用划线更正法需要注意的事项

(1) 采用划线更正法,错误的文字,可以仅更正错误部分;错误的金额数字,必须作整体更正(见图 2-69),而不能部分更正(见图 2-70)。

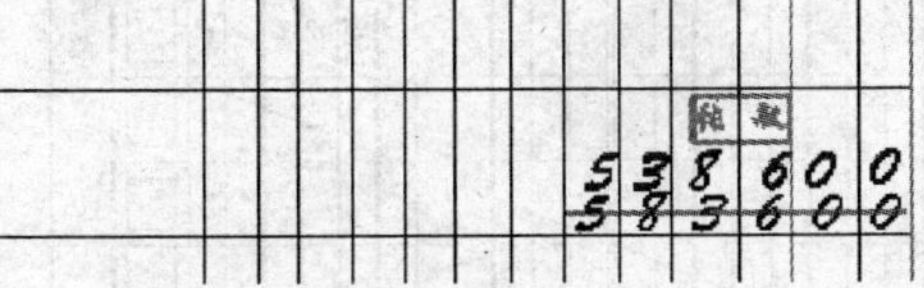

图 2-69　正确的划线更正

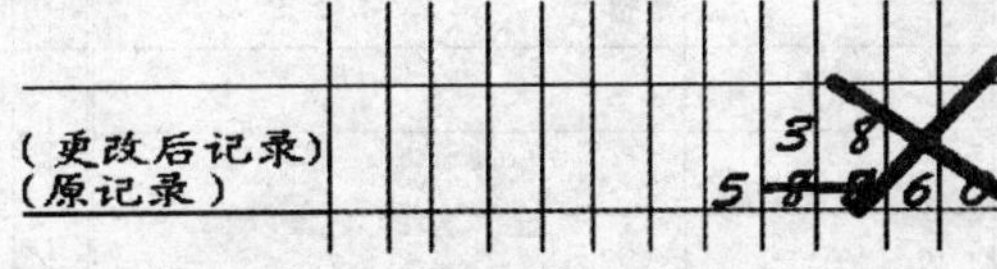

图 2-70　错误码的划线更正

(2) 划线时必须保证划线后使原有字迹仍可辨认,以备查找。

(3) 由于会计电算化的账簿均由系统自动生成,不会出现凭证正确而账簿错误的情况,且电子账簿不适用于使用划线更正法更正错账,所以采用会计电算化的企业没有划线更正法。

业务活动 2-13 红字更正法

红字更正法又称红字冲销法，是指以红字编制与原错账凭证相同的凭证冲销原错账记录，再用正确的蓝字凭证加以更正的错账更正方法。红字更正法适用于以下两种情况：

(1) 记账凭证所记科目、记账方向等有误，账簿登记随之错误。

(2) 记账凭证实际记录金额大于应计金额，账簿登记随之错误。

【活动目标】会用红字更正法更正错账。

【业务流程】查账→找出错账(凭证金额多记或科目用错，账簿记错)→按需要冲销的金额用红字编制记账凭证冲销错账→用蓝字编制正确的凭证补正错账→根据凭证登记账簿。

【业务资料】记账凭证及原始凭证资料见图 2-71 和图 2-72。

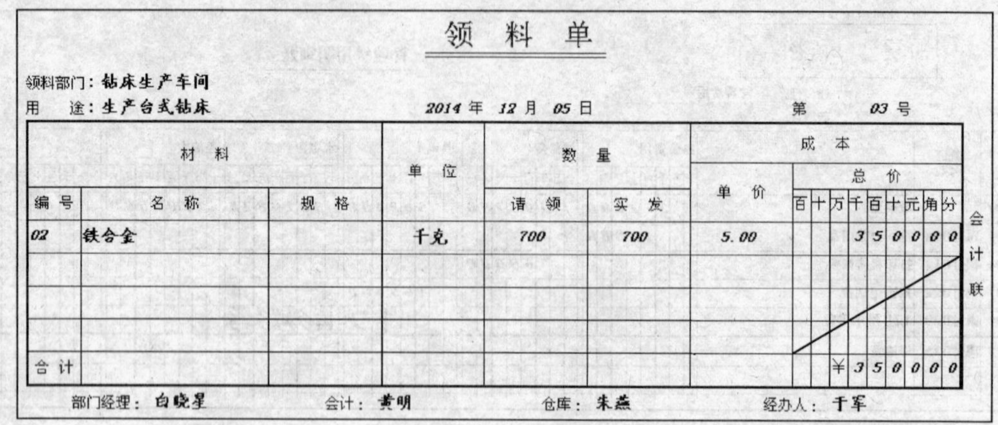

领 料 单

领料部门：钻床生产车间

用 途：生产台式钻床 2014 年 12 月 05 日 第 03 号

材料编号	名称	规格	单位	数量·请领	数量·实发	成本·单价	成本·总价
02	铁合金		千克	700	700	5.00	3500.00
合计							￥3500.00

部门经理：白晓星 会计：黄明 仓库：朱燕 经办人：于军

会计联

图 2-71 领料单

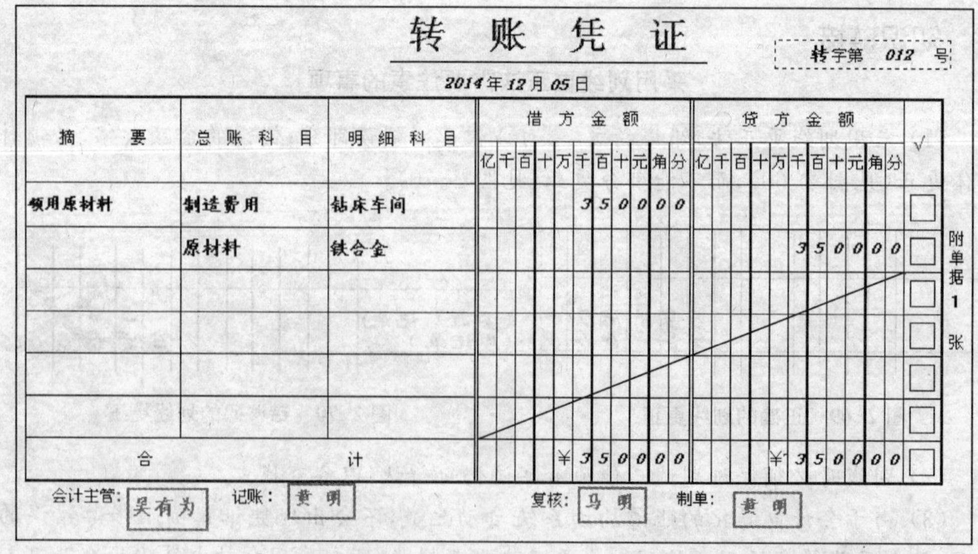

转 账 凭 证

转字第 012 号

2014年12月05日

摘要	总账科目	明细科目	借方金额	贷方金额	√
领用原材料	制造费用	钻床车间	3500.00		
	原材料	铁合金		3500.00	
合计			￥3500.00	￥3500.00	

会计主管：吴有为 记账：黄明 复核：马明 制单：黄明

附单据 1 张

图 2-72 错误的记账凭证

【岗位任务】用红字更正法更正错账。

【操作步骤】

步骤 1　审核原始凭证和记账凭证，发现记账凭证用错科目，生产产品领用材料，应记入“生产成本”账户，原记账凭证误记入“制造费用”账户（见图 2-72）。

步骤 2　用红字编制与原错账相同的红字凭证（见图 2-73）。

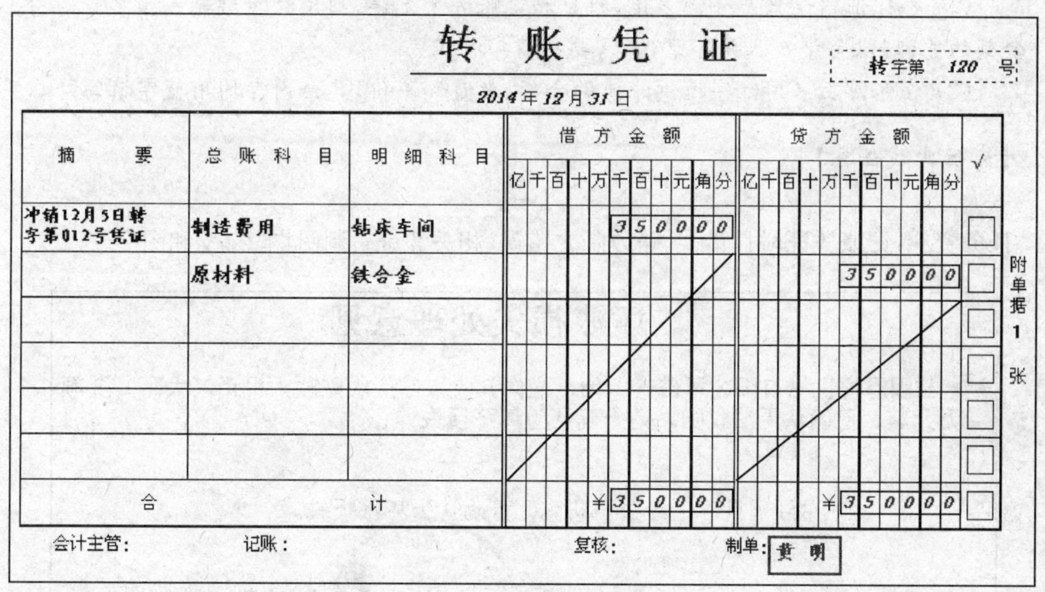

转　账　凭　证

转字第　120　号

2014 年 12 月 31 日

摘要	总账科目	明细科目	借方金额（亿千百十万千百十元角分）	贷方金额（亿千百十万千百十元角分）	√
冲销12月5日转字第012号凭证	制造费用	钻床车间	350000		
	原材料	铁合金		350000	
合计			￥350000	￥350000	

附单据 1 张

会计主管：　记账：　复核：　制单：黄明

图 2-73　红字更正记账凭证

步骤 3　用红字登记入账（制造费用及原材料账簿有关账簿）。

步骤 4　用蓝字编制正确的凭证（见图 2-74）。

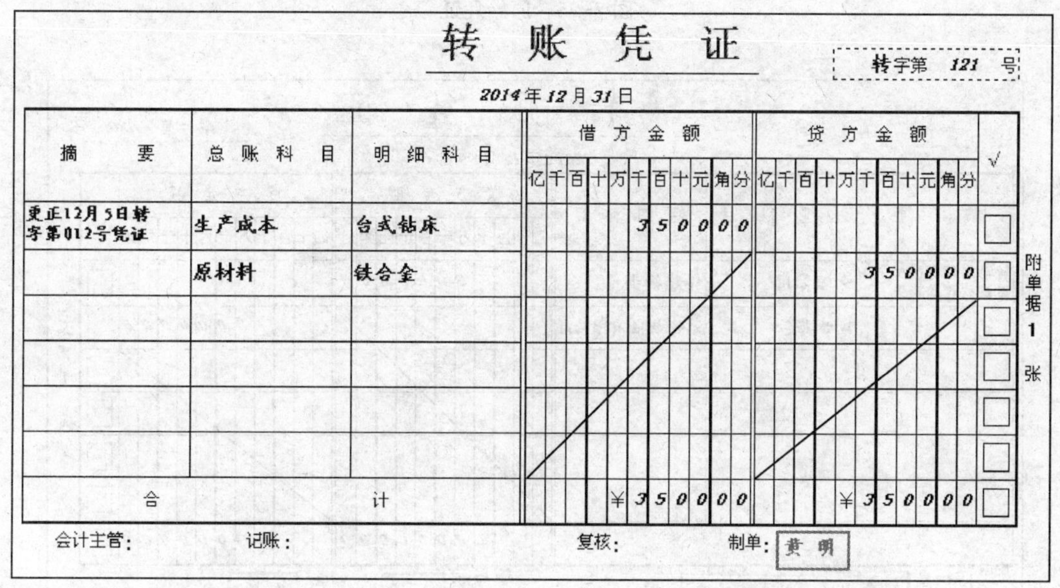

转　账　凭　证

转字第　121　号

2014 年 12 月 31 日

摘要	总账科目	明细科目	借方金额（亿千百十万千百十元角分）	贷方金额（亿千百十万千百十元角分）	√
更正12月5日转字第012号凭证	生产成本	台式钻床	350000		
	原材料	铁合金		350000	
合计			￥350000	￥350000	

附单据 1 张

会计主管：　记账：　复核：　制单：黄明

图 2-74　蓝字补正记账凭证

步骤 5　用蓝字登记入账。

知识链接

关于红字更正法的认知

（1）如凭证错误只是金额多记，科目和记账方法无误，则用红字编制一张多记部分金额的凭证，以登记入账并签章，不需要用蓝字补正。

（2）在账簿上只用红字填制账簿的金额、数量和单价，其余内容均用蓝字填写。

【岗位实践任务】

（一）

任务资料：记账凭证科目错误，账簿随之错误（相关凭证资料见图 2-75 和图 2-76）。

坏账损失处理意见

兹因君悦机械有限公司破产倒闭，应向其收取的应收账款人民币（大写）金额叁万元整，已确认无法收回，请予确认为坏账损失。

总经理批示：经公司研究，可确认为坏账损失。

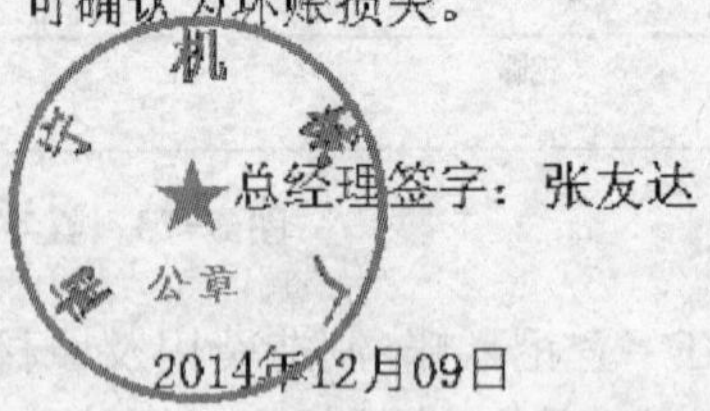

总经理签字：张友达

2014年12月09日

图 2-75　原始凭证

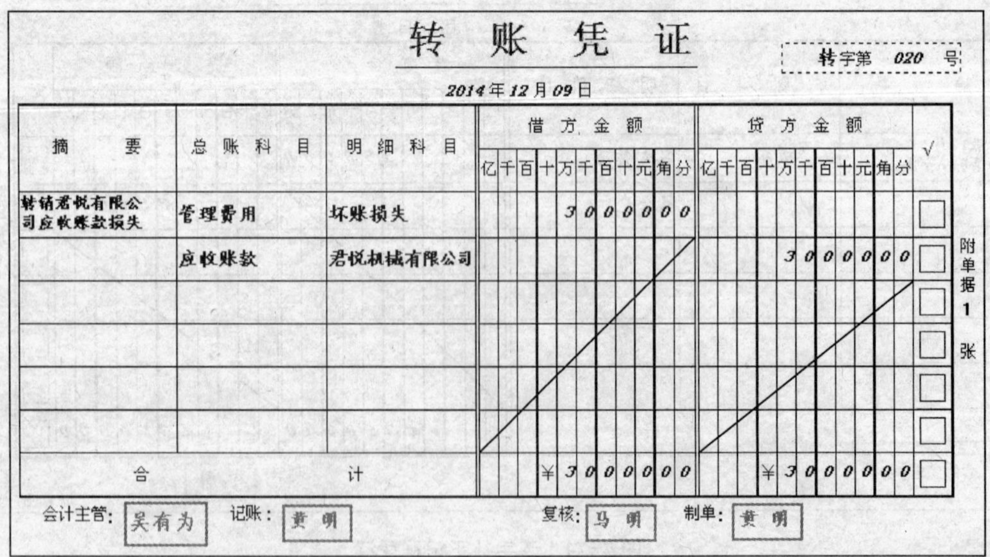

转　账　凭　证

转字第 020 号

2014 年 12 月 09 日

摘要	总账科目	明细科目	借方金额（亿千百十万千百十元角分）	贷方金额（亿千百十万千百十元角分）	√
转销君悦有限公司应收账款损失	管理费用	坏账损失	3000000		
	应收账款	君悦机械有限公司		3000000	
合		计	¥3000000	¥3000000	

附单据 1 张

会计主管：吴有为　记账：黄明　复核：马明　制单：黄明

图 2-76　错误记账凭证

任务要求：审核原始凭证和记账凭证，如有误，请更正（空白凭证见图 2-77 和图 2-78）。

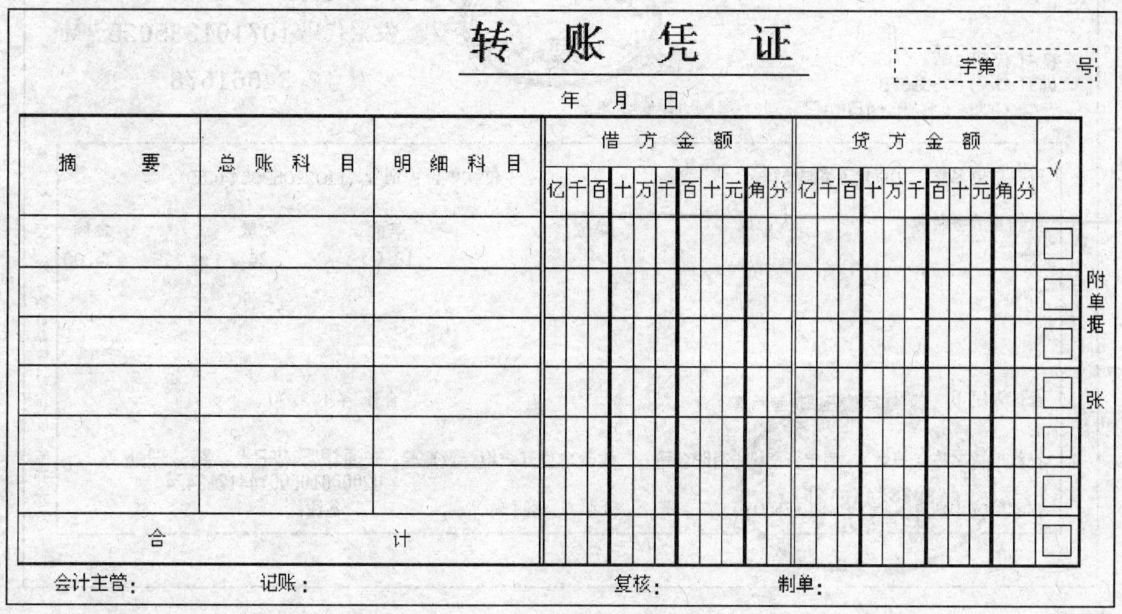

转　账　凭　证

字第　　号

年　月　日

摘要	总账科目	明细科目	借方金额											贷方金额											√
			亿	千	百	十	万	千	百	十	元	角	分	亿	千	百	十	万	千	百	十	元	角	分	
合		计																							

附单据　张

会计主管：　记账：　复核：　制单：

图 2-77　空白转账凭证(1)

转　账　凭　证

字第　　号

年　月　日

摘要	总账科目	明细科目	借方金额											贷方金额											√
			亿	千	百	十	万	千	百	十	元	角	分	亿	千	百	十	万	千	百	十	元	角	分	
合		计																							

附单据　张

会计主管：　记账：　复核：　制单：

图 2-78　空白转账凭证(2)

（二）

任务资料：记账凭证金额错误，账簿随之错误（相关凭证资料见图 2-79 和图 2-80）。

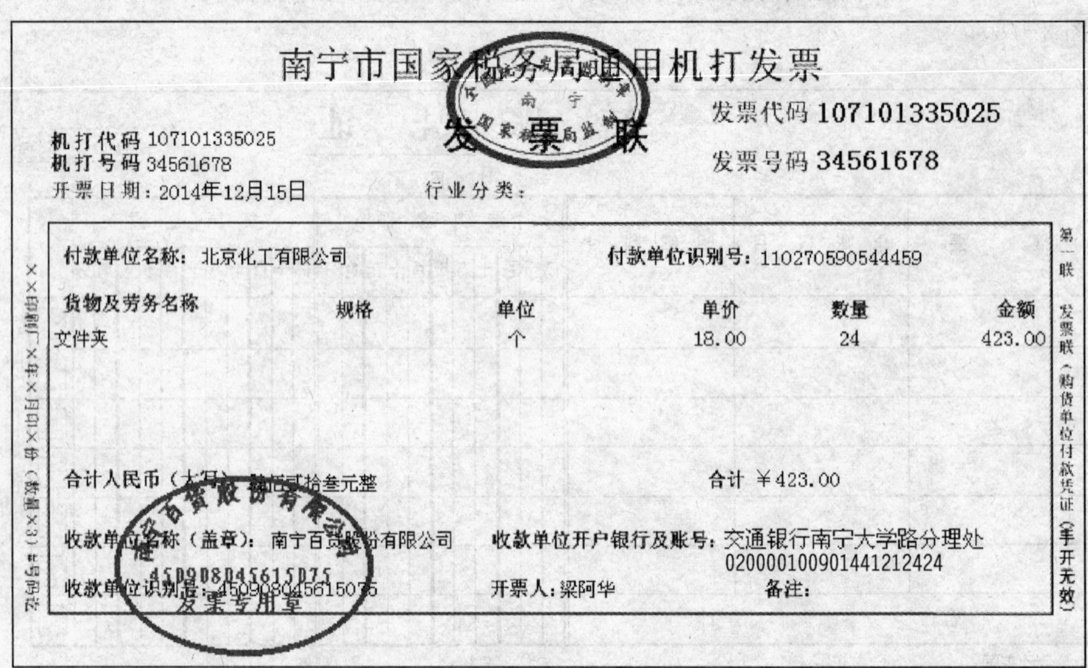

南宁市国家税务局通用机打发票

发票联

机打代码 107101335025
机打号码 34561678
开票日期：2014年12月15日　　行业分类：

发票代码 107101335025
发票号码 34561678

付款单位名称：北京化工有限公司　　付款单位识别号：110270590544459

货物及劳务名称	规格	单位	单价	数量	金额
文件夹		个	18.00	24	423.00

合计人民币（大写）肆佰贰拾叁元整　　合计 ￥423.00

收款单位名称（盖章）：南宁百货股份有限公司　　收款单位开户银行及账号：交通银行南宁大学路分理处 020000100901441212424

收款单位识别号：450908045615075　　开票人：梁阿华　　备注：

第一联 发票联（购货单位付款凭证）（手开无效）

图 2-79　通用机打发票

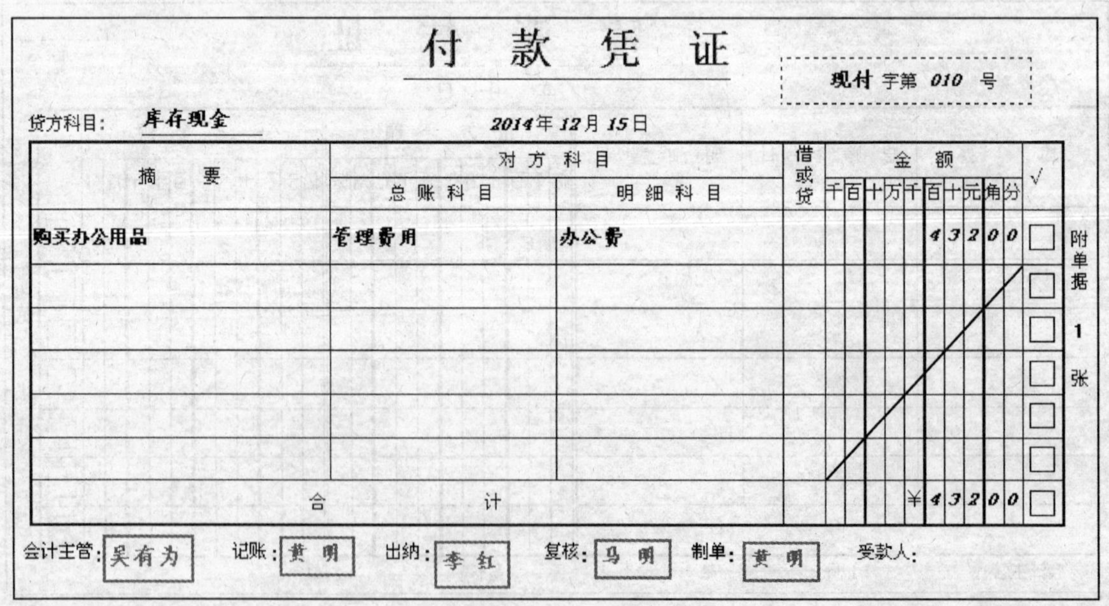

付款凭证

现付 字第 010 号

贷方科目：库存现金　　2014年12月15日

摘要	总账科目	明细科目	借或贷	千	百	十	万	千	百	十	元	角	分	√
购买办公用品	管理费用	办公费							4	3	2	0	0	
合计								￥	4	3	2	0	0	

附单据 1 张

会计主管：吴有为　记账：黄明　出纳：李红　复核：马明　制单：黄明　受款人：

图 2-80　记账凭证

任务要求：审核以上原始凭证和记账凭证，如有误，请更正(空白凭证见图 2-81)。

付 款 凭 证

字第　　号

贷方科目：　　　　　　　　年　月　日

摘　要	对方科目		借或贷	金额										√
	总账科目	明细科目		千	百	十	万	千	百	十	元	角	分	
合　计														

附单据　　张

会计主管：　　记账：　　出纳：　　复核：　　制单：　　受款人：

图 2-81　空白付款凭证

业务活动 2-14　补充登记法

补充登记法又称蓝字补记法，是指所记金额小于应记的正确金额，按少记金额用蓝字或黑字填制一张与原错误记账凭证所记载的借贷方向、应借应贷会计科目相同的记账凭证，并据以登记入账，以补记少记金额，求得正确金额的错账更正方法。补充登记法适用于记账凭证使用科目和记账方向没有错误，仅是账簿金额少记的情况。

【**活动目标**】会用补充登记法更正错账。

【**业务流程**】查账→找出错账（凭证金额少记，账簿出错）→按补记金额用蓝字编制正确的凭证补正错账→根据凭证登记账簿。

【**业务资料**】记账凭证及原始凭证资料见图 2-82 和图 2-83。

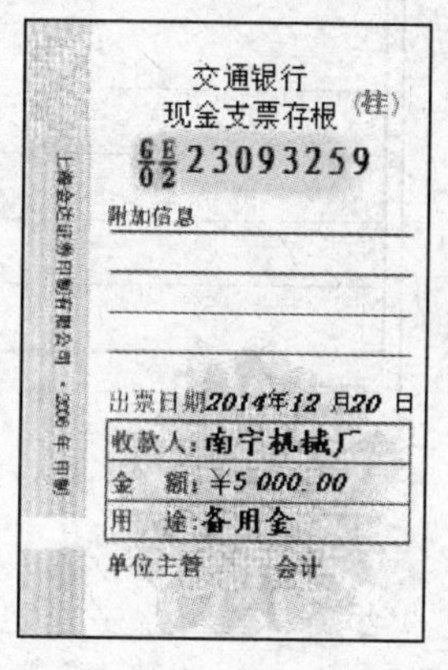
交通银行
现金支票存根（桂）
GE 02 23093259
附加信息
出票日期 2014年12月20日
收款人：南宁机械厂
金　额：¥5 000.00
用　途：备用金
单位主管　　会计

图 2-82　现金支票存根

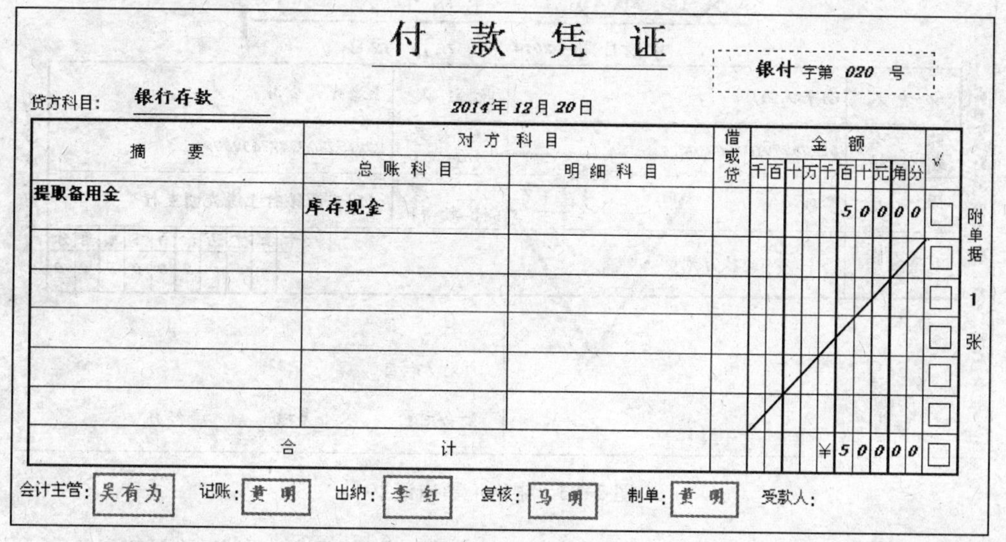
付 款 凭 证

银付 字第 020 号

贷方科目：银行存款　　　　2014年12月20日

摘　要	对方科目		借或贷	金额										√
	总账科目	明细科目		千	百	十	万	千	百	十	元	角	分	
提取备用金	库存现金								5	0	0	0	0	
合　计								¥	5	0	0	0	0	

附单据 1 张

会计主管：吴有为　记账：黄明　出纳：李红　复核：马明　制单：黄明　受款人：

图 2-83　原记账凭证

【岗位任务】用补充登记法进行错账更正。

【操作步骤】

步骤1 审核原始凭证和记账凭证，发现少记金额，原始凭证支票存根金额为 5 000 元(见图 2-82)，记账凭证填写金额为 500 元(见图 2-83)，少记金额为 4 500 元。

步骤2 用蓝字编制与一张会计科目名称、记账方向与原错账相同，金额为 4 500 元的凭证，补正错账(见图 2-84)。

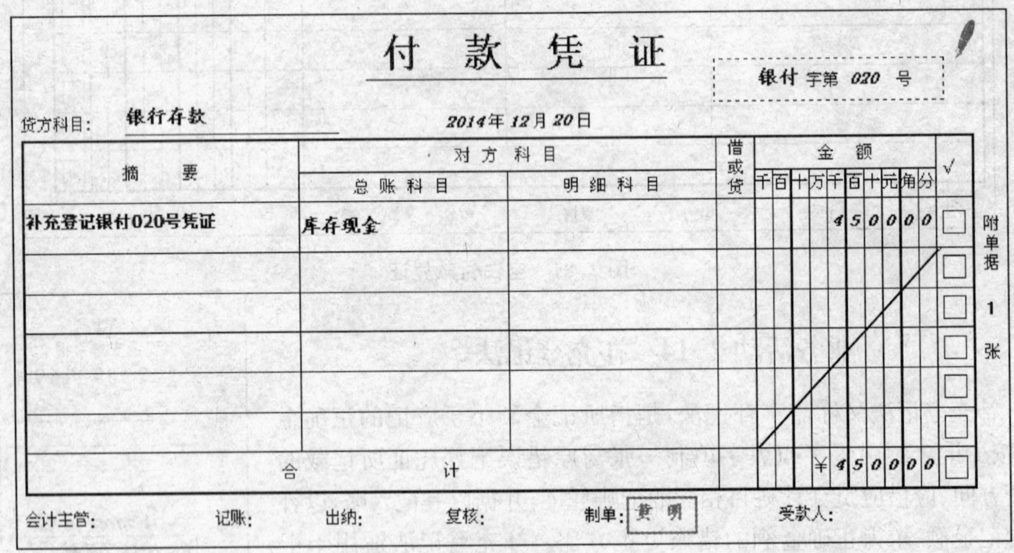

付款凭证

银付 字第 020 号

贷方科目：银行存款　　2014年12月20日

摘要	对方科目 总账科目	明细科目	借或贷	金额	√
补充登记银付020号凭证	库存现金			450000	
合计				￥450000	

附单据 1 张

会计主管：　记账：　出纳：　复核：　制单：黄明　受款人：

图 2-84　更正付款凭证

步骤3 用蓝字登记入账。

【岗位实践任务】

任务资料：记账凭证及原始凭证资料见图 2-85 和图 2-86。

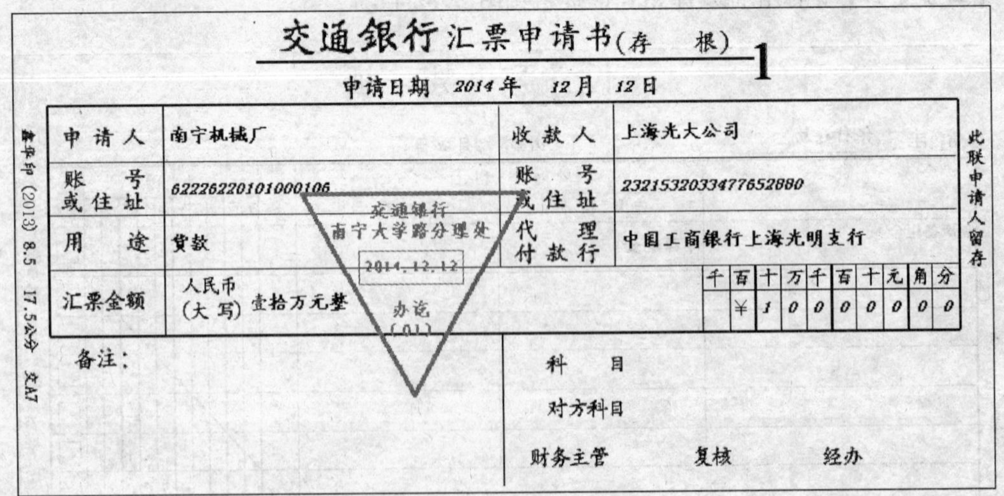

交通银行汇票申请书(存　根) 1

申请日期 2014年 12月 12日

申请人	南宁机械厂	收款人	上海光大公司
账号或住址	62226220101000106	账号或住址	2321532033477652880
用途	货款	代理付款行	中国工商银行上海光明支行
汇票金额	人民币(大写) 壹拾万元整	千百十万千百十元角分	￥10000000

备注：

科目

对方科目

财务主管　复核　经办

此联申请人留存

图 2-85　银行汇票申请书

任务要求：审核以上原始凭证和记账凭证，如有误，请更正(空白凭证见图 2-87)。

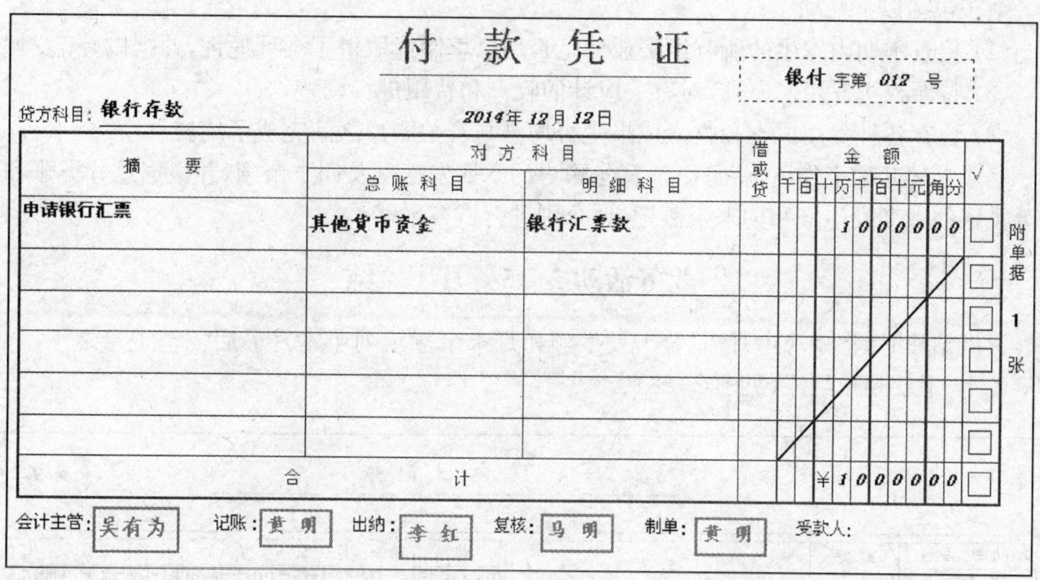

付 款 凭 证

银付 字第 012 号

贷方科目：银行存款　　2014年12月12日

摘要	对方科目		借或贷	金额										√
	总账科目	明细科目		千	百	十	万	千	百	十	元	角	分	
申请银行汇票	其他货币资金	银行汇票款					1	0	0	0	0	0	0	
合计						¥	1	0	0	0	0	0	0	

附单据 1 张

会计主管：吴有为　记账：黄明　出纳：李红　复核：马明　制单：黄明　受款人：

图 2-86 付款凭证

付 款 凭 证

字第　　号

贷方科目：　　年　月　日

摘要	对方科目		借或贷	金额										√
	总账科目	明细科目		千	百	十	万	千	百	十	元	角	分	
合计														

附单据　张

会计主管：　记账：　出纳：　复核：　制单：　受款人：

图 2-87 空白付款凭证

任务五　账簿结账处理

所谓结账，就是把一定时期内所发生的经济业务全部登记入账的基础上，将各种账簿的记录结算清楚，以便根据账簿记录编制会计报表。

结账包括以下几项工作：

（1）检查本期内发生的所有经济业务是否均已填制或取得了会计凭证，并据以登记入账。

（2）按照权责发生制原则，对有关应计的收入和费用进行调整。

（3）检查各种费用成本和收入成果是否均已与有关账户之间完成了结转。

完成上述几项工作后，就可以计算各账户的本期发生额及期末余额，并根据总分类账和明细分类账的本期发生额和期末余额记录，分别进行试算平衡。

业务活动 2-15　月　　结

月度结账时，将账簿本月借、贷方发生额和月末余额填列于本月最后一笔记录之下，并在数字的上、下端划单红线（见图 2-88）。

现 金 日 记 账　　第 12 页

2014年 月	日	凭证 种类	凭证 号数	票据 号数	摘要	借方（百十万千百十元角分）	贷方（百十万千百十元角分）	余额（百十万千百十元角分）	核对
12	01				承前页	101696000	101604180	179000	□
12	01	银付	001		提取现金备用	100000		279000	□
12	06	现收	005		收回预借款余额	2000		281000	□
12	10	现付	009		预借差旅费		200000	81000	□
12	14	现收	012		报销差旅费	134000		215000	□
12	15	银付	014		提取现金备发工资	9000000		9215000	□
12	15	现付	015		发放工资		9000000	215000	□
12	18	现付	017		支付通讯费		7000	208000	□
12	30	现付	027		将现金存入银行		20653	187347	□
12	31				本月合计	9236000	9227653	187347	□
									□
									□

图 2-88　现金日记账月结

业务活动 2-16　季　　结

季结的结账方法与月结基本相同，但在摘要栏内注明“本季合计”或“第×季度发生额及余额”字样（见图 2-89）。

业务活动 2-17　年　　结

年度结账时，在 12 月份结账记录的下一行填列全年 12 个月的发生额合计数，在“摘要”栏内注明“本年累计”字样，并在下面划两条红线。年度结账后将年末余额转入下年，结束各账户（见图 2-90）。

现金日记账 第 12 页

2014年		凭证		票据号数	摘要	借方	贷方	余额	核对
月	日	种类	号数			百十万千百十元角分	百十万千百十元角分	百十万千百十元角分	
12	01				承前页	101696000	101604180	179000	□
12	01	银付	001		提取现金备用	100000		279000	□
12	06	现收	005		收回预借款余额	2000		281000	□
12	10	现付	009		预借差旅费		200000	81000	□
12	14	现收	012		报销差旅费	134000		215000	□
12	15	银付	014		提取现金备发工资	9000000		9215000	□
12	15	现付	015		发放工资		9000000	215000	□
12	18	现付	017		支付通讯费		7000	208000	□
12	30	现付	027		将现金存入银行		20653	187347	□
12	31				本月合计	9236000	9227653	187347	□
12	31				本季合计	29324000	30831833	187347	□
									□

图 2-89 现金日记账季结

现金日记账 第 12 页

2014年		凭证		票据号数	摘要	借方	贷方	余额	核对
月	日	种类	号数			百十万千百十元角分	百十万千百十元角分	百十万千百十元角分	
12	01				承前页	101696000	101604180	179000	□
12	01	银付	001		提取现金备用	100000		279000	□
12	06	现收	005		收回预借款余额	2000		281000	□
12	10	现付	009		预借差旅费		200000	81000	□
12	14	现收	012		报销差旅费	134000		215000	□
12	15	银付	014		提取现金备发工资	9000000		9215000	□
12	15	现付	015		发放工资		9000000	215000	□
12	18	现付	017		支付通讯费		7000	208000	□
12	30	现付	027		将现金存入银行		20653	187347	□
12	31				本月合计	9236000	9227653	187347	□
12	31				本季合计	29324000	30831833	187347	□
12	31				本年累计	110932000	110831833	187347	□
					结转下年			187347	□
									□
									□
									□
									□
									□
									□
									□

图 2-90 现金日记账年结

任务六 账簿更换

账簿是企业重要的档案，企业在会计年度开始的时候都要更换使用新的会计账簿，同时对旧账簿加以妥善保管（见图2-91）。

一般来说，企业的总分类账、一般明细分类账、现金日记账、银行存款日记账都应每年更换一次，但固定资产明细账或固定资产卡片等因年度内变动不多，年初可不必更换账簿可以延续使用。但在“摘要”栏内，要加盖“结转下年”戳记，以划分新旧年度之间的金额。

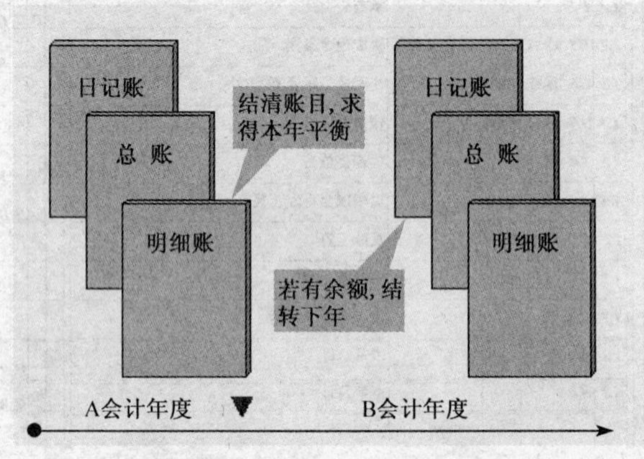

图2-91 账簿更换

【操作步骤】

步骤1 启用新账簿。

步骤2 将旧账的年末余额直接过入对应的新账本。

(1) 在新账第一行的“摘要”栏中注明“上年余额”，并将余额过入“余额”栏中。

(2) 将旧账页最后一行数字下的空格划一条斜红线注销，并在旧账页最后一行“摘要”栏内加盖“结转下年”戳记。

任务七 整理装订账簿

【活动目标】会装订账簿。

各种会计账簿年度结账后，除跨年使用的账簿外，其他账簿应按时整理立卷。

【业务流程】按账簿启用及交接表检查整理账簿→在账簿上加上封面和封底→将账簿装订成册。

【业务资料】活页式明细账账页。

【岗位任务】整理装订账簿。

【操作步骤】

步骤1 按账簿启用及交接表的使用页数核对各个账户是否相符，账页数是否齐全，序号排列是否连续。

步骤2 按会计账簿封面、账簿启用及交接表、账户目录、该账簿按页数顺序排列的账页、会计账簿装订封底的顺序装订。

知识链接

账簿的装订和保管规定

1. 账簿的装订

(1) 活页账簿装订要求：①保留已使用过的账页，将账页页码填写齐全，去除空白页和撤掉账夹，用质地良好的牛皮纸做封面、封底，装订成册。②多栏式活页账、三栏式活页账、数量金额式活页账等不得混装，应按同类业务、同类账页装订在一起。③在账本的封面上填写好账目的种类，编好卷号，会计主管人员和装订人(经办人)签章。

(2) 账簿装订后的其他要求：①会计账簿应牢固、平整，不得有折角、缺角，错页、掉页、加空白纸的现象。②会计账簿的封口要严密，封口处要加盖有关印章。③封面应齐全、平整，并注明所属年度及账簿名称、编号，编号为1年一编，编号顺序为总账、现金日记账、银行存款日记账、明细账。④会计账簿按保管期限分别编制卷号，如现金日记账全年按顺序编制卷号；总账、各类明细账、辅助账全年按顺序编制卷号。

2. 账簿的保管

会计账簿是各单位重要的会计档案资料，必须健全账簿管理制度，妥善保管单位的各种账簿。考虑到会计账簿使用的特点，会计账簿管理制度主要包括日常管理和归档保管两部分内容。

(1) 会计账簿的日常管理：①各种账簿要分工明确，并指定专人管理，一般是谁负责登记，谁负责管理。②会计账簿未经本单位领导或会计部门负责人允许，非经管人员不得翻阅查看会计账簿。③会计账簿除需要与外单位核对账目外，一律不准携带外出。对需要携带外出的账簿，必须经本单位领导和会计部门负责人批准，并指定专人负责，不准交给其他人员管理，以保证账簿安全和防止任意涂改账簿等现象的发生。

(2) 会计账簿的归档保管：在将所有的旧账、活页账对账完毕，并将所有的活页账装订完毕、加上封面、并由主管人员签字盖章之后，要及时地将所有的订本账及活页账交由档案人员造册归档。归档时，应编制"会计账簿归档登记表"以明确责任。会计账簿应有一定的保管期限，根据其特点，分为永久和定期两类。就企业会计而言，国家规定会计凭证的保管期限为15年，其中，涉及外事和重大事项的会计凭证为永久保管；会计账簿中，一般日记账的保管期限为15年，现金日记账和银行存款日记账的保管期限为25年，明细账和总账的保管期限为15年，固定资本卡片在固定资产清理报废后保存5年，辅助账簿的保管期限为15年。

模块三

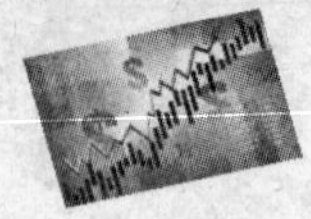

财务报告实训

模块导引

财务报告是企业会计核算的最终成果，是企业对外提供财务会计信息的主要载体，企业日常会计核算工作为期末编制财务会计报告积累资料，为财务报告的编制做好前期的准备。财务报告包括会计报表及其附注。本实训重点介绍会计报表的种类及常用报表的编制方法。

学习目标

1. 认知财务报告。
2. 会编制资产负债表。
3. 会编制利润表
4. 会装订和保管报表。

学习任务

1. 认知财务报告。
2. 编制资产负债表。
3. 编制利润表。
4. 装订和保管报表。

财务报告是指企业对外提供的反映企业某一特定日期财务状况和某一会计期间经营成果、现金流量的书面文件。企业的财务报告由会计报表、会计报表附注和财务情况说明书等内容组成。本模块实训内容包括会计报表的认知、编制资产负债表、编制利润表等。

任务一　认知财务报告

一、认知会计报表

会计报表是对企业财务状况、经营成果和现金流量的结构性表述。企业对外提供的会计报表一般包括资产负债表、利润表、现金流量表、所有者权益变动表和附注。

二、认知会计报表附注

会计报表附注是为便于会计报表使用者理解会计报表的内容而对会计报表的编制基础、编制依据、编制原则和方法及主要项目等所作的解释。

三、认知财务情况说明书

财务情况说明书一般包括以下内容：

(1) 企业生产经营的基本情况。

(2) 利润实现和分配情况。

(3) 资金增减和周转情况。

(4) 对企业财务状况、经营成果和现金流量有重大影响的其他事项。

四、认知会计报表的种类

会计报表的种类见表 3-1。

表 3-1 会计报表的种类

分类依据	会计报表的种类
按照反映内容的性质划分	反映财务状况类报表：资产负债表，现金流量表
	反映经营成果类报表：利润表
	反映成本费用类报表
按照反映内容的主次关系分类	主表：总括反映企业财务状况、经营成果和现金流量的报表，我国现行制度规定的主要报表包括资产负债表、利润表和现金流量表三种
	附表：对主表某些内容予以补充和具体化的报表，如资产减值准备明细表、股东权益增减变动表、存货表、固定资产及累计折旧表等
按照服务的对象分类	内部报表
	外部报表
按照编制主体分类	个别报表
	合并报表
按照编报时间分类	中期报表(月报、季报、半年报)
	年度报表

五、认知会计报表编制的要求

1. 数字真实

会计报表必须根据登记完整、核对无误的账簿记录和其他核算资料，按一定的指标体系加工、整理、编制而成的。

2. 内容完整

对外财务报表必须按照规定格式编报，填列齐全、完整。不论主表、附表或补充资料，都不得漏填、漏报，更不能任意改变报送的内容。如报表规定项目内容容纳不下，可以利用附表、附

注以及其他形式加以说明。

3. 计算准确

各项指标和数据必须计算准确、真实可靠，做到表从账出，账表相符，切忌匡算估计，弄虚作假。

4. 报送及时

会计报表时效性强，应在保证质量的前提下，在规定期限内编制完毕并如期报送，以满足报表使用者对会计报表资料的需要，及时了解企业报告期内财务状况和经营成果，采取措施，作出决策。

六、认知报表编制的步骤

步骤 1 根据原始凭证编制记账凭证，登记总账及明细账，并进行账账核对、账实核对及账证核对。

步骤 2 保证所有会计业务均入账的前提下，编制试算平衡表，检查会计账户的正确性，为编制会计报表作准备。

步骤 3 依据试算平衡表各类账户的余额(利润表根据损益类账户的发生额)，结合有关明细账户的余额，计算并填列报表的各项目。

步骤 4 检验报表的完整性及正确性，包括表头部分的填制是否齐全、各项目的填列是否正确、计算是否正确。

步骤 5 有关人员签字盖章。

七、认知报表的报送时间

根据《企业会计准则》和相关税法的规定，财务会计报表的月报的报送期限是月度终了后的 15 天内；年报的报送期限是年度终了后的 5 个月内。

任务二　编制资产负债表

业务活动 3-1　认知资产负债表

一、资产负债表

资产负债表是反映企业在一定日期财务状况(包括资产、负债和所有者权益)的会计报表。

二、资产负债表的内容

资产负债表的内容包括资产、负债和所有者权益三个方面，它们各自按其流动性强弱分项列示。

三、资产负债表的结构

资产负债表由表头和表体两部分组成。其中，表头部分包括表名、编制单位名称、编报日期及计量单位；表体是资产负债表最重要的部分，反映资产、负债、所有者权益各项目及金额。

四、资产负债表的格式

资产负债表的格式有账户式和报告式两种。我国《企业会计准则》规定，资产负债表的格式一律采用账户式结构(见表 3-2)。

表 3-2　　　　　　　　资产负债表(账户式结构)

资产负债表

会企 01 表

编制单位:　　　　　　　　　　年　月　日　　　　　　　　　　单位:元

资　产	期末余额	年初余额	负债和所有者权益(或股东权益)	期末余额	年初余额
流动资产:			流动负债:		
货币资金			短期借款		
交易性金融资产			交易性金融负债		
应收票据			应付票据		
应收账款			应付账款		
预付款项			预付款项		
应收利息			应付职工薪酬		
应收股利			应交税费		
其他应收款			应付利息		
存货			应付股利		
一年内到期的非流动资产			其他应付款		
其他流动资产			一年内到期的非流动负债		
流动资产合计			其他流动负债		
非流动资产:			流动负债合计		
可供出售金融资产			非流动负债:		
持有至到期投资			长期借款		
长期应收款			应付债券		
长期股权投资			长期应付款		
投资性房地产			专项应付款		
固定资产			预计负债		
在建工程			递延所得税负债		
工程物资			其他非流动负债		
固定资产清理			非流动负债合计		
生产性生物资产			负债合计		
油气资产			所有者权益(或股东权益):		
无形资产			实收资本(或股本)		
开发支出			资本公积		
商誉			减:库存股		
长期待摊费用			盈余公积		
递延所得税资产			未分配利润		
其他非流动资产			所有者权益(或股东权益)合计	64	
非流动资产合计				65	
资产总计			负债和所有者权益(或股东权益)总计	66	

业务活动 3-2　编制资产负债表

会计报表是根据账簿记录的数据加以归集、整理来填制的。为了提供比较信息，资产负债表的各项目均需填列"年初余额"和"期末余额"两栏数字。其中，"年初余额"栏内各项目的数字，可根据上年年末资产负债表"期末余额"栏相应项目的数字填列，如果本年度资产负债表规定的各个项目的名称和内容与上年度不相一致，应当对上年年末资产负债表各个项目的名称和数字按照本年度的规定进行调整。"期末余额"栏各项目的填列方法如下：

(1) 根据相应的总账账户期末余额直接填列：如"交易性金融资产"、"应收票据"、"应收利息"、"短期借款"、"实收资本"等项目。

(2) 根据总账账户期末余额计算后填列：如"货币资金"项目根据"库存现金"、"银行存款"、"其他货币资金"三个总账账户余额计算填列；"存货"项目根据"原材料"、"在途物资"、"库存商品"、"生产成本"等存货类总账账户余额计算填列。

(3) 根据总账账户及其所属明细账户期末余额分析计算填列：如"持有至到期投资"项目根据"持有至到期投资"总账账户余额减去 1 年内到期的"持有至到期投资"明细账余额计算分析填列；"长期借款"项目根据"长期借款"总账账户余额减去 1 年内到期的"长期借款"明细账余额计算分析填列。

(4) 根据若干明细账户余额计算填列：如"应收账款"项目根据各"应收账款"明细账借方余额加上各"预收账款"明细账户借方余额再加上(或减去)"坏账准备"总账账户贷方(或借方)余额计算填列；"预收账款"项目根据各"预收账款"明细账贷方余额加上各"应收账款"明细账贷方余额计算填列；"应付账款"项目根据各"应付账款"明细账贷方余额加上各"预付账款"明细账贷方余额计算填列；"预付账款"项目根据各"预付账款"明细账借方余额加上各"应付账款"明细账借方余额计算填列。

【岗位实践任务】

任务资料：南宁机械厂 2014 年 12 月的相关资料如下：

(1) 往来账户明细资料：

"应收账款——广西机械贸易公司"明细账户借方余额为 10 000 元；

"应收账款——上海龙光贸易有限公司"明细账户贷方余额为 2 000 元；

"预收账款——绿城机械贸易公司"明细账户借方余额为 50 000 元；

"预收账款——上海龙光贸易有限公司"明细账户贷方余额为 50 000 元；

"应付账款——福州市化工厂"明细账户贷方余额为 12 000 元。

(2) 各总账账户余额(见表 3-3)：

表 3-3　　**总账账户余额**

2014 年 12 月　　单位：元

账 户 名 称	借方余额	账 户 名 称	贷方余额
库存现金	550	短期借款	41 000
银行存款	76 000	应付账款	12 000
其他货币资金	500	其他应付款	750
应收账款	8 000	应付职工薪酬	7 000

（续表）

账户名称	借方余额	账户名称	贷方余额
其他应收款	550	应付利息	4 400
原材料	349 000	应交税费	39 650
生产成本	36 000	累计折旧	230 000
库存商品	50 000	本年利润	158 000
无形资产	7 500	股本	491 000
固定资产	628 000	盈余公积	50 000
利润分配	95 700	资本公积	218 000
合 计	1 251 800	合 计	1 251 800

任务要求：根据以上账户余额资料编制资产负债表(见表3-2)。

任务三 编制利润表

业务活动3-3 认知利润表

一、利润表

利润表是反映企业在一定会计期间经营成果的会计报表。

二、利润表的内容

1. 构成营业利润的各项要素

构成营业利润的各项要素包括：营业收入(主营业务收入和其他业务收入)、营业成本(主营业务成本和其他业务成本)、营业税金及附加、销售费用、管理费用、财务费用、资产减值损失、公允价值变动收益和投资收益等。

2. 构成利润总额的各项要素

构成利润总额的各项要素包括：营业利润、营业外收入和营业外支出。

3. 构成净利润(或净亏损)的各项要素

构成净利润的各项要素包括：利润总额和所得税费用。

三、利润表的结构

利润表一般有表首和表体两部分。其中，表首说明报表名称、编制单位、编制时间、报表编号、货币名称、计量单位等；表体是利润表的主体，反映企业形成经营成果的各个项目和计算过程。

四、利润表的格式

利润表正表的格式一般有单步式利润表和多步式利润表两种。我国《企业会计准则》规定，利润表的格式一律采用多步式(见表 3-4)。

表 3-4　　　　利润表的格式

利　润　表

会企 02 表

编制单位：　　　　年　　月　　　　单位：元

项　　目	本期金额	上期金额
一、营业收入		
减：营业成本		
营业税金及附加		
销售费用		
管理费用		
财务费用		
资产减值损失		
加：公允价值变动收益(损失以“－”号填列)		
投资收益(损失以“－”号填列)		
其中：对联营企业和合营企业的投资收益		
二、营业利润(亏损以“－”号填列)		
加：营业外收入		
减：营业外支出		
其中：非流动资产处置损失		
三、利润总额(亏损总额以“－”号填列)		
减：所得税费用		
四、净利润(净亏损以“－”号填列)		
五、每股收益：		
(一) 基本每股收益		
(二) 稀释每股收益		

业务活动 3-4　编制利润表

利润表中各项目都列有“本期金额”和“上期金额”两栏。“本期金额”栏反映各项目的本期实际发生数；“上期金额”栏各项数字应根据上年该期利润表该项目的“本期金额”栏内所列数字填列。

利润表的填列步骤如下：

步骤 1　根据损益类账户发生额计算填列“营业收入”(主营业务收入＋其他业务收入)、“营业成本”(主营业务成本＋其他业务成本)等项目。

步骤 2　根据损益类账户发生额直接填列“营业税金及附加”、“销售费用”、“管理费用”、“财务费用”、“资产减值损失”、“公允价值变动收益”、“投资收益”、“营业外收入”、“营业外支出”、“所得税费用”等项目。

步骤 3　以“营业收入”项目为起点，减去“营业成本”、“营业税金及附加”、“销售费用”、“管理费用”、“财务费用”、“资产减值损失”，加上或减去“公允价值变动收益”、“投资收益”等项目，计算出营业利润。

步骤 4　以“营业利润”项目为基础，加上“营业外收入”项目，减去“营业外支出”项目，计算出利润总额。

步骤 5　以“利润总额”项目为基础，减去“所得税费用”项目，计算出净利润。

【岗位实践任务】

任务资料：南宁市机械厂 2014 年 12 月份各损益类账户发生额合计见表 3-5。

表 3-5　　**12 月份损益类账户发生额**　　单位：元

账户名称	发生额	账户名称	发生额
主营业务收入	763 255	其他业务收入	10 000
主营业务成本	594 200	其他业务成本	400
销售费用	31 000	投资收益	16 000
营业税金及附加	50 500	营业外收入	12 800
管理费用	80 000	营业外支出	4 700
财务费用	14 300	所得税费用	5 600

任务要求：编制利润表（见表 3-4）。

任务四　报表的装订和保管

一、会计报表的装订

会计报表编制完成并及时报送后，留存的报表需按月装订成册谨防丢失。小企业可按季装订成册。

会计报表装订前要按编报目录核对是否齐全，整理报表页数，上边和左边对齐压平，防止折角。如有损坏部位，应在修补后，完整无缺地装订。

会计报表装订顺序为：会计报表封面、会计报表编制说明、各种会计报表按会计报表的编号顺序排列、会计报表的封底。

各类会计报表应按保管期限编制卷号。

二、会计报表的保管

会计报表中，年度会计报表应永久保管，月报、季报、半年报会计报表应保管 5 年。

下篇　综合训练

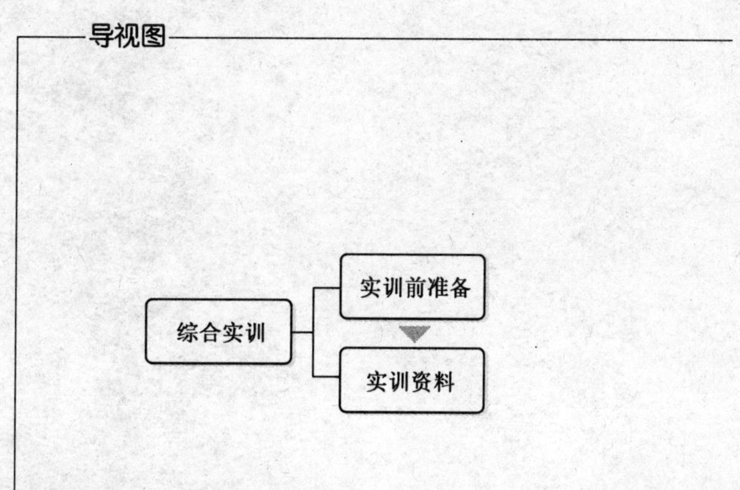

模块四

综 合 实 训

模块导引

本模块模拟一家制造业企业12月份的经济业务资料，依据《小企业会计准则》(2013)、现行税法和财政部会计基础工作规范等来处理经济业务，运用记账凭证核算形式，完成从建立账簿开始到审核编制凭证、登记账簿、编制报表、整理装订会计档案资料等相关会计处理，培养会计人员对会计技能的综合应用能力。

学习目标

1. 会建立账簿和启用账簿。
2. 会审核原始凭证。
3. 会编制记账凭证。
4. 会编制会计报表。
5. 会整理装订会计档案。

学习任务

1. 建立账簿(包括总账、现金日记账、银行存款日记账、三栏式明细账、数量金额式明细账、多栏式明细账等)。
2. 根据企业12月份的经济业务取得的原始凭证编制记账凭证。
3. 根据记账凭证登记账簿，对账，结账。
4. 根据账簿编制资产负债表和利润表。
5. 整理装订凭证。

一、实训前准备

(一) 实训主体

南宁机械厂(一般纳税人)是一家以生产生产设备为主的制造企业，注册资金来源为1 000万元，为增值税一般纳税人企业。生产的主要产品有台式钻床(见图4-1)和铣床(见图4-2)，原材料以外购为主，有两个基本生产车间负责产品生产，一个机修车间负责企业设备及日常维修工作。

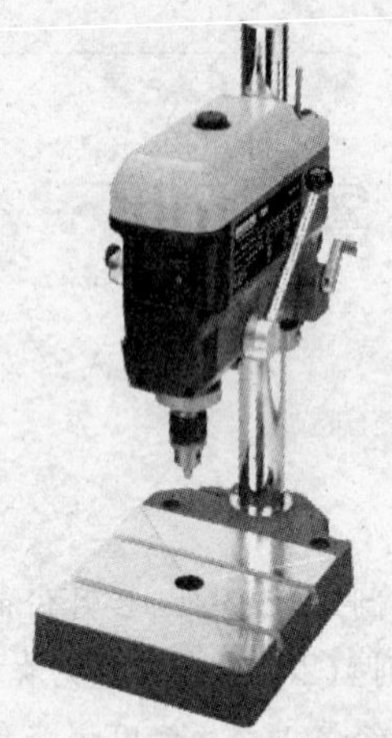

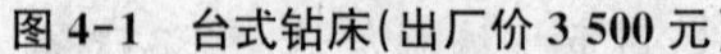

图 4-1　台式钻床(出厂价 3 500 元)

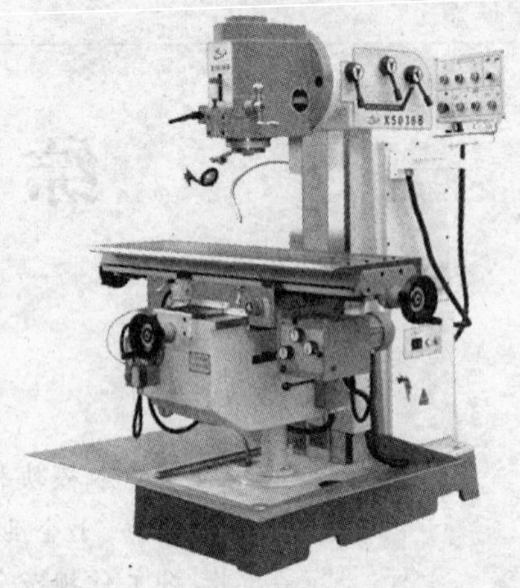

图 4-2　铣床(出厂价 30 000 元)

企业相关信息如下：

企业法人代表：张友达(总经理)

纳税人识别号：450100747961161

企业地址、电话：广西南宁市大学东路 33 号，0771-32408888

企业财务科人员：财务部经理兼主管：吴有为；制单兼记账会计：黄明；

出纳员：李红(身份证号：450111197811255555)

开户银行：交通银行南宁大学路分理处；银行存款结算户账号：62226220101000106

预留银行印鉴：财务专用章、企业法人名章

南宁机械厂的企业组织机构(见图 4-3)

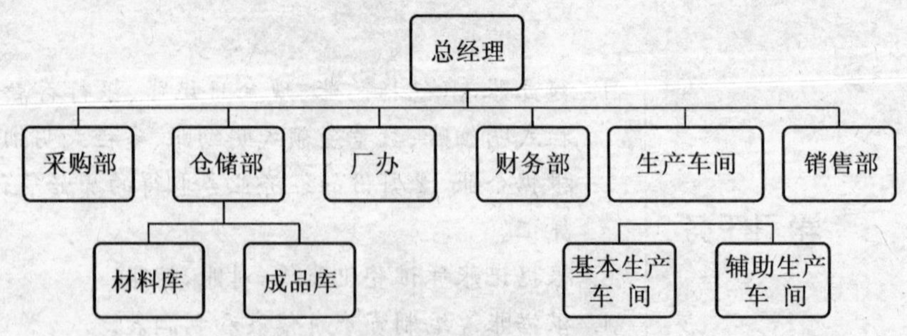

图 4-3　企业组织机构示意图

南宁机械厂的会计核算政策如下：

(1) 广西自 2013 年 8 月 1 日起在全区范围内开展交通运输业和部分现代服务业营业税改征增值税试点工作。

(2) 南宁机械厂从 2013 年 1 月 1 日开始执行财政部颁布的《小企业会计准则》。

南宁机械厂的内部会计制度如下：

(1) 会计核算程序采用记账凭证核算程序(见图 4-4)。

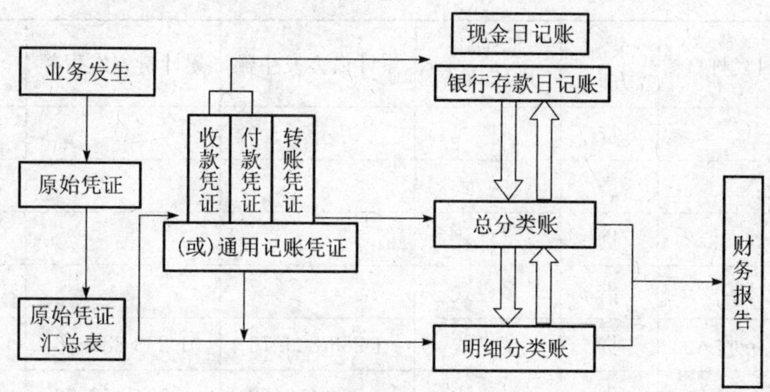

图 4-4　记账凭证核算程序

(2) 记账方法:借贷记账法。

(3) 记账凭证:收、付、转记账凭证或通用记账凭证。

(4) 账簿设置:开设库存现金日记账、银行存款日记账、明细分类账和总账,日记账和总账采用三栏式账页格式,明细账根据需要分别选用三栏式、数量金额式、多栏式等账页格式。

(5) 只编制资产负债表和利润表,现金流量表及附注略。

(6) 出差报销标准:出差期间伙食及交通补助为50元/天,住宿费不得超过200元/天,超支部分自行承担,标准范围内实报实销。

(二) 实训目标

(1) 能正确使用企业会计核算中常用的账户,熟练建立和启用账簿。

(2) 会正确审核原始凭证,并根据原始凭证编制记账凭证。

(3) 会登记账簿、对账、结账、编制报表。

(4) 会整理装订凭证。

二、实训资料

(一) 期初数据

1. 总账账户期初余额(见表4-1)

表 4-1　　总账账户期初余额　　单位:元

科目编号	科目名称	余额方向	明细账账页格式	累计借方发生额	累计贷方发生额	期初余额
1001	库存现金	借	—			88 352.56
1002	银行存款	借	—			6 555 000.00
1122	应收账款	借	三栏式			1 009 710.00
1403	原材料	借	数量金额式			76 130.00
1405	库存商品	借	数量金额式			290 000.00
1601	固定资产	借	三栏式			1 250 000.00
1602	累计折旧	贷	三栏式			147 182.00

（续表）

科目编号	科目名称	余额方向	明细账账页格式	累计借方发生额	累计贷方发生额	期初余额
2202	应付账款	贷	三栏式			390 050.00
4001	实收资本	贷	三栏式			8 000 000.00
4104	利润分配	贷	三栏式			866 960.56
5001	生产成本	借	多栏式			135 000.00
6001	主营业务收入	贷	多栏式	1 258 889.76	1 258 889.76	
6401	主营业务成本	借	多栏式	794 456.22	794 456.22	
6601	销售费用	借	多栏式	12 182.00	12 182.00	
6602	管理费用	借	多栏式	26 000.00	26 000.00	

2. 往来明细账期初余额(见表 4-2)

表 4-2　　往来明细账期初余额　　单位:元

总账科目名称	明细账名称	账页格式	借方金额	贷方金额
应收账款			1 009 710	
	上海市龙光贸易公司	三栏式	229 320	
	广西机械贸易公司	三栏式	207 090	
	大华机械贸易公司	三栏式	573 300	
应付账款				390 050
	平果铝业公司	三栏式		280 800
	福州市化工厂	三栏式		29 250
	上海榕运商行	三栏式		80 000

3. 存货明细账期初余额(见表 4-3)

表 4-3　　存货明细账期初余额　　单位:元

总账账户名称	明细账名称	账页格式	数　量	单　价	金　额
原材料					76 130.00
	钢材(吨)	数量金额式	10	3 500.00	35 000.00
	丙酮(千克)	数量金额式	1 500	8.70	13 050.00
	铝棒(千克)	数量金额式	1 000	28.08	28 080.00
库存商品					290 000.00
	台式钻床(台)	数量金额式	40	2 250.00	90 000.00

（续表）

总账账户名称	明细账名称	账页格式	直接材料	直接人工	制造费用
	铣床(台)	数量金额式	10	20 000.00	200 000.00
生产成本			75 000.00	35 000.00	25 000.00
	台式钻床(台)	多栏式	35 000.00	15 000.00	10 000.00
	铣床(台)	多栏式	40 000.00	20 000.00	15 000.00

（二）12 月份发生的经济业务

（1）1 日，签发现金支票。相关单据见图 4-5。

（2）3 日，收回欠款。相关单据见图 4-6。

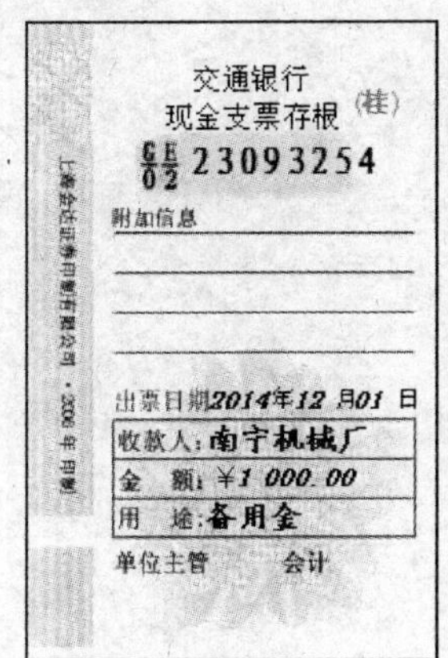

交通银行
现金支票存根（桂）
GE 02 23093254
附加信息

出票日期2014年12月01日
收款人：南宁机械厂
金　额：¥1 000.00
用　途：备用金
单位主管　　会计

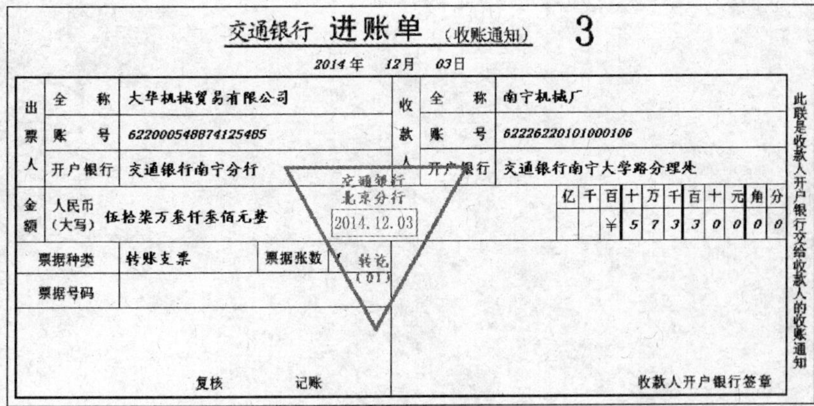

交通银行　进账单（收账通知）　3

2014年　12月　03日

出票人	全　称	大华机械贸易有限公司	收款人	全　称	南宁机械厂
	账　号	622000548874125485		账　号	62226220101000106
	开户银行	交通银行南宁分行		开户银行	交通银行南宁大学路分理处
金额	人民币（大写）	伍拾柒万叁仟叁佰元整		亿千百十万千百十元角分	¥57330000
票据种类	转账支票	票据张数			
票据号码					
复核　记账				收款人开户银行签章	

交通银行北京分行 2014.12.03 转讫（01）

此联是收款人开户银行交给收款人的收账通知

图 4-5　现金支票存根　　　　图 4-6　进账单

（3）5 日，职工预借差旅费。相关单据见图 4-7 和图 4-8。

交通银行
现金支票存根（桂）
GE 02 23093255
附加信息

出票日期2014年12月05日
收款人：林建国
金　额：¥2 500.00
用　途：差旅费
单位主管　　会计

借　款　单

2014年12月05日　　　　第098723号

借款部门	销售部	姓名	林建国	事由	出差
借款金额（大写）	⊗万贰仟伍佰零拾零元零角零分		¥2 500.00		
部门负责人签署	同意　董艳燕	借款人签章	林建国	注意事项	一、凡借用公款必须使用本单 二、出差返回后三天内结算
单位领导批示	同意　张友达　2014.12.05	财务经理审核意见	吴有为　2014.12.05		

图 4-7　现金支票存根　　　　图 4-8　借款单

（4）5 日，收到包装物押金。相关单据见图 4-9。

（5）5 日，销售产品。相关单据见图 4-10 和图 4-11。

收　款　收　据　　No.00490021

2014年12月05日

今　收　到南宁百货公司

现金收讫

交来：包装物押金

金额（大写）　⊗拾　⊗万　肆仟　零佰　零拾　零元　零角　零分

￥4 000.00　☑现金　□支票　□信用卡　□其他

收款单位（盖章）

核准：　会计：　记账：　出纳：　经手人：李红

第三联　交财务

图 4-9　收款收据

销　售　单

购货单位：广西南宁理想家具厂　地址和电话：南宁市安吉大道58号07712071321 7　单据编号：5011260061

纳税识别号：450135789943290　开户行及账号：中国工商银行南宁分行 1232648902112655555　制单日期：2014. 12. 05

编码	产品名称	规格	单位	单价	数量	金额	备注
01	铣床		台	30 000.00	1	30 000.00	
02	台式钻床		台	3 500.00	2	7 000.00	
合计	人民币（大写）：叁万柒仟元整					￥37 000.00	

总经理：张友达　销售经理：李莉　经手人：何钦　会计：黄明

第三联：记账联

图 4-10　销售单

4500062650　**广西增值税普通发票**　№ 30961826

开票日期：2014年12月05日

购货单位	名　　称：广西理想家具厂 纳税人识别号：450135789943290 地址、电话：南宁市安吉大道58号 077120713217 开户行及账号：中国工商银行南宁分行 1232648902112655555	密码区	3-65745<19458<3840481 75/37503848*7>+>-2//5 >*8574567-7<8*873/+<4 13-3001152-/>7142>>8-	加密版本：01 4500062650 30961826

货物或应税劳务名称	规格型号	单位	数量	单价	金额	税率	税额
铣床		台	1	30 000.00	30 000.00	17%	5 100.00
台式钻床		台	2	3 500.00	7 000.00	17%	1 190.00
合　　计					￥37 000.00		￥6 290.00
价税合计（大写）	⊗肆万叁仟贰佰玖拾元整				（小写）￥43 290.00		

销货单位	名　　称：广西机械厂 纳税人识别号：450100747961161 地址、电话：广西南宁市大学东路33号 077132408888 开户行及账号：交通银行南宁大学路分理处 62226220101000106	备注	450100747961161 发票专用章

收款人：　复核：　开票人：武进　销货单位：（章）

第一联：记账联　销货方记账凭证

图 4-11　增值税普通发票（记账联）

(6) 6 日,购买办公用品。相关单据见图 4-12 和图 4-13。

报 销 单

填报日期：2014 年 12　月 06　日　　　　单据及附件共 1　张

姓名	黄芳	所属部门	行政部	报销形式	现金	
				支票号码		
报销项目		摘要		金额		备注：
办公用品		计算器		500.00		
合		计		￥500.00		
金额大写：⊗ 拾 ⊗ 万 ⊗ 仟伍 佰零 拾零 元零 角零 分				原借款：0.00 元		应退(补)款：500.00 元

总经理：张友达　财务经理：吴有为　部门经理：逮伟　会计：黄 明　出纳：李 红　报销人：黄芳

图 4-12　报销单

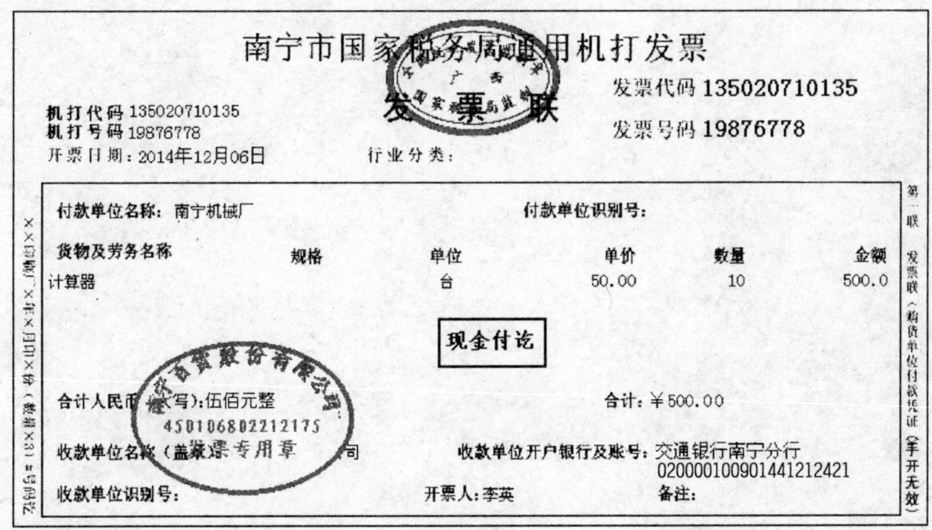
南宁市国家税务局通用机打发票

发票联

机打代码 135020710135
机打号码 19876778
开票日期：2014年12月06日　　行业分类：

发票代码 135020710135
发票号码 19876778

付款单位名称：南宁机械厂　　付款单位识别号：

货物及劳务名称	规格	单位	单价	数量	金额
计算器		台	50.00	10	500.0

现金付讫

合计人民币(大写)：伍佰元整　　合计：￥500.00

收款单位名称（盖发票专用章）　　收款单位开户银行及账号：交通银行南宁分行 020000100901441212421

收款单位识别号：　　开票人：李英　　备注：

第二联 发票联（购货单位付款凭证）（手开无效）

图 4-13　通用机打发票

(7) 6 日,完工产品入库。相关单据见图 4-14。

入 库 单

2014 年　12 月　06 日　　　　单号 1401

交来单位及部门	钻床生产车间	发票号码或生产单号码		验收仓库	产成品仓库	入库日期	2014年12月06日		
编号	名称及规格	单位	数量		实际价格		计划价格		价格差异
			交库	实收	单价	金额	单价	金额	
02	台式钻床	台	80	80	2 250.00	180 000.00			
合计						￥180 000.00			

部门经理：白晓星　会计：黄 明　仓库：朱 燕　经办人：艾峥

会计联

图 4-14　入库单

(8) 7 日,职工报销差旅费。相关单据见图 4-15 和图 4-16。

差旅费报销单

2014年 12月 07日

所属部门	采购部				姓名	张明	出差天数	自 11月 30日至 12月 04日共 5天		
出差事由	采购					借旅支费	日期	2014年11月28日	金额¥3 000.00	
							结算金额:¥2 800.00			
出发		到达		起止地点	交通费		住宿费	伙食费	其他	
月	日	月	日							
11	30	12	01	南宁—广州	185.00		1 900.00	220.00	150.00	
12	03	12	04	广州—南宁	185.00					
				市内交通费	160.00					
				小计	530.00		1 900.00	220.00	150.00	
合计				⊗拾 ⊗万 贰仟 捌佰 零拾 零元 零角 零分 ¥2 800.00						

总经理：张宏达　财务经理：吴有为　部门经理：王明月　会计：黄明　出纳：李红　报销人：张明

图 4-15　差旅费报销单

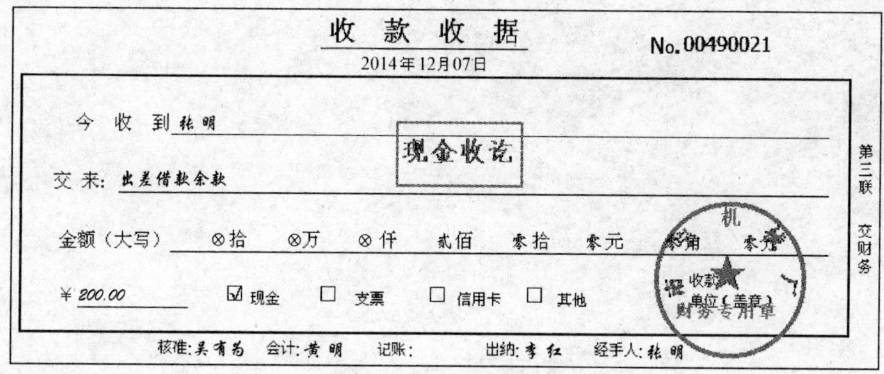

收 款 收 据

No.00490021

2014年12月07日

今 收 到 张明

现金收讫

交来：出差借款余款

金额（大写）　⊗拾　⊗万　⊗仟　贰佰　零拾　零元　零角　零分

¥ 200.00　☑现金　☐支票　☐信用卡　☐其他

收款单位（盖章）财务专用章

第三联 交财务

核准：吴有为　会计：黄明　记账：　出纳：李红　经手人：张明

图 4-16　收款收据

(9) 8 日，收到购买材料的发票，材料尚未收到，货款未付。相关单据见图 4-17(增值税专用发票抵扣联略)。

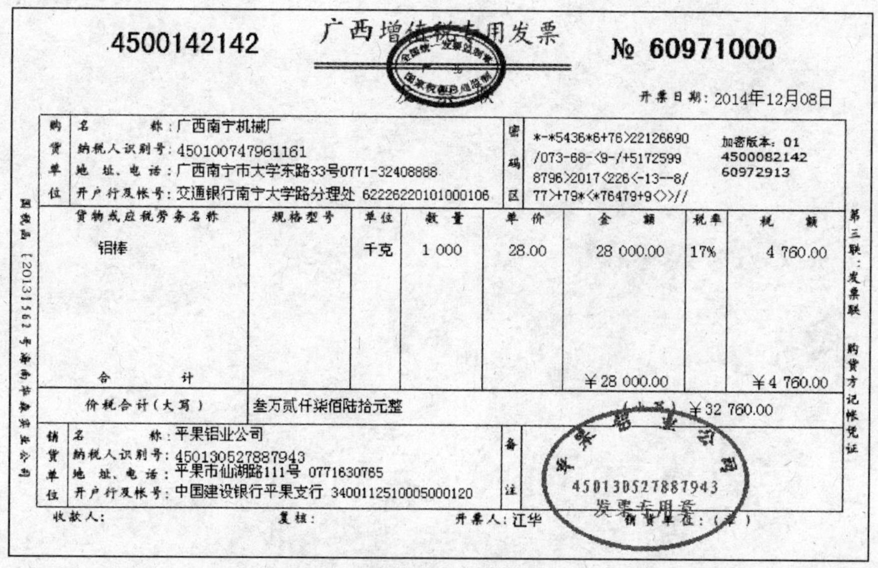

4500142142　广西增值税专用发票　№ 60971000

发票联

开票日期：2014年12月08日

购货单位	名称：广西南宁机械厂 纳税人识别号：450100747961161 地址、电话：广西南宁市大学东路33号0771-32408888 开户行及帐号：交通银行南宁大学路分理处 62226220101000106				密码区	*-*5436*6+76>22126690 /073-68-<9-/+5172599 8796>2017<226<-13-8/ 77>+79*<*76479+9<>>//	加密版本：01 4500082142 60972913
货物或应税劳务名称	规格型号	单位	数量	单价	金额	税率	税额
铝棒		千克	1 000	28.00	28 000.00	17%	4 760.00
合计					¥28 000.00		¥4 760.00
价税合计（大写）	叁万贰仟柒佰陆拾元整				（小写）¥32 760.00		
销货单位	名称：平果铝业公司 纳税人识别号：450130527887943 地址、电话：平果市仙湖路111号 0771630765 开户行及帐号：中国建设银行平果支行 3400112510005000120				备注		

收款人：　复核：　开票人：江华　销货单位：（章）

第三联：发票联 购货方记帐凭证

图 4-17　增值税专用发票(发票联)

(10) 10 日，完工产品入库。相关单据见图 4-18。

入　库　单

2014 年　12 月　10 日　　　　单号 1402

交来单位及部门	铣床生产车间	发票号码或生产单号码			验收仓库	产成品仓库		入库日期	2014年12月10日		会计联
编号	名称及规格	单位	数量		实际价格		计划价格		价格差异		
			交库	实收	单价	金额	单价	金额			
01	铣床	台	80	80	2 000.00	160 000.00					
	合　　计					￥160 000.00					

部门经理：白晓星　　会计：黄　明　　仓库：朱　燕　　经办人：艾　峥

图 4-18　入库单

(11) 11 日，购买原材料。相关单据见图 4-19～图 4-22(增值税专用发票抵扣联略)。

交通银行
转账支票存根（桂）
GE 02 23909014
附加信息
出票日期 2014年12月11日
收款人：南宁铝业公司
金　额：￥9 828.00
用　途：货款
单位主管　　会计

图 4-19　转账支票存根

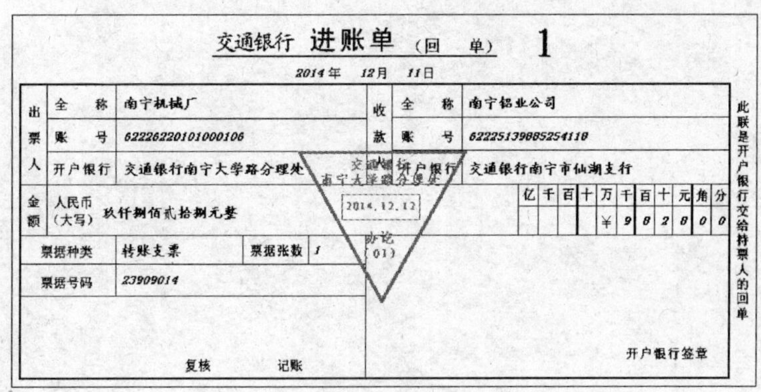

交通银行　进账单（回　单）　1

2014 年　12月　11日

出票人	全　称	南宁机械厂	收款人	全　称	南宁铝业公司
	账　号	62226220101000106		账　号	62225139885254118
	开户银行	交通银行南宁大学路分理处		开户银行	交通银行南宁市仙湖支行
金额	人民币（大写）	玖仟捌佰贰拾捌元整		亿千百十万千百十元角分	￥982800
票据种类	转账支票	票据张数 1			
票据号码	23909014				
复核　　记账				开户银行签章	

交通银行南宁大学路分理处　2014.12.12　办讫（01）

此联是开户银行交给持票人的回单

图 4-20　进账单(回单联)

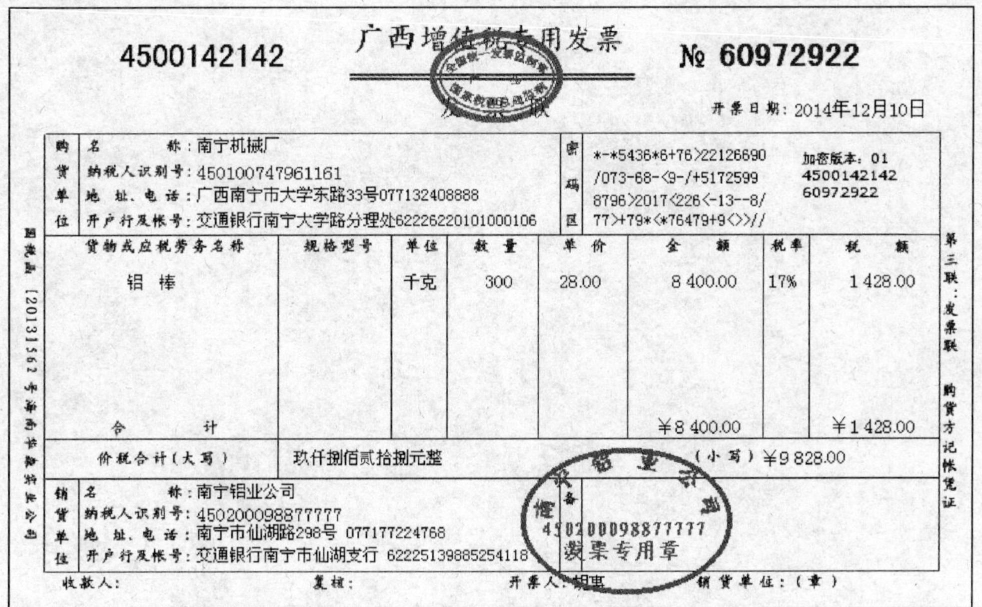

广西增值税专用发票

4500142142　　　　№ 60972922

发票联

开票日期：2014年12月10日

购货单位	名　　称：南宁机械厂 纳税人识别号：450100747961161 地 址、电 话：广西南宁市大学东路33号077132408888 开户行及帐号：交通银行南宁大学路分理处62226220101000106			密码区	*-*5436*6+76>22126690 /073-68-<9-/+5172599 8796>2017<226<-13--8/ 77>+79*<*76479+9<>>//	加密版本：01 4500142142 60972922	
货物或应税劳务名称	规格型号	单位	数量	单价	金额	税率	税额
铝　棒		千克	300	28.00	8 400.00	17%	1 428.00
合　　计					￥8 400.00		￥1 428.00
价税合计（大写）	玖仟捌佰贰拾捌元整				（小写）￥9 828.00		
销货单位	名　　称：南宁铝业公司 纳税人识别号：450200098877777 地 址、电 话：南宁市仙湖路298号 077177224768 开户行及帐号：交通银行南宁市仙湖支行 62225139885254118			备注	450200098877777 发票专用章		

收款人：　　复核：　　开票人：胡束　　销货单位：（章）

第三联：发票联　购货方记帐凭证

图 4-21　增值税专用发票(发票联)

收料单

2014年12月12日　　　　编码:1401

材料编号	材料名称	规格	材质	单位	数量		实际单价	材料金额	运杂费	合计(材料实际成本)
					应收	实收				
04	铝棒			千克	300	300	28.00	8 400.00		8 400.00
供货单位	南宁铝业公司		结算方法			合同号	Q51		计划单价	材料/计划成本
备注										

主管:白晓星　　质量检验员:李灵　　仓库验收:朱燕　　经办人:王二

会计联

图 4-22　收料单(会计联)

(12) 12 日,缴存超库存现金。相关单据见图 4-23。

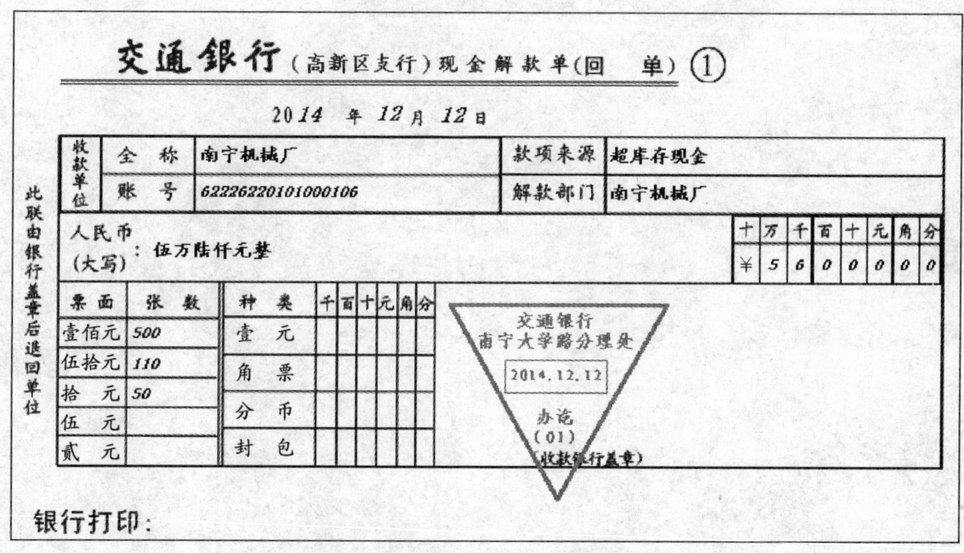

交通银行(高新区支行)现金解款单(回　单)①

2014 年 12 月 12 日

收款单位	全称	南宁机械厂	款项来源	超库存现金
	账号	62226220101000106	解款部门	南宁机械厂

人民币(大写):伍万陆仟元整　　¥ 5 6 0 0 0 0 0 (十万千百十元角分)

票面	张数	种类	千百十元角分
壹佰元	500	壹元	
伍拾元	110	角票	
拾元	50	分币	
伍元		封包	
贰元			

交通银行 南宁大学路分理处 2014.12.12 办讫 (01) (收款银行盖章)

此联由银行盖章后退回单位

银行打印:

图 4-23　现金解款单(回单联)

(13) 15 日,申请银行汇票。相关单据见图 4-24 和图 4-25。

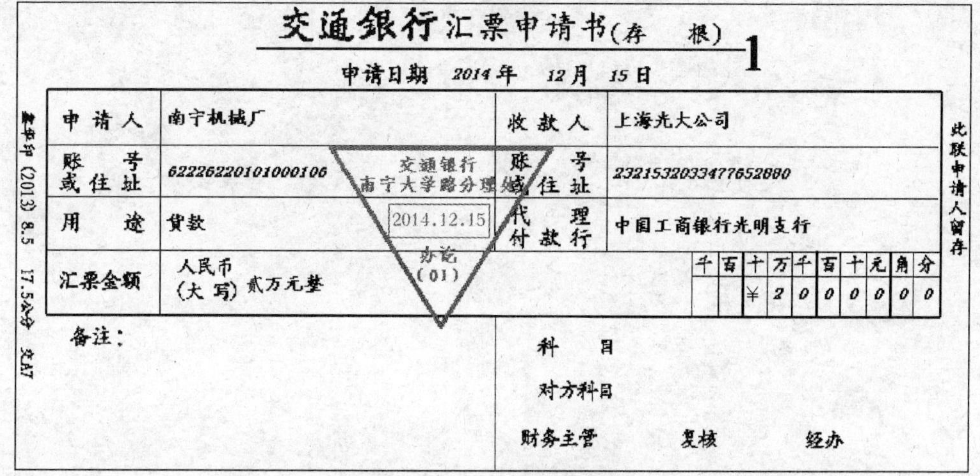

交通银行汇票申请书(存　根) 1

申请日期　2014 年　12 月　15 日

申请人	南宁机械厂	收款人	上海光大公司
账号或住址	62226220101000106	账号或住址	23215320333476528880
用途	货款	代理付款行	中国工商银行光明支行
汇票金额	人民币(大写)贰万元整		¥ 2 0 0 0 0 0 0 (千百十万千百十元角分)

交通银行 南宁大学路分理处 2014.12.15 办讫 (01)

备注:　　科目　　对方科目　　财务主管　　复核　　经办

此联申请人留存

图 4-24　汇票申请书存根

付款申请书 2014年12月15日												
用途及情况	金额											收款单位(人):上海光大公司
支付货款	亿	千	百	十	万	千	百	十	元	角	分	账 号:2321532033477652880
				¥	2	0	0	0	0	0	0	开户行:中国工商银行光明支行
金额(大写)合计:	人民币贰万元整											电汇:☐ 信汇:☐ 汇票:☑ 转账:☐

总经理	张友达	财务部门	经理	吴有为	业务部门	经理	同意 陈康明
			会计	黄明		经办人	汤灵玉

图 4-25　付款申请书

(14) 购买发票,以现金支付。相关单据见图 4-26。

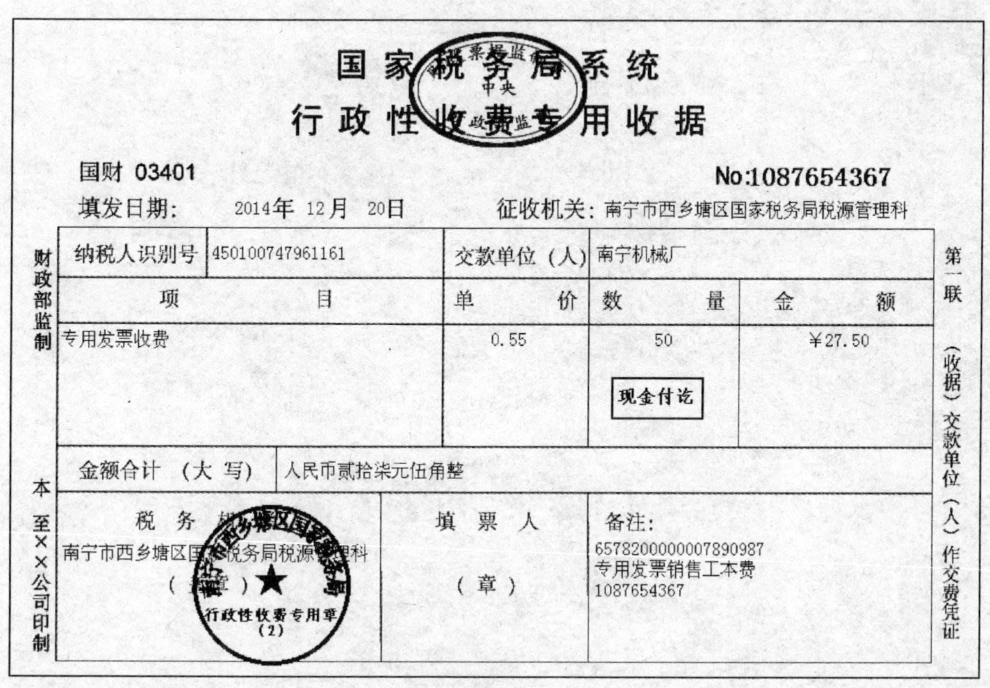

国家税务局系统
行政性收费专用收据

国财 03401　　No:1087654367

填发日期:2014年 12月 20日　　征收机关:南宁市西乡塘区国家税务局税源管理科

纳税人识别号	450100747961161	交款单位(人)	南宁机械厂
项目	单价	数量	金额
专用发票收费	0.55	50 现金付讫	¥27.50
金额合计(大写)	人民币贰拾柒元伍角整		
税务机关 南宁市西乡塘区国家税务局税源管理科 (章)	填票人 (章)	备注: 6578200000007890987 专用发票销售工本费 1087654367	

财政部监制　本至××公司印制　第一联(收据)交款单位(人)作交费凭证

图 4-26　行政性收费专用收据

(15) 21 日,销售商品。相关单据见图 4-27 和图 4-28。

销　售　单

购货单位:上海市龙光贸易公司　地址和电话:上海市光华路23号　0216558955　单据编号:5011260078

纳税识别号:31D189D35428543　开户行及账号:交通银行上海分行　14D2000100192D0165673　制单日期:2014.12.21

编码	产品名称	规格	单位	单价	数量	金额	备注
01	铣床		台	300 00.00	2	60 000.00	
02	台式钻床		台	3 500.00	20	70 000.00	
合计	人民币(大写):壹拾叁万元整					¥130 000.00	

总经理:张友达　销售经理:李莉　经手人:何钦　会计:黄明

第三联:记账联

图 4-27　销售单

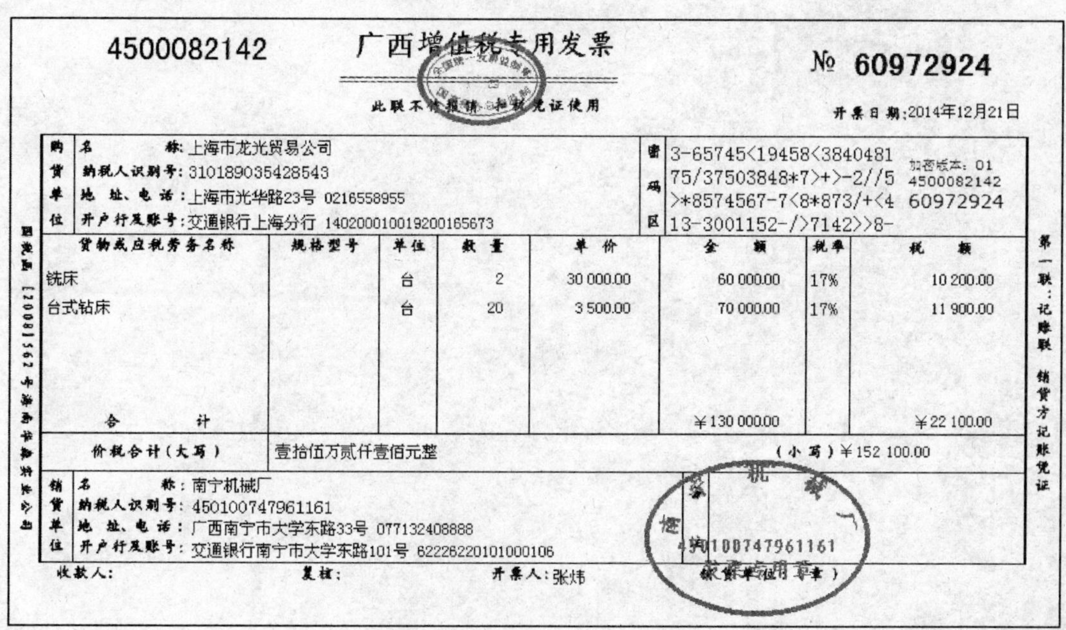

4500082142　　**广西增值税专用发票**　　№ 60972924

此联不作报销、扣税凭证使用　　　　开票日期：2014年12月21日

购货单位	名　　称：上海市龙光贸易公司 纳税人识别号：310189035428543 地址、电话：上海市光华路23号 0216558955 开户行及账号：交通银行上海分行 140200010019200165673	密码区	3-65745<19458<3840481 75/37503848*7>+>-2//5 >*8574567-7<8*873/+<4 13-3001152-/>7142>>8-	加密版本：01 4500082142 60972924			
货物或应税劳务名称	规格型号	单位	数量	单价	金额	税率	税额
铣床		台	2	30 000.00	60 000.00	17%	10 200.00
台式钻床		台	20	3 500.00	70 000.00	17%	11 900.00
合　计					￥130 000.00		￥22 100.00
价税合计（大写）	壹拾伍万贰仟壹佰元整				（小写）￥152 100.00		
销货单位	名　　称：南宁机械厂 纳税人识别号：450100747961161 地址、电话：广西南宁市大学东路33号 077132408888 开户行及账号：交通银行南宁市大学东路101号 62226220101000106	备注					

收款人：　　复核：　　开票人：张炜　　销货单位：（章）

国税函[2008]562号 海南华森实业公司

第一联：记账联 销货方记账凭证

图 4-28　增值税专用发票(记账联)

(16) 23 日，向银行借款。相关单据见图 4-29(借款合同略)。

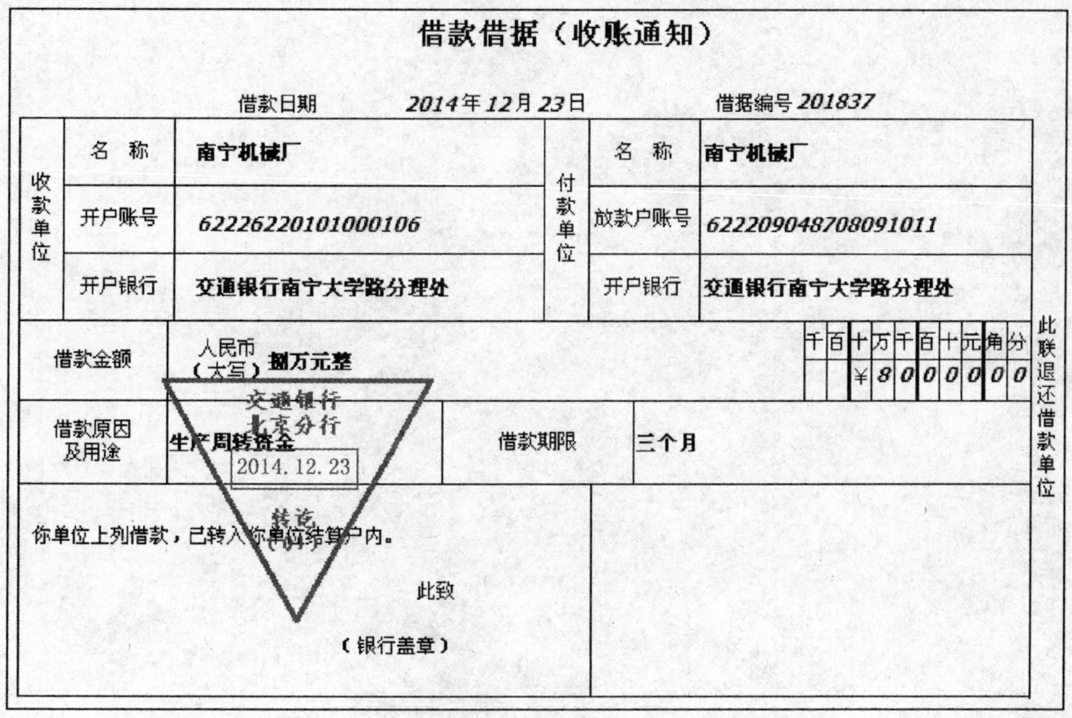

借款借据（收账通知）

借款日期　2014年12月23日　　　　借据编号 201837

收款单位	名　称	南宁机械厂	付款单位	名　称	南宁机械厂
	开户账号	62226220101000106		放款户账号	622209048708091011
	开户银行	交通银行南宁大学路分理处		开户银行	交通银行南宁大学路分理处
借款金额	人民币（大写）捌万元整			千百十万千百十元角分	￥8000000
借款原因及用途	生产周转资金		借款期限	三个月	

你单位上列借款，已转入你单位结算户内。

此致

（银行盖章）

交通银行 南京分行 2014.12.23 转讫

此联退还借款单位

图 4-29　银行收账通知(借款借据)

(17) 25 日，支付货款。相关单据见图 4-30 和图 4-31。

付款申请书

2014年12月25日

用途及情况	金额											收款单位(人):上海榕运商行
支付给上海榕运商行货款	亿	千	百	十	万	千	百	十	元	角	分	账号:4367420010523682475
				¥	8	0	0	0	0	0	0	开户行:中国建设银行上海陕西南路分理处
金额(大写)合计	人民币捌万元整											电汇:☑ 信汇:☐ 汇票:☐ 转账:☐ 其他:☐

总经理	张友达	财务部门	经理	吴有为	业务部门	经理	同意 陈康明
			会计	黄明		经办人	汤灵玉

图 4-30 付款申请

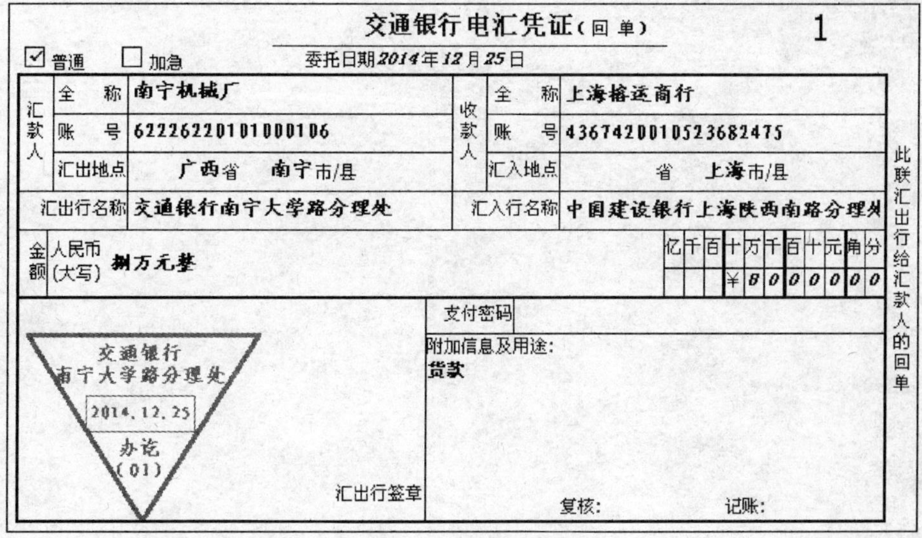

交通银行电汇凭证(回单) 1

☑普通 ☐加急 委托日期2014年12月25日

汇款人	全称	南宁机械厂	收款人	全称	上海榕运商行
	账号	622262201010001 06		账号	4367420010523682475
	汇出地点	广西省 南宁市/县		汇入地点	省 上海市/县
汇出行名称		交通银行南宁大学路分理处	汇入行名称		中国建设银行上海陕西南路分理处
金额	人民币(大写)	捌万元整	亿千百十万千百十元角分		¥8000000

支付密码

附加信息及用途:货款

交通银行南宁大学路分理处 2014.12.25 办讫(01)

汇出行签章 复核: 记账:

此联汇出行给汇款人的回单

图 4-31 汇兑凭证回单

(18) 28日,收到红字增值税专用发票。相关单据见图4-32。

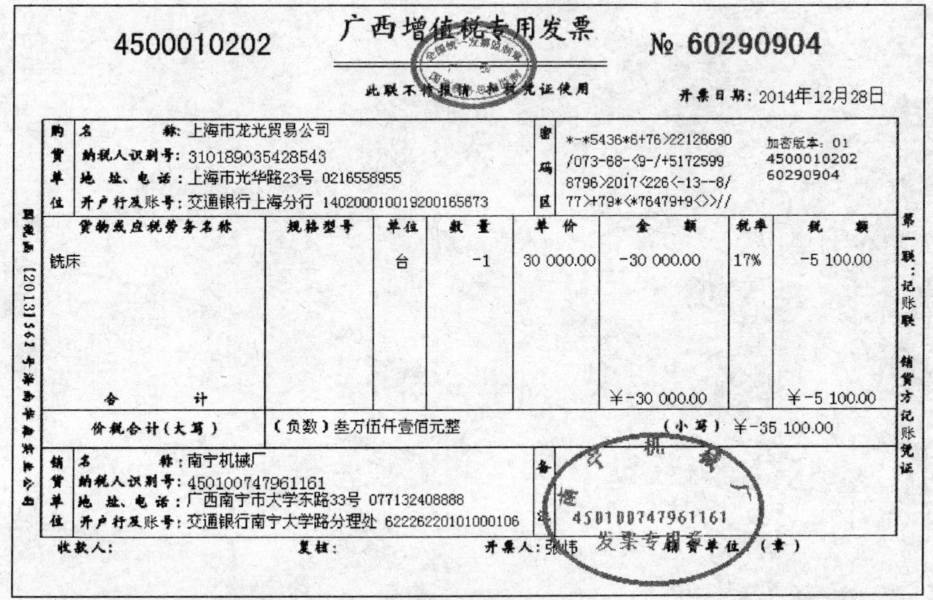

4500010202 **广西增值税专用发票** № 60290904

此联不得报销和扣税凭证使用

开票日期:2014年12月28日

购货单位	名称:上海市龙光贸易公司 纳税人识别号:310189035428543 地址、电话:上海市光华路23号 0216558955 开户行及账号:交通银行上海分行 1402000100192000165873	密码区	*-*5436*6+76>22126690 /073-68-<9-/+5172599 8796>2017<226<-13--8/ 77>+79*<*76479+9<>>//	加密版本:01 4500010202 60290904			
货物或应税劳务名称	规格型号	单位	数量	单价	金额	税率	税额
铣床		台	-1	30 000.00	-30 000.00	17%	-5 100.00
合计					¥-30 000.00		¥-5 100.00
价税合计(大写)	(负数)叁万伍仟壹佰元整				(小写)¥-35 100.00		
销货单位	名称:南宁机械厂 纳税人识别号:450100747961161 地址、电话:广西南宁市大学东路33号 077132408888 开户行及账号:交通银行南宁大学路分理处 622262201010001 06	备注	南宁机械厂 450100747961161 发票专用章				

收款人: 复核: 开票人:张伟 销货单位:(章)

第一联:记账联 销货方记账凭证

图 4-32 红字发票

(19) 31 日,计提本月工资费用。相关单据见图 4-33。

工资计提表

2014年12月

金额单位:元

部门名称	人员类别	人数	工资
生产部门	铣床车间生产工人	10	25 000.00
生产部门	钻床车间生产工人	10	23 000.00
管理部门	企业管理人员	5	12 000.00
销售部门	营销人员	5	15 000.00
合计		30	75 000.00

审核:马 明　　制单:黄 明

图 4-33 工资费用计提表

(20) 31 日,计提本月折旧费用。相关单据见图 4-34。

折旧费计提表

2014 年 12 月

单位:元

使用部门	固定资产类别					金 额
	建筑物	办公设备	机器设备	其他设备	运输工具	
管理部门	4 750.00	2 375.00				7 125.00
生产车间	2 350.00		15 600.00			17 950.00
销售部门					625.00	625.00
合计	7 100.00	2 375.00	15 600.00		625.00	¥25 700.00

审核:马 明　　制单:黄 明

图 4-34 折旧费计提表

(21) 31 日,转出本月未交增值税。

(22) 31 日,月末结转发出材料成本。相关单据见图 4-35~图 4-37。

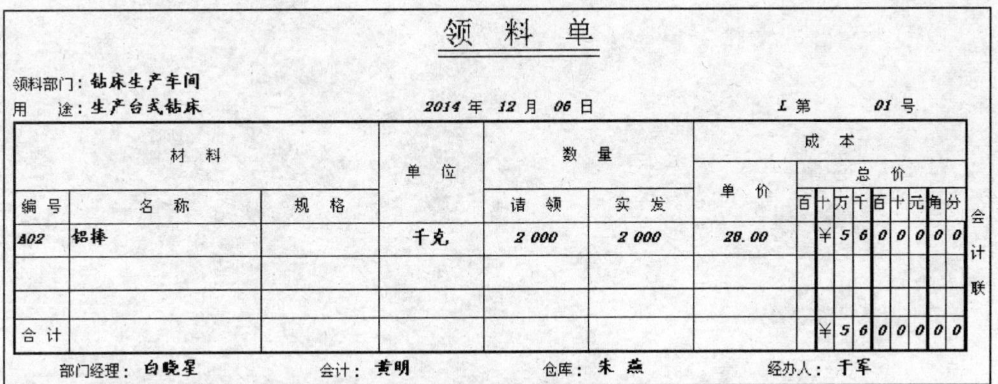

领 料 单

领料部门:钻床生产车间

用　途:生产台式钻床　　2014 年 12 月 06 日　　1 第 01 号

材料			单位	数量		成本										会计联
						单价	总价									
编号	名称	规格		请领	实发		百	十	万	千	百	十	元	角	分	
A02	铝棒		千克	2 000	2 000	28.00		¥	5	6	0	0	0	0	0	
合计								¥	5	6	0	0	0	0	0	

部门经理:白晓星　　会计:黄明　　仓库:朱 燕　　经办人:千军

图 4-35 领料单(1)

限 额 领 料 单

领料部门：钻床生产车间　　　　　　　　　　　　　　　　凭证编号：00000812
用途：　生产台式钻床　　　　　　2014年12月08日　　　　发料仓库：材料仓库

材料类别	材料编号	材料名称及规格	计量单位	领用限额	实际领用	单价	金额	备注
原材料	A001	螺丝	个	120	100	0.50	50.00	

供应部门负责人：刘丽娟　　　　　　　　生产计划部门负责人：郭志庆

日期	数量		领料人签章	发料人签章	扣除代用数量	退料			限额结余
	请领	实发				数量	收料人	发料人	
12月01日	50	50	赵学猛	梁立韵		个			70
12月12日	40	40	赵学猛	梁立韵		个			30
12月25日	10	10	赵学猛	梁立韵		个			20

图 4-36　限额领料单

领　料　单

领料部门：铣床生产车间
用　　途：生产铣床　　　　2014 年　12 月　16 日　　　　L 第　　1405 号

材料			单位	数量		成本										
						单价	总价									
编号	名称	规格		请领	实发		百	十	万	千	百	十	元	角	分	
A01	钢材		吨	20.00	20.00	3 500.00			7	0	0	0	0	0	0	会计联
合计								¥	7	0	0	0	0	0	0	

部门经理：白晓星　　　　会计：黄　明　　　　仓库：朱　燕　　　　经办人：李晓华

图 4-37　领料单(2)

(23) 31 日，结转产品销售成本。相关单据见图 4-38～图 4-40。

出　库　单

出货单位：
南宁机械厂　　　　　2014 年　12 月　05 日　　　　单号：1201

提货单位或领货部门	广西理想家具厂	销售单号	0141201	发出仓库	成品库	出库日期	2014年12月06日

编号	名称及规格	单位	数量		单价	金额	
			应发	实发			
01	铣床	台	1	1	20 000	20 000	会计联
02	台式钻床	台	2	2	2 250	4 500	
合计						¥24 500	

部门经理：白晓星　　　　会计：黄　明　　　　仓库：朱　燕　　　　经办人：蔡晓美

图 4-38　出库单(1)

出　库　单

出货单位：
南宁机械厂　　2014 年 12月 21日　　单号：1202

提货单位或领货部门	上海龙光贸易公司	销售单号	0141201	发出仓库	成品库	出库日期	2014年12月21日

编号	名称及规格	单位	数量		单价	金额
			应发	实发		
01	铣床	台	2	2	20 000	40 000
02	台式钻床	台	20	20	2 250	45 000
合　计						￥85 000

会计联

部门经理：白晓星　会计：黄　明　仓库：朱　燕　经办人：蔡晓美

图 4-39　出库单(2)

出　库　单

出货单位：
南宁机械厂　　2014 年 12月 28日　　单号：1203

提货单位或领货部门	上海龙光贸易公司	销售单号	0141201	发出仓库	成品库	出库日期	2014年12月28日

编号	名称及规格	单位	数量		单价	金额
			应发	实发		
01	铣床	台	-1	-1	20 000	-20 000
合　计						￥-20 000

会计联

部门经理：白晓星　会计：黄　明　仓库：朱　燕　经办人：蔡晓美

图 4-40　出库单(3)

三、实训要求

(1) 建立账簿(包括总账、现金日记账、银行存款日记账、三栏式明细账、数量金额式明细账、多栏式明细账等)。

(2) 根据企业 12 月份的经济业务取得的原始凭证编制记账凭证。

(3) 根据记账凭证登记账簿，对账、结账。

(4) 根据账簿编制资产负债表和利润表。

(5) 整理装订凭证。

教学课件索取单

敬爱的老师：

感谢您使用我们出版社的教材。为了方便教学，教材配有相关教学课件。如果您需要，请您填写下面表格中的相关信息，并以电子邮件的形式发到我社，我们在核对您的信息后，即免费向您提供教学课件。

我们的联系方式：

地址：上海市中山西路 2230 号 1 号楼 1507 室　　邮　编：200235
　　　立信会计出版社　　电　话：(021) 64411223(O)
电子邮件：victoria_tysx@126.com　　联系人：余榕

<table>
<tr><td>教材名称</td><td colspan="4"></td><td>作者姓名</td><td></td></tr>
<tr><td>教师姓名</td><td></td><td>性别</td><td></td><td>身份证号</td><td colspan="2"></td></tr>
<tr><td>学　　校</td><td colspan="2"></td><td>院系</td><td></td><td>教 研 室</td><td></td></tr>
<tr><td>学校地址</td><td colspan="4"></td><td>邮　　编</td><td></td></tr>
<tr><td>职　　务</td><td colspan="2"></td><td>职称</td><td></td><td>办公电话</td><td></td></tr>
<tr><td>E-mail</td><td colspan="2"></td><td>手机</td><td></td><td>宅　　电</td><td></td></tr>
<tr><td>通信地址</td><td colspan="4"></td><td>邮　　编</td><td></td></tr>
<tr><td>教材用量</td><td colspan="2">册</td><td colspan="2">委托订购单位</td><td colspan="2"></td></tr>
</table>

您对本教材的意见和建议是：____________________________

____

____

____

____